DETLEF MERTEN

Verfassungsprobleme der Versorgungsüberleitung

Beiträge zum Beamtenrecht

Herausgegeben von
Prof. Dr. Dr. Detlef Merten und Prof. Dr. Helmut Lecheler

Band 3

Verfassungsprobleme der Versorgungsüberleitung

Zur Erstreckung westdeutschen
Rentenversicherungsrechts auf die neuen Länder

Von

Univ.-Prof. Dr. Dr. Detlef Merten

Zweite, ergänzte Auflage

Duncker & Humblot · Berlin

Die Deutsche Bibliothek – CIP-Einheitsaufnahme

Merten, Detlef:
Verfassungsprobleme der Versorgungsüberleitung : zur
Erstreckung westdeutschen Rentenversicherungsrechts auf die
neuen Länder / von Detlef Merten. – 2., erg. Aufl. – Berlin :
Duncker und Humblot, 1994
  (Beiträge zum Beamtenrecht ; Bd. 3)
  ISBN 3-428-08106-4
NE: GT

1. Auflage 1993

Alle Rechte vorbehalten
© 1994 Duncker & Humblot GmbH, Berlin
Druck: Berliner Buchdruckerei Union GmbH, Berlin
Printed in Germany
ISSN 0940-676X
ISBN 3-428-08106-4

Vorwort zur 2. Auflage

Die Rentenüberleitung, insbesondere die Überführung der Versorgungssysteme, hat sich als eines der schwierigsten Kapitel der Wiedervereinigung erwiesen. Viele rigide Regelungen sind politisch und verfassungsrechtlich nach wie vor umstritten, zumal Entscheidungen des Bundesverfassungsgerichts noch ausstehen und der nachbessernde Gesetzgeber der Rechtsprechung des Bundessozialgerichts nur auf halbem Wege gefolgt ist. So wundert es nicht, daß die vorliegende Untersuchung wenige Wochen nach ihrem Erscheinen vergriffen war. Die Neuauflage berücksichtigt im Rahmen des Möglichen die Entwicklung in Rechtsprechung und Schrifttum.

Speyer, im Mai 1994 *Detlef Merten*

Vorwort zur 1. Auflage

Die Vergangenheit der zweiten deutschen Diktatur, die im Unterschied zur ersten keine Rassen-, sondern Klassenvorherrschaft erstrebte, darf nur in den Grenzen und mit den Mitteln des freiheitlichen Rechtsstaats bewältigt werden. Verbieten sich deshalb „kurze Prozesse" und Kollektivstrafen, so ist doch Sühne für kriminelles Unrecht nicht ausgeschlossen, wenn und soweit man Verfassungsfehltritte vermeidet.

Falls jedoch die Strafverfolgung aus wohlerwogenen rechtsstaatlichen Gründen innehalten muß, kann das Sozialversicherungsrecht nicht an seine Stelle treten. Wegen seiner Wertneutralität und moralischen Indifferenz ist es von vornherein als pönales Ersatzinstrument untauglich und als solches auch nur in dunklen Stunden deutscher Geschichte benutzt worden. Bei der Überleitung von Versorgungsansprüchen und -anwartschaften hat sich der Gesetzgeber allerdings von Kollektivsanktionen nicht freigehalten. Obwohl dem Rentenüberleitungsgesetz auf Grund der Anhörung von Sachverständigen die schlimmsten Drachenzähne gezogen werden konnten, kann es trotz zweimaliger Novellierung verfassungsrechtlich noch nicht als unbelastet eingestuft werden. Pauschale Diskriminierungen und ungerechtfertigte Prangerwirkungen aufzudecken, ist das Anliegen nachfolgender Untersuchung, die aus einem Gutachten hervorgegangen ist.

Detlef Merten

Inhaltsverzeichnis

Erster Teil

Die Überleitung westdeutschen Rentenversicherungsrechts auf die neuen Bundesländer   11

A. Ziel des Gesetzes 11

B. Die Altersversorgung in der ehemaligen DDR 12
    I. Pflicht- und Zusatzversicherung 12
       1. Sozialpflichtversicherung 12
       2. Freiwillige Zusatzrentenversicherung 13
    II. Zusatz- und Sonderversorgung 13
       1. Zusatzversorgungssysteme 13
       2. Sonderversorgungssysteme 14

C. Das Anspruchs- und Anwartschaftsüberführungsgesetz (AAÜG) 15
    I. Allgemeine Grundsätze 15
       1. Überführung der Versorgungssysteme in die Rentenversicherung ... 15
       2. Die Bedeutung des Arbeitsentgelts oder Arbeitseinkommens 16
    II. Bereichs- und/oder funktionsspezifische Ausnahmen 17
       1. „Staatsnahe" Versorgungssysteme 17
       2. „Staatsnahe" Tätigkeiten 20
       3. Ausnahme-Exemtionen 21
       4. Versorgungssystem des ehemaligen Ministeriums für Staatssicherheit/ Amtes für Nationale Sicherheit 21
    III. Begrenzung der Rentenzahlbeträge 22

D. Das Versorgungsruhensgesetz 23

Zweiter Teil

Der Rentenzugriff als strafähnliche Sanktion   25

A. Das Rechtsstaatsprinzip 25
    I. Der Grundsatz „nulla poena sine culpa" 25

1. Zum Rechtsstaatsprinzip	25
2. Der Menschenwürde-Satz	27
II. Seine Geltung für Strafen und strafähnliche Sanktionen	29
1. Zur Abgrenzung	29
2. Beamtenrechtliche Disziplinarmaßnahmen	30
3. Verwirkung von Grundrechten	31
4. Zugriff auf Renten als strafähnliche Sanktion	33
a) Strafähnliche Sanktionen im Rechtsstaat	33
b) Die strafähnliche Zielsetzung des Anspruchs- und Anwartschaftsüberführungsgesetzes	35
aa) Entstehungsgeschichte	35
aaa) Renten-Überleitungsgesetz	35
bbb) Rentenüberleitungs-Ergänzungsgesetz	36
bb) Gesetzeswortlaut und -systematik	38
5. Rentenkürzungen infolge Renten„verwirkung"?	39
a) Die Verwirkung im allgemeinen	39
b) Verwirkung von Ansprüchen durch treuwidriges Verhalten	39
aa) Sonderregelungen im Hinblick auf Beweisschwierigkeiten	39
bb) Zur Übertragbarkeit auf die Rentenüberleitung	40
6. Zur Verfassungswidrigkeit einer Renten„konfiskation"	41
a) Enteignung und Konfiskation	42
b) Die Problematik einer „Vermögensstrafe"	45
aa) Der Schutzbereich des Art. 14 Abs. 1 GG	45
bb) Öffentlich-rechtliche Geldleistungspflichten als Grundrechtsbehinderung	46
c) Zur Divergenz zwischen Vermögensstrafe und Rentenkonfiskation	48
B. Die Systemwidrigkeit quasi-pönaler pauschaler Sanktionen im Rentenversicherungs- und Beamtenrecht	48
I. Die Bedeutung einer Systemwidrigkeit	49
II. Die Wertneutralität des Sozialversicherungsrechts	49
1. Der Schutzzweck	49
2. Leistungsversagung bei Rechtsmißbrauch	51
3. Ruhen der Rente bei „staatsfeindlicher" Betätigung	53
4. Der Entwurf einer „lex Tiedge"	54
5. Nachversicherung nach Ende des Zweiten Weltkriegs	55
6. Keine Wiedergutmachungsfunktion des Sozialversicherungsrechts	56
7. Zur Systemwidrigkeit des Anspruchs- und Anwartschaftsüberführungsgesetzes	58

III. Beamtenrechtliche Prinzipien 59
　1. Einbußen in der Besoldung oder Versorgung 59
　2. Die Sondersituation nach dem Zusammenbruch 60
　　　a) Die Regelungen des Art. 131 GG und seiner Ausführungsgesetze 60
　　　b) Die Erlöschens-These des Bundesverfassungsgerichts 62
　　　c) Vergangenheitsbewältigung nach dem Ende des „Dritten Reichs"
　　　 und der DDR 65

Dritter Teil

**Grundrechtsschutz für erworbene Versorgungsansprüche
und Versorgungsanwartschaften**　　　　　　　　　68

A. Die Versorgung als hergebrachter beamtenrechtlicher Grundsatz (Art. 33
　Abs. 5 GG) 68

B. Die Eigentumsgarantie des Art. 14 GG 70
　I. Der Schutz sozialversicherungsrechtlicher Positionen 70
　II. Überpositive Garantie von Rentenansprüchen? 70
　III. Territoriale und personale Geltung der Grundrechte 71
　　1. Territoriale Geltung der Grundrechte 72
　　2. Personale Geltung der Grundrechte 72
　　　a) Die Grundrechtsträgerschaft 72
　　　b) Die staatliche Schutzpflicht 74
　IV. Grundrechtsbindung bei der Bewältigung außerordentlicher Vergangenheitssituationen 77
　V. Die Bedeutung des Art. 20 des Staatsvertrages 78
　　1. Unbeachtlichkeit wegen Untergangs der DDR? 78
　　2. Rechte der Bürger auf Grund des Staatsvertrages 79
　　3. Art. 20 des Staatsvertrages als Bestandsgarantie 79
　　4. Die Doppelgarantie des Einigungsvertrags 80
　　　a) Die Bekräftigung der Bestandsgarantie des Staatsvertrags 80
　　　　aa) Die Bestandsgarantie als Erwerbsschutz 81
　　　　bb) Die Bestandsgarantie als „Ergebnisschutz" 82
　　　b) Die „Zahlbetragsgarantie" 84
　　5. Zahlbetragsgarantie als Realwertgarantie 86
　　　a) Zur Unterscheidung von Nominalwert und Tauschwert 86
　　　b) Die Anpassungsbedürftigkeit der Altersversorgung 86
　　　c) Folgen für die Zahlbetragsgarantie 87

Inhaltsverzeichnis

VI. Verfassungswidrigkeit des § 10 Abs. 1 AAÜG	88
1. Formaler Verstoß gegen den Einigungsvertrag?	88
a) Rechtssetzungsermächtigung als bloße Befugnis	88
b) Zur Rangqualität des Einigungsvertrages	89
c) Zur Abänderbarkeit des bundesrechtlich geltenden Einigungsvertrages	90
aa) Der Doppelcharakter des Einigungsvertrages	90
bb) Die Derogationsbefugnis des Gesetzgebers	91
d) Formelle und materielle Abänderbarkeit von Gesetzen	93
2. Unvereinbarkeit des § 10 Abs. 1 AAÜG mit Art. 14 GG	94
a) Die Modifizierung der Zahlbetragsgarantie durch eine Zahlbetragsbegrenzung	94
b) Zulässigkeit der Höchstbetragsregelung infolge Kürzungsvorbehalts?	95
c) Beschränkungsmöglichkeiten nach Art. 14 GG	97
aa) Kürzungen zum „Zweck des Gemeinwohls"?	97
bb) Die Schrankenschranke der Verhältnismäßigkeit	99
aaa) Das Erforderlichkeitsprinzip	100
bbb) Proportionalität und Zumutbarkeit	100
cc) Unvereinbarkeit mit der Eigentumsgarantie	101
d) Abweichung von Grundrechten nach Art. 143 Abs. 1 GG n. F.	102
VII. Verfassungswidrigkeit des § 10 Abs. 2 AAÜG	102
VIII. Verfassungswidrigkeit des § 6 Abs. 1 i. V. m. Anl. 3 AAÜG	105
1. Zweck der Beitragsbemessungsgrenze	105
2. Regelungen im Staatsvertrag und Einigungsvertrag	106
a) Die „Überführung" von Ansprüchen und Anwartschaften	107
aa) Der Begriff in der Gesetzessprache	107
bb) Die Versorgungs„überführung"	108
b) Spezielle Beschränkungsermächtigungen	111
aa) Zur Abschaffung „ungerechtfertigter" Leistungen	111
bb) Abbau „überhöhter" Leistungen	111
cc) Die Nivellierung des § 6 Abs. 1 AAÜG	112
c) Der Schutz des Art. 14 Abs. 1 GG	113
IX. Verfassungswidrigkeit der §§ 6 Abs. 2 und 3, 7 i. V. m. Anl. 4 bis 6 AAÜG	114
1. Die Regelung des § 7 AAÜG	114
2. Die Regelungen in § 6 Abs. 2 und 3 AAÜG	116

Vierter Teil
Nivellierungen und Differenzierungen bei der Versorgungsüberleitung — 118

A. Der Gleichheitssatz des Art. 3 Abs. 1 GG 118
    I. Willkürverbot und Sachlichkeitsgebot 118
    II. Das Postulat der Gruppengerechtigkeit 119

B. §§ 6, 7 AAÜG auf dem Prüfstand des Gleichheitssatzes 121
    I. Unvereinbarkeit des § 6 Abs. 1 i.V.m. Anl. 3 AAÜG mit Art. 3 Abs. 1 GG 121
        1. Der Außenvergleich 121
        2. Der Binnenvergleich 124
    II. Unvereinbarkeit des § 6 Abs. 2 und 3 i.V.m. Anl. 4, 5 und 8 AAÜG mit Art. 3 Abs. 1 GG 126
        1. Der Degressionseffekt bei der Einkommensanrechnung 126
        2. Sachgerechte Differenzierungen bei einkommensadäquater Versorgungsüberleitung 127
            a) Abbau überhöhter Leistungen 127
            b) Berücksichtigung von Verstößen gegen die Grundsätze der Menschlichkeit oder Rechtsstaatlichkeit? 129
                aa) Zur Breite der Funktionen in „staatsnahen" Versorgungssystemen 130
                bb) Die Problematik einer Unrechtsbegehungsgrenze 132
                cc) Zur Widerspruchsfreiheit einer Rechtsordnung 133
    III. Unvereinbarkeit des § 7 i.V.m. Anl. 6 AAÜG mit Art. 3 Abs. 1 GG .. 135

C. § 10 AAÜG auf dem Prüfstand des Gleichheitssatzes 139
    I. Unvereinbarkeit des § 10 Abs. 1 AAÜG mit Art. 3 Abs. 1 GG 139
        1. § 10 Abs. 1 Satz 2 AAÜG 139
        2. § 10 Abs. 1 Satz 1 AAÜG 141
    II. Unvereinbarkeit des § 10 Abs. 2 AAÜG mit Art. 3 Abs. 1 GG 142

Zusammenfassung 143

Sachverzeichnis 150

Abkürzungsverzeichnis

a. A.	=	anderer Ansicht
a. E.	=	am Ende
aaO	=	am angegebenen Ort
AAÜG	=	Gesetz zur Überführung der Ansprüche und Anwartschaften aus Zusatz- und Sonderversorgungssystemen des Beitrittsgebietes
Abg.	=	Abgeordnete(r)
abgedr.	=	abgedruckt
ABl.	=	Amtsblatt
ALR	=	Allgemeines Landrecht für die preußischen Staaten, 1794
ÄndG	=	Änderungsgesetz
AöR	=	Archiv des öffentlichen Rechts
arg.	=	argumentum
AVG	=	Angestelltenversicherungsgesetz
B-VG	=	(österr.) Bundes-Verfassungsgesetz
BAG	=	Bundesarbeitsgericht
BayGVBl.	=	Bayerisches Gesetz- und Verordnungsblatt
BayVBl.	=	Bayerische Verwaltungsblätter
BayVGH	=	Bayerischer Verwaltungsgerichtshof
BB	=	Betriebsberater
BBesG	=	Bundesbesoldungsgesetz
BBG	=	Bundesbeamtengesetz
BDO	=	Bundesdisziplinarordnung
BEG	=	Bundesgesetz zur Entschädigung für Opfer der nationalsozialistischen Verfolgung (Bundesentschädigungsgesetz)
Beschl.	=	Beschluß
BetrAVG	=	Gesetz zur Verbesserung der betrieblichen Altersversorgung
BGB	=	Bürgerliches Gesetzbuch
BGBl.	=	Bundesgesetzblatt
BGH	=	Bundesgerichtshof
BGHSt	=	Bundesgerichtshof, Entscheidungen in Strafsachen
BGHZ	=	Bundesgerichtshof, Entscheidungen in Zivilsachen
BR	=	Bundesrat
BRRG	=	Rahmengesetz zur Vereinheitlichung des Beamtenrechts (Beamtenrechtsrahmengesetz)
BRÜG	=	Bundesgesetz zur Regelung der rückerstattungsrechtlichen Geldverbindlichkeiten des Deutschen Reichs und gleichgestellter Rechtsträger (Bundesrückerstattungsgesetz)
BSG	=	Bundessozialgericht
BT	=	Bundestag
BVerfG	=	Bundesverfassungsgericht
BVerfGG	=	Gesetz über das Bundesverfassungsgericht
BVerwG	=	Bundesverwaltungsgericht
BWGöD	=	Gesetz zur Regelung der Wiedergutmachung nationalsozialistischen Unrechts für Angehörige des öffentlichen Dienstes
CDU	=	Christlich Demokratische Union
DA	=	Deutschland Archiv

DAngVers.	=	Die Angestellten-Versicherung
DBD	=	Demokratische Bauernpartei Deutschlands
DBG	=	Deutsches Beamtengesetz
DDR	=	Deutsche Demokratische Republik
dens.	=	denselben
ders.	=	derselbe
DÖV	=	Die Öffentliche Verwaltung
DRiG	=	Deutsches Richtergesetz
DRiZ	=	Deutsche Richterzeitung
Drucks.	=	Drucksache
DRV	=	Deutsche Rentenversicherung
DStR	=	Deutsches Steuerrecht
DtZ	=	Deutsch-deutsche Rechts-Zeitschrift
DVBl.	=	Deutsches Verwaltungsblatt
E	=	Entscheidungen
EGBGB	=	Einführungsgesetz zum Bürgerlichen Gesetzbuch
Erl.	=	Erläuterung
EuGRZ	=	Europäische Grundrechte-Zeitschrift
EV	=	Einigungsvertrag
f.	=	folgend(e)
FamRZ	=	Zeitschrift für das gesamte Familienrecht
FAZ	=	Frankfurter Allgemeine Zeitung
FDGB	=	Freier Deutscher Gewerkschaftsbund
ff.	=	fortfolgend(e)
FN	=	Fußnote
FZR	=	Freiwillige Zusatzrentenversicherung (in der ehemaligen DDR)
G	=	Gesetz
G 131	=	Gesetz zur Regelung der Rechtsverhältnisse der unter Art. 131 des Grundgesetzes fallenden Personen
GBl.	=	Gesetzblatt
Gestapo	=	Geheime Staatspolizei
GG	=	Grundgesetz
GrS	=	Großer Senat
GVBl.	=	Gesetz- und Verordnungsblatt
Hg.	=	Herausgeber
HStR	=	Handbuch des Staatsrechts
HwVG	=	Handwerkerversicherungsgesetz
i.d.F.	=	in der Fassung
JGG	=	Jugendgerichtsgesetz
JöR	=	Jahrbuch des öffentlichen Rechts
JR	=	Juristische Rundschau
JuS	=	Juristische Schulung
JZ	=	Juristenzeitung
KG	=	Kammergericht
L	=	Leitsatz
l.	=	links, linke
LAG	=	Landesarbeitsgericht
LDPD	=	Liberal-Demokratische Partei Deutschlands
lit.	=	Buchstabe
M	=	Mark (der ehemaligen DDR)
MDR	=	Monatsschrift für Deutsches Recht
NDPD	=	Nationaldemokratische Partei Deutschlands
NF	=	Neue Folge

NJ	=	Neue Justiz
NJW	=	Neue Juristische Wochenschrift
NS	=	Nationalsozialismus
NVwZ	=	Neue Zeitschrift für Verwaltungsrecht
NZA	=	Neue Zeitschrift für Arbeitsrecht
OLG	=	Oberlandesgericht
österr.	=	österreichisch (e, es)
OVG	=	Oberverwaltungsgericht
ÖZW	=	Österreichische Zeitschrift für Wirtschaftsrecht
Prot.	=	Protokoll
r.	=	rechts, rechte
RGBl.	=	Reichsgesetzblatt
RGZ	=	Reichsgericht, Entscheidungen in Zivilsachen
RKG	=	Reichsknappschaftsgesetz
RLM	=	Reichsluftfahrtministerium
RN	=	Randnummer/Randnote
RRG 1992	=	Gesetz zur Reform der gesetzlichen Rentenversicherung
Rü-ErgG	=	Gesetz zur Ergänzung der Rentenüberleitung (Rentenüberleitungs-Ergänzungsgesetz)
RÜG	=	Renten-Überleitungsgesetz
RÜG-ÄndG	=	Gesetz zur Änderung des Renten-Überleitungsgesetzes
RVO	=	Reichsversicherungsordnung
SA	=	Sturmabteilung
Sachgeb.	=	Sachgebiet
SBZ	=	Sowjetisch besetzte Zone
SD	=	Sicherheitsdienst
SED/PDS	=	Sozialistische Einheitspartei Deutschlands/Partei des Demokratischen Sozialismus
SGB	=	Sozialgesetzbuch
SGb.	=	Die Sozialgerichtsbarkeit
Sp.	=	Spalte
SS	=	Schutzstaffel
st. Rspr.	=	ständige Rechtsprechung
Sten. Prot.	=	Stenographische Protokolle
StGB	=	Strafgesetzbuch
SVO	=	(DDR-)Verordnung zur Sozialpflichtversicherung der Arbeiter und Angestellten
Urt.	=	Urteil
VerfGH	=	Verfassungsgerichtshof
VersRG	=	Versorgungsruhensgesetz
v. H.	=	vom Hundert
Vorbem.	=	Vorbemerkung
VSSR	=	Vierteljahresschrift für Sozialrecht
VVDStRL	=	Veröffentlichungen der Vereinigung der Deutschen Staatsrechtslehrer
VVG	=	Versicherungsvertragsgesetz
WP	=	Wahlperiode
ZaöRV	=	Zeitschrift für ausländisches öffentliches Recht und Völkerrecht
ZBR	=	Zeitschrift für Beamtenrecht
ZPO	=	Zivilprozeßordnung
ZRP	=	Zeitschrift für Rechtspolitik
ZSR	=	Zeitschrift für Sozialreform

Erster Teil

Die Überleitung westdeutschen Rentenversicherungsrechts auf die neuen Bundesländer

A. Ziel des Gesetzes

Das Gesetz zur Herstellung der Rechtseinheit in der gesetzlichen Renten- und Unfallversicherung (Renten-Überleitungsgesetz – RÜG)[1] soll, wie auch sein Langtitel deutlich macht, ein einheitliches Renten- und Unfallversicherungrecht für ganz Deutschland schaffen. Dabei wird grundsätzlich das in der Bundesrepublik geltende, teilweise vor der Wiedervereinigung gerade kodifizierte[2] Recht der gesetzlichen Renten- und Unfallversicherung auf das Beitrittsgebiet[3] erstreckt. Harmonisierungsprobleme sowie Zeitnot und Hektik des Gesetzgebers sind äußerlich daran erkennbar, daß das Renten-Überleitungsgesetz bereits vor seinem Inkrafttreten[4] durch ein Änderungsgesetz[5] und knapp achtzehn Monate danach durch ein Ergänzungsgesetz[6] in mehreren Vorschriften novelliert werden mußte, wobei letzteres auch die „Klarstellung von Regelungsinhalten" bezweckte[7].

Rentenüberleitung und Rentenvereinheitlichung sind Folge früherer Vereinbarungen im Zuge des Beitritts der ehemaligen DDR zur Bundesrepublik Deutschland. Bereits im Vertrag über die Schaffung einer Währungs-, Wirt-

---

[1] Vom 25.7.1991 (BGBl. I S. 1606).
[2] Das Gesetz zur Reform der gesetzlichen Rentenversicherung (Rentenreformgesetz 1992 – RRG 1992) vom 18.12.1989 (BGBl. I S. 2261), das am 1.1.1992 in Kraft trat, faßte das bis dahin in verschiedenen Gesetzen (RVO, AVG, RKG, HwVG) geregelte Recht materiell-rechtlich im SGB VI zusammen.
[3] Vgl. Art. 3 EV.
[4] Gemäß seinem Art. 42 Abs. 1 trat das Gesetz am 1.1.1992 in Kraft. Abweichend hiervon traten gemäß Art. 42 Abs. 2 bis 10 einige Bestimmungen früher in Kraft. Art. 1 Nr. 33 lit. b des Gesetzes trat erst am 1.1.1993 in Kraft (Art. 42 Abs. 11).
[5] Gesetz zur Änderung des Renten-Überleitungsgesetzes (RÜG-ÄndG) vom 18.12.1991 (BGBl. I S. 2207).
[6] Gesetz zur Ergänzung der Rentenüberleitung (Rentenüberleitungs-Ergänzungsgesetz – Rü-ErgG) vom 24.6.1993 (BGBl. I S. 1038). Der feine Unterschied zwischen „Änderung" und „Ergänzung" ist legistisch nicht erklärlich, da das Änderungsgesetz auch ergänzt und das Ergänzungsgesetz ändert.
[7] So die Begründung zum Entwurf eines Gesetzes zur Ergänzung der Rentenüberleitung vom 27.4.1993 (BT-Drucks. 12/4810, S. 2 sub B III).

schafts- und Sozialunion zwischen der Bundesrepublik Deutschland und der Deutschen Demokratischen Republik[8] (Staatsvertrag) waren die Vertragsparteien in Art. 20 Abs. 1 und 23 Abs. 1 übereingekommen, daß die DDR alle erforderlichen Maßnahmen einleitet, um ihr Renten- und Unfallversicherungsrecht an das der Bundesrepublik Deutschland anzugleichen. Der Vertrag zwischen der Bundesrepublik Deutschland und der Deutschen Demokratischen Republik über die Herstellung der Einheit Deutschlands (Einigungsvertrag[9]) sieht in seinem Art. 30 Abs. 5 vor, daß die „Einzelheiten der Überleitung des Sechsten Buches Sozialgesetzbuch (Rentenversicherung) und der Vorschriften des Dritten Buches der Reichsversicherungsordnung (Unfallversicherung)" in einem Bundesgesetz geregelt werden.

Die Rentenüberleitung erwies sich als schwierig, weil die Rentenversicherungssysteme in beiden Teilen Deutschlands unterschiedlich und daher nicht ohne weiteres kompatibel waren.

B. Die Altersversorgung in der ehemaligen DDR

I. Pflicht- und Zusatzversicherung

1. Sozialpflichtversicherung

In der ehemaligen DDR bestand eine umfassende Sozialpflichtversicherung mit Versicherungsschutz vor den Risiken des Alters, der Invalidität und des Todes. Pflichtversichert waren einerseits die „Werktätigen" in der Sozialversicherung der Arbeiter und Angestellten beim FDGB[10], andererseits Selbständige und Genossenschaftsmitglieder in der Staatlichen Versicherung der DDR[11]. Die Beitragsbemessungsgrenze lag bei 600,- M im Monat. Altersrenten aus der Pflichtversicherung wurden nach Erreichen der Altersgrenze und einer mindestens fünfzehnjährigen versicherungspflichtigen Tätigkeit gezahlt. Sie betrugen

---

[8] Vertrag über die Schaffung einer Währungs-, Wirtschafts- und Sozialunion zwischen der Bundesrepublik Deutschland und der Deutschen Demokratischen Republik vom 18. Mai 1990 (BGBl. II S. 537) – auch abgedr. in: Stern/Schmidt-Bleibtreu, Staatsvertrag, 1990, S. 79 ff. –; siehe auch Gesetz zu dem Vertrag vom 18. 5. 1990 über die Schaffung einer Währungs-, Wirtschafts- und Sozialunion zwischen der Bundesrepublik Deutschland und der Deutschen Demokratischen Republik vom 25. 6. 1990 (BGBl. II S. 518) – abgedr. bei Stern/Schmidt-Bleibtreu, Staatsvertrag, S. 239. Der Vertrag trat am 30. 6. 1990 in Kraft; vgl. die Bekanntmachung vom 17. 7. 1990 (BGBl. II S. 700).

[9] Vom 31. 8. 1990 (BGBl. II S. 889), auch abgedr. in: Stern/Schmidt-Bleibtreu, Einigungsvertrag und Wahlvertrag, 1990, S. 91 ff.

[10] Vgl. Verordnung zur Sozialpflichtversicherung der Arbeiter und Angestellten (SVO) vom 17. 11. 1977 (GBl. I S. 373).

[11] Verordnung über die Sozialversicherung bei der Staatlichen Versicherung der Deutschen Demokratischen Republik vom 9. 12. 1977 (GBl. I 1978 S. 1).

als Mindestrente je nach Zahl der Arbeitsjahre zuletzt 330,- bis 470,- M und konnten höchstens 510,- M erreichen.

2. Freiwillige Zusatzrentenversicherung

Die Grundsicherung durch die Sozialpflichtversicherung wurde durch eine Freiwillige Zusatzrentenversicherung (FZR) für Bezieher eines Einkommens oberhalb der Beitragsbemessungsgrenze ergänzt. Von der Möglichkeit einer Zusatzversicherung machten etwa 85 v. H. aller Berechtigten Gebrauch, so daß 1989 mehr als ein Drittel aller Altersrentner sowie die Hälfte aller Invalidenrentner eine Zusatzrente bezogen, die durchschnittlich jedoch nur knapp 100,- M[12] ausmachte.

II. Zusatz- und Sonderversorgung

Neben der Pflichtversicherung und der Freiwilligen Zusatzrentenversicherung bestanden Zusatz- und Sonderversorgungssysteme für bestimmte Gruppen.

1. Zusatzversorgungssysteme

Die im einzelnen unübersichtlichen Zusatzversorgungssysteme betrafen nicht nur Mitglieder des Staatsapparates sowie gesellschaftlicher Organisationen und des FDGB, sondern auch die sog. wissenschaftliche und technische Intelligenz, Ärzte, Künstler und Mitglieder des Schriftstellerverbandes bis zu Ballettmitgliedern. Das Renten-Überleitungsgesetz führt 27 verschiedene Zusatzversorgungssysteme auf[13].

Sinn der Zusatzversorgung war es, den Berechtigten einen prozentualen Teil ihres letzten Erwerbseinkommens (in der Regel 90 v. H. des Nettolohns) unter Anrechnung der Rente aus der Sozialpflichtversicherung zu sichern. Die Einbeziehung war für manche Berufsgruppen (z.B. Hochschullehrer, Pädagogen, Mediziner in bestimmten Funktionen) obligatorisch, konnte aber auch im Einzelfall durch Ministerentscheidung erfolgen.

Erst ab 1971 wurde eine Beitragspflicht für die Zusatzversorgung eingeführt. Auch danach hatten jedoch Versorgungsberechtigte in den Zusatzversorgungs-

---

[12] Vgl. im einzelnen Schulin, Sozialrecht, 5. Aufl., 1993, RN 963 ff.; Andreas Polster, Grundzüge des Rentenversicherungssystems der Deutschen Demokratischen Republik, in: DRV 1990, S. 154 ff.; Hans-Jörg Bonz, Die Sozialversicherung in der DDR und die „Politik der Wende", in: ZSR 1990, S. 11 ff.; Volker Meinhardt/Heinz Vortmann, Vereinheitlichung des Rentenrechts, in: DA 1991, S. 1254 ff.; Ulrich Lohmann, in: Hans F. Zacher (Hg.), Alterssicherung im Rechtsvergleich, 1991, S. 193 ff.

[13] Art. 3 Anl. 1 RÜG.

systemen der Generaldirektoren der zentral geleiteten Kombinate[14], der Ballettmitglieder in staatlichen Einrichtungen[15], der Pädagogen in Einrichtungen der Volks- und Berufsbildung[16] sowie die obligatorisch in die Zusatzversorgungssysteme der Anl. 1 Nr. 4 und 6 AAÜG Einbezogenen, nämlich die Intelligenz an wissenschaftlichen, künstlerischen, pädagogischen und medizinischen Einrichtungen, sowie Ärzte, Zahnärzte u. a. in konfessionellen Einrichtungen des Gesundheits- und Sozialwesens keine Beiträge zu leisten[17]. Soweit eine Beitragspflicht bestand, waren die Beiträge an die Freiwillige Zusatzrentenversicherung zu entrichten, wobei die Beitragshöhe jedoch anstelle des üblichen Satzes von 10 v.H. oftmals nur 5 oder 3 v.H. des maßgeblichen Verdienstes ausmachte[18].

Leistungen aus Zusatzversorgungssystemen bezogen rd. 200 000 bis 225 000[19] Versorgungsberechtigte. Die Zusatzversorgungsrenten betrugen zum Zeitpunkt der Umstellung in etwa der Hälfte aller Fälle nicht mehr als 200,- M, in etwa 800 Fällen mehr als 2000,- M[20].

Die Zusatzversorgung in der ehemaligen DDR ähnelt der Zusatzversorgung für Arbeiter und Angestellte des öffentlichen Dienstes in der Versorgungsanstalt des Bundes und der Länder sowie der betrieblichen Altersversorgung in den alten Bundesländern.

2. Sonderversorgungssysteme

Die Sonderversorgungssysteme stellten eine eigenständige Sicherung außerhalb der Sozialpflichtversicherung für Staatsbedienstete dar. Sonderversorgungen bestanden nicht nur für Angehörige der Nationalen Volksarmee und des ehemaligen Ministeriums für Staatssicherheit/Amtes für Nationale Sicherheit,

---

[14] Siehe Anl. 1 Nr. 2 AAÜG.

[15] Anl. 1 Nr. 17 AAÜG.

[16] Anl. 1 Nr. 18 AAÜG.

[17] Vgl. Henner Wolter, Zusatzversorgungssysteme der Intelligenz, 1992, S. 186 ff. (187, 190, 192, 193, 195, 207).

[18] Vgl. Axel Reimann, Überführung der Zusatz- und Sonderversorgungssysteme der ehemaligen DDR in die gesetzliche Rentenversicherung, in: DAngVers. 1991, S. 281 ff.; auch Meinhardt/Vortmann, DA 1991, S. 12 54 ff.

[19] Die Zahlenangaben schwanken. Vgl. die Ausführungen des seinerzeitigen Präsidenten der Bundesversicherungsanstalt für Angestellte, Dr. Kaltenbach, bei seiner Anhörung vor dem Bundestagsausschuß Nr. 11 (Ausschuß für Arbeit und Sozialordnung) in der 15. Sitzung vom 16.5.1991, Sten. Prot. S. 15/146; Reimann, DAngVers. 1991, S. 282; dens., DAngVers. 1992, S. 283. Dagegen sind die von Ammermüller (Die Sozialgerichtsbarkeit 1991, S. 502) genannten Zahlen zu niedrig. Nach ihnen wäre nur jeder 15. Rentner im Beitrittsgebiet von den Regelungen über die Versorgungssysteme betroffen, während es in Wirklichkeit eher jeder 11. Rentner ist.

[20] Die Zahlen beruhen auf den Angaben des Sachverständigen Dr. Kaltenbach, aaO, Sten. Prot. S. 15/155.

sondern auch für Angehörige der Zollverwaltung, der Deutschen Volkspolizei, der Organe der Feuerwehr und des Strafvollzugs[21]. Insgesamt gab es rd. 120 000 Empfänger von Sonderversorgungen[22].

Dieser Personenkreis erhielt seine Altersversorgung ausschließlich aus den Sonderversorgungssystemen. Dafür hatten die Versorgungsberechtigten 10 v.H. ihrer vollen Bezüge ohne Bemessungsgrenze als Beiträge an den Sonderversorgungsträger zu entrichten[23]. Die Rentenhöhe betrug grundsätzlich 90 v.H. der jeweiligen Nettobesoldung vor dem Ausscheiden aus dem Dienstverhältnis[24]. Die Bezieher von Renten aus der Sonderversorgung hatten daher einen den Ruhestandsbeamten in den alten Bundesländern vergleichbaren Status.

C. Das Anspruchs- und Anwartschaftsüberführungsgesetz (AAÜG)

I. Allgemeine Grundsätze

1. Überführung der Versorgungssysteme in die Rentenversicherung

Art. 3 RÜG enthält das „Gesetz zur Überführung der Ansprüche und Anwartschaften aus Zusatz- und Sonderversorgungssystemen des Beitrittsgebiets (Anspruchs- und Anwartschaftsüberführungsgesetz – AAÜG)". Es regelt ausweislich seines § 1 Abs. 1 die „Ansprüche und Anwartschaften, die aufgrund der Zugehörigkeit zu Zusatz- und Sonderversorgungssystemen (Versorgungssysteme) im Beitrittsgebiet (§ 18 Abs. 3 Viertes Buch Sozialgesetzbuch) erworben worden sind". Dabei sind die Zusatzversorgungssysteme in Anl. 1 Nr. 1 bis 27, die Sonderversorgungssysteme in Anl. 2 Nr. 1 bis 4 aufgeführt.

Im einzelnen bestimmt § 2 Abs. 2 Satz 1 AAÜG, daß die in Versorgungssystemen erworbenen Ansprüche und Anwartschaften auf Leistungen wegen verminderter Erwerbsfähigkeit, Alters und Todes zum 31. Dezember 1991 „in die Rentenversicherung überführt" werden.

Von der Überführung waren bis zum Inkrafttreten des Rentenüberleitungs-Ergänzungsgesetzes[25] die in Anl. 1 Nr. 23 bis 27 AAÜG genannten Zusatzversorgungssysteme der Parteien ausgenommen[26]. Hierbei handelt es sich um die Freiwillige Zusätzliche Altersversorgung für hauptamtliche Mitarbeiter der

---

[21] Vgl. Art. 3 Anl. 2 RÜG.
[22] Diese Angabe machte der seinerzeitige Präsident der Bundesversicherungsanstalt, Dr. Kaltenbach, vor dem zuständigen Bundestagsausschuß (vgl. FN 19), S. 15/146.
[23] Hierzu Reimann, DAngVers. 1991, S. 281 ff.
[24] Vgl. Michael Mutz/Ralf-Peter Stephan, Aktuelle Probleme des AAÜG, in: DAngVers. 1992, S. 281 ff.
[25] Vgl. FN 6.
[26] § 2 AAÜG a.F.

LDPD, der CDU, der DBD, der NDPD und der SED/PDS, welche in der DDR mit Wirkung vom 1. August 1968 bzw. 1. Oktober 1971 eingeführt worden waren. Für diese Versorgungssysteme traf § 14 AAÜG a.F. Übergangsregelungen.

§ 2 Abs. 2a AAÜG[27] überführt nunmehr auch die in Versorgungssystemen nach Anl. 1 Nr. 23 bis 27 AAÜG erworbenen Ansprüche und Anwartschaften mit Wirkung zum 30. Juni 1993 in die gesetzliche Rentenversicherung. Dabei ist gemäß § 8 Abs. 4 Nr. 3 AAÜG[28] die „Partei des demokratischen Sozialismus (PDS)" Versorgungsträger für die Freiwillige Zusätzliche Altersversorgung für hauptamtliche Mitarbeiter der SED/PDS (Anl. 1 Nr. 27 AAÜG).

Schon Art. 20 Abs. 2 des Staatsvertrags hatte vorgesehen, daß die bestehenden Zusatz- und Sonderversorgungssysteme grundsätzlich zum 1. Juli 1990 geschlossen und bisher erworbene Ansprüche und Anwartschaften in die Rentenversicherung überführt werden sollten. Dabei sollten „Leistungen aufgrund von Sonderregelungen mit dem Ziel überprüft[29] werden, ungerechtfertigte Leistungen abzuschaffen und überhöhte Leistungen abzubauen".

Im Einigungsvertrag[30] hatte man vereinbart, noch nicht geschlossene Versorgungssysteme bis zum 31. Dezember 1991 zu schließen, Neueinbeziehungen in die auslaufenden Versorgungssysteme nach dem 3. Oktober 1990 zu verbieten sowie erworbene Ansprüche und Anwartschaften bis zum 31. Dezember 1991 in die Rentenversicherung zu überführen. Dabei sollten bestehende Ansprüche und Anwartschaften nach Art, Grund und Umfang den Ansprüchen und Anwartschaften nach den allgemeinen Regelungen der Sozialversicherung im Beitrittsgebiet unter Berücksichtigung der jeweiligen Beitragszahlungen angepaßt werden, wobei ungerechtfertigte Leistungen abgeschafft und überhöhte Leistungen abgebaut sowie Besserstellungen gegenüber vergleichbaren Ansprüchen und Anwartschaften aus anderen öffentlichen Versorgungssystemen vermieden werden sollten[31]. Weiterhin wurde eine Zahlbetragsgarantie aufgenommen.

2. Die Bedeutung des Arbeitsentgelts oder Arbeitseinkommens

Wegen der unterschiedlichen Beitragsbemessungsgrundlagen und Beitragssätze sowie wegen teilweise fehlender Beitragspflicht ist der Gesetzgeber von

---

[27] I.d.F. des Art. 3 Nr. 1 Rü-ErgG vom 24.6.1993 (BGBl. I S. 1038).

[28] I.d.F. des Art. 3 Nr. 5 Rü-ErgG.

[29] Die These Franz Rulands (DRV 1991, S. 530 l.Sp.), wonach diese Überprüfung „zuvor" (d.h. also vor der Überführung) vorgenommen werden sollte, findet weder im Text des Staatsvertrags noch in dessen Begründung eine Stütze. In beiden Fällen werden Überführung und Überprüfung durch das Relativadverb „wobei" verbunden (vgl. Stern/Schmidt-Bleibtreu, Staatsvertrag, S. 127f.).

[30] Anl. II Kap. VIII Sachgeb. H Abschn. III Nr. 9 lit. a.

[31] Vgl. Anl. II Kap. VIII Sachgeb. H Abschn. III Nr. 9 lit. b EV.

C. Das Anspruchs- und Anwartschaftsüberführungsgesetz (AAÜG)

den Vorgaben des Einigungsvertrages abgegangen und hat für die Rentenanpassung statt der individuellen Beitragsleistung das individuelle Arbeitsentgelt zugrunde gelegt. Damit sollte, wie es in der Begründung heißt[32], der vorrangigen Zielsetzung des Einigungsvertrages, nämlich der Anpassung der Versorgungsleistungen an die allgemeinen Regeln der Sozialversicherung Rechnung getragen werden.

Auf Grund des Anspruchs- und Anwartschaftsüberführungsgesetzes soll sich die Höhe der Rente aus den Versorgungssystemen nach der Überführung nunmehr grundsätzlich nach der Dauer der Erwerbstätigkeit und dem tatsächlich erzielten Arbeitsentgelt oder Arbeitseinkommen bestimmen. Allerdings werden die individuellen Einkünfte von vornherein nur bis zur Höhe der in den alten Bundesländern geltenden Beitragsbemessungsgrenze berücksichtigt. Dieses Ergebnis wird dadurch erreicht, daß der für § 6 Abs. 1 Satz 1 AAÜG maßgebliche und in Anl. 3 aufgeführte Jahreshöchstverdienst so bemessen wurde, daß sich nach Umrechnung der Höchstbeträge auf Grund der Faktoren der Anl. 10 SGB VI[33] die westdeutsche Beitragsbemessungsgrenze ergibt[34].

Von dem in § 6 Abs. 1 Satz 1 AAÜG geregelten Grundsatz der Überführung der Versorgungssysteme in die Rentenversicherung macht das Gesetz zahlreiche Ausnahmen.

II. Bereichs- und/oder funktionsspezifische Ausnahmen

Diese Ausnahmen sind teils *bereichsspezifischer* (z. B. für das Ministerium für Staatssicherheit/Amt für Nationale Sicherheit), teils *funktionsspezifischer* (z. B. für Betriebsdirektoren) Art, wobei mitunter von den Ausnahmevorschriften wiederum Ausnahmen gemacht werden (z. B. für Angehörige der Berufsfeuerwehr[35]). Auf diese Weise entsteht insgesamt ein schwer durchschaubares Gesetzesdickicht von Sonderbestimmungen.

1. „Staatsnahe" Versorgungssysteme

Eine *bereichsspezifische* Sonderregelung trifft § 6 Abs. 2 AAÜG für sogenannte staatsnahe Versorgungssysteme, die in Anl. 1 Nr. 2, 3 oder 19 bis 27 und Anl. 2 Nr. 1 bis 3 aufgeführt sind. Es handelt sich hier im einzelnen um die Freiwillige Zusätzliche Altersversorgung für

---

[32] Amtliche Begründung zum Gesetzentwurf der Bundesregierung, BR-Drucks. 197/91 vom 11. 4. 1991, S. 113; auch Mutz/Stephan, DAngVers. 1992, S. 281 f.
[33] Eingefügt durch Art. 1 Nr. 146 RÜG.
[34] Hierzu auch Reimann, DAngVers. 1991, S. 288 sub 4.4.2.
[35] Vgl. Anl. 7 letzter Satz AAÜG.

- Generaldirektoren der zentral geleiteten Kombinate und ihnen gleichgestellte Leiter zentral geleiteter Wirtschaftsorganisationen, eingeführt mit Wirkung vom 1. Januar 1986 (Anl. 1 Nr. 2),
- verdienstvolle Vorsitzende von Produktionsgenossenschaften und Leiter kooperativer Einrichtungen der Landwirtschaft, eingeführt mit Wirkung vom 1. Januar 1988 (Anl. 1 Nr. 3),
- hauptamtliche Mitarbeiter des Staatsapparates, eingeführt mit Wirkung vom 1. März 1971 (Anl. 1 Nr. 19),
- hauptamtliche Mitarbeiter der Gesellschaft für Sport und Technik, eingeführt mit Wirkung vom 1. August 1973 (Anl. 1 Nr. 20),
- hauptamtliche Mitarbeiter gesellschaftlicher Organisationen, eingeführt mit Wirkung vom 1. Januar 1976, für hauptamtliche Mitarbeiter der Nationalen Front ab 1. Januar 1972 (Anl. 1 Nr. 21),
- hauptamtliche Mitarbeiter der Gewerkschaft FDGB, eingeführt mit Wirkung vom 1. April 1971 (Anl. 1 Nr. 22),
- hauptamtliche Mitarbeiter der LDPD, eingeführt mit Wirkung vom 1. Oktober 1971 (Anl. 1 Nr. 23),
- hauptamtliche Mitarbeiter der CDU, eingeführt mit Wirkung vom 1. Oktober 1971 (Anl. 1 Nr. 24),
- hauptamtliche Mitarbeiter der DBD, eingeführt mit Wirkung vom 1. Oktober 1971 (Anl. 1 Nr. 25),
- hauptamtliche Mitarbeiter der NDPD, eingeführt mit Wirkung vom 1. Oktober 1971 (Anl. 1 Nr. 26),
- hauptamtliche Mitarbeiter der SED/PDS, eingeführt mit Wirkung vom 1. August 1968 (Anl. 1 Nr. 27),

sowie um die Sonderversorgung der

- Angehörigen der Nationalen Volksarmee, eingeführt mit Wirkung vom 1. Juli 1957 (Anl. 2 Nr. 1),
- Angehörigen der Deutschen Volkspolizei, der Organe der Feuerwehr und des Strafvollzugs, eingeführt mit Wirkung vom 1. Juli 1954 (Anl. 2 Nr. 2),
- Angehörigen der Zollverwaltung der DDR, eingeführt mit Wirkung vom 1. November 1970 (Anl. 2 Nr. 3).

Für die Zeiten der Zugehörigkeit zu diesen Versorgungssystemen ist den sozialversicherungsrechtlichen Pflichtbeitragszeiten als Verdienst das tatsächlich erzielte Arbeitsentgelt oder Arbeitseinkommen nur dann zugrunde zu legen, wenn es das Durchschnittsentgelt (Anl. 5 AAÜG) um nicht mehr als das 1,4fache[36] übersteigt.

C. Das Anspruchs- und Anwartschaftsüberführungsgesetz (AAÜG)

Übertraf das individuelle Arbeitsentgelt oder Arbeitseinkommen das Durchschnittsentgelt um mehr als das 1,4fache, aber nicht mehr als das 1,6fache[37], wird der Versorgungsberechtigte so behandelt, als ob er 140 v.H. des Durchschnittsentgelts (Anl. 4 AAÜG) erzielt hätte.

Verdiente der Versorgungsberechtigte mehr als 160 v.H. des Durchschnittsentgelts (Anl. 8 AAÜG), so werden ihm nicht einmal 140 v.H. des Durchschnittsentgelts gutgebracht. Vielmehr wird das anzurechnende Entgelt degressiv unter diesen Betrag, maximal jedoch bis zur Höhe des Durchschnittsverdienstes (Anl. 5 AAÜG) abgesenkt. Dabei beträgt die Degression das Doppelte des Mehrverdienstes mit der Folge, daß bei einem Individualentgelt von 165 v.H. des Durchschnittsentgelts der anzurechnende Betrag um (2 x 5 v.H.=) 10 v.H. auf 130 v.H. des Durchschnittsentgelts, bei einem Individualentgelt von 170 v.H. des Durchschnittsentgelts auf 120 v.H. des Durchschnittsentgelts und bei einem Individualentgelt von 180 v.H. (und mehr) auf 100 v.H. des Durchschnittsentgelts gesenkt wird.

Demgegenüber hatte das Anspruchs- und Anwartschaftsüberführungsgesetz in seiner ursprünglichen Fassung sogar eine Absenkung des erzielten Arbeitsentgelts oder Arbeitseinkommens auf die Beträge nach Anl. 5 AAÜG, also auf den Durchschnittsverdienst, vorgesehen, sofern die Versorgungsberechtigten während der bereichsspezifischen Zugehörigkeit zu den entsprechenden Versorgungssystemen eine „leitende Funktion", eine Tätigkeit als Richter oder Staatsanwalt oder eine solche in einer „Berufungs- oder Wahlfunktion im Staatsapparat"[38] ausübten. Dabei galt kraft der unwiderlegbaren Vermutung[39] des § 6 Abs. 2 Satz 3 AAÜG a.F. eine Funktion immer dann als leitend, „wenn in ihr ein Arbeitsentgelt oder Arbeitseinkommen über dem jeweiligen Betrag der Anl. 4 bezogen wurde".

Während diesen Personengruppen bisher ohne Rücksicht auf ihr individuelles Arbeitsentgelt oder Arbeitseinkommen nur der Durchschnittsverdienst nach Anl. 5 AAÜG angerechnet wurde, ist ihnen auf Grund der Gesetzesnovellierung nunmehr ein Entgelt bis höchstens 140 v.H. des Durchschnittsverdienstes gutzubringen, sofern ihr individuelles Arbeitsentgelt oder Arbeitseinkommen nicht mehr als 160 v.H. des Durchschnittsverdienstes betrug.

---

[36] Wie es in der Tabelle der Anl. 4 AAÜG niedergelegt ist.
[37] Siehe die Tabelle der Anl. 8 AAÜG.
[38] Das galt auch dann, wenn für Zeiten einer Tätigkeit in einer Berufungs- oder Wahlfunktion eine Zugehörigkeit zu einem anderen Zusatzversorgungssystem oder einem Sonderversorgungssystem bestand.
[39] Hierzu statt aller Hans Schneider, Gesetzgebung, 2. Aufl., 1991, RN 366.

2. „Staatsnahe" Tätigkeiten

Dieselbe Begrenzung gilt für eine Gruppe, die nicht nach bereichsspezifischen, sondern allein nach *funktionsspezifischen* Merkmalen abgegrenzt wird[40]. Unabhängig von dem zuständigen Versorgungssystem trifft § 6 Abs. 3 AAÜG Ausnahmeregelungen für nachfolgende Tätigkeiten als

1. Betriebsdirektor, soweit diese Funktion nicht in einem Betrieb ausgeübt wurde, der vor 1972 in dessen Eigentum stand,
2. Fachdirektor eines Kombinats auf Leitungsebene oder einer staatlich geleiteten Wirtschaftsorganisation,
3. Direktor oder Leiter auf dem Gebiet der Kaderarbeit,
4. Sicherheitsbeauftragter oder Inhaber einer entsprechenden Funktion, sofern sich die Tätigkeit nicht auf die technische Überwachung oder die Einhaltung von Vorschriften des Arbeitsschutzes in Betrieben und Einrichtungen des Beitrittsgebiets bezog,
5. hauptamtlicher Parteisekretär,
6. Professor oder Dozent in einer Bildungseinrichtung einer Partei oder der Gewerkschaft FDGB,
7. Richter oder Staatsanwalt,
8. Inhaber einer hauptamtlichen Wahlfunktion auf der Ebene der Kreise, Städte, Stadtbezirke oder Gemeinden im Staatsapparat oder in einer Partei sowie Inhaber einer oberhalb dieser Ebene im Staatsapparat oder in einer Partei ausgeübten hauptamtlichen oder ehrenamtlichen Berufungs- oder Wahlfunktion.

Auch für diese Gruppe wird als Verdienst das erzielte Arbeitsentgelt oder Arbeitseinkommen nur dann zugrunde gelegt, wenn es 140 v.H. des Durchschnittsentgelts nicht überstieg. Bei Überschreitung dieser Grenze bis höchstens zu 160 v.H. des Durchschnittsentgelts wird das zu berücksichtigende Einkommen auf 140 v.H. des Durchschnittsentgelts abgesenkt. Bei einem darüber hinausgehenden Verdienst wird der zu berücksichtigende Betrag wiederum degressiv, maximal bis zur Höhe des Durchschnittsentgelts verringert[41].

Die bisherige funktionsspezifische Ausnahmeregelung für Direktoren oder Leiter einer pädagogischen Einrichtung im Bereich der Volks- und Berufsbildung mit Ausnahme von Einrichtungen für Behinderte (§ 6 Abs. 3 Satz 3 Nr. 6 AAÜG a.F.) ist in der Neufassung des § 6 Abs. 3 AAÜG nicht mehr enthalten[42].

---

[40] Vgl. auch Reimann, DAngVers. 1991, S. 289 l. Sp.
[41] Vgl. hierzu im einzelnen oben S. 18f.
[42] Vgl. Art. 3 Nr. 3 lit. a Rü-ErgG.

C. Das Anspruchs- und Anwartschaftsüberführungsgesetz (AAÜG)

3. Ausnahme-Exemtionen

Von den bereichs- und funktionsspezifischen Ausnahmeregelungen in § 6 Abs. 2 und 3 AAÜG werden wiederum Ausnahmen für bestimmte Personengruppen gemacht, die trotz ihrer Zugehörigkeit zu „staatsnahen" Versorgungssystemen auf Grund ihrer Funktion (z.B. als Angehörige der Berufsfeuerwehr) weniger „belastet" erscheinen und daher im Ergebnis privilegiert werden. Für diesen im einzelnen abgegrenzten Personenkreis trifft § 6 Abs. 4 AAÜG in Verbindung mit dessen Anl. 7 eine Sonderregelung. Es handelt sich um *hauptamtliche Mitarbeiter*

1. von Banken, Sparkassen, Versicherungen, der Sozialversicherung sowie des Feriendienstes für Zeiten ihrer Zugehörigkeit zu einem Zusatzversorgungssystem nach Anl. 1 Nr. 19 oder 22,
2. des Blinden- und Sehschwachenverbandes,
3. des Bundes der Architekten,
4. des Deutschen Roten Kreuzes,
5. des Gehörlosen- und Schwerhörigenverbandes,
6. der Kammer der Technik,
7. des Kulturbundes,
8. der Volkssolidarität,
9. der Wissenschaftlichen Gesellschaft für Veterinärmedizin,
10. der Agrarwissenschaftlichen Gesellschaft.

Darüber hinaus werden Angehörige der Berufsfeuerwehr für Zeiten ihrer Zugehörigkeit zu dem Sonderversorgungssystem nach Anl. 2 Nr. 2 erfaßt.

Wegen der bereichsspezifischen Sonderregelungen in § 6 Abs. 2 AAÜG wäre für diese Personengruppe eigentlich nur der Verdienst höchstens bis zum jeweiligen Betrag nach Anl. 4 AAÜG, d.h. bis zu 140 v.H. des Durchschnittsentgelts, zugrunde zu legen. Durch die Ausnahme-Exemtion verbleibt es nun bei der Grundregel des § 6 Abs. 1 Satz 1 AAÜG, d.h. bei der Berücksichtigung des individuellen Arbeitsentgelts bis zur Höhe der Beitragsbemessungsgrenze.

4. Versorgungssystem des ehemaligen Ministeriums für Staatssicherheit / Amtes für Nationale Sicherheit

Die empfindlichste Beschränkung des zu berücksichtigenden Entgelts erfolgt bei Zugehörigkeit zu dem Versorgungssystem des ehemaligen Ministeriums für Staatssicherheit/Amtes für Nationale Sicherheit. Insoweit wird Arbeitsentgelt oder Arbeitseinkommen höchstens bis zu 70 v.H. des Durchschnittsentgelts berücksichtigt, wie es in den Beträgen der Anl. 6 AAÜG niedergelegt ist (§ 7 Abs. 1 Satz 1 AAÜG). Zudem bestimmt § 7 Abs. 1 Satz 3 AAÜG [43], daß rentenversicherungsrechtliche Vorschriften über Mindestentgeltpunkte bei geringem Arbeitsentgelt nicht anzuwenden sind, so daß es auf jeden Fall bei der 70 v. H.-Begrenzung bleibt und diese nicht durch eine rentenrechtliche Höherbewertung im Rahmen der Rente nach Mindesteinkommen gemildert wird[44]. Ursprünglich war in dem Gesetzentwurf sogar eine Höchstbegrenzung auf 65 v. H. des Durchschnittsverdienstes vorgesehen[45].

Die 70 v. H.-Begrenzung gilt auf Grund der Novellierung des Renten-Überleitungsgesetzes auch dann, wenn während einer verdeckten Tätigkeit als hauptberuflicher Mitarbeiter des Ministeriums für Staatssicherheit/Amtes für Nationale Sicherheit eine Zugehörigkeit zu dem Sonderversorgungssystem nach Anl. 2 Nr. 4 AAÜG nicht bestand (§ 7 Abs. 1 Satz 2 AAÜG).

III. Begrenzung der Rentenzahlbeträge

§ 10 Abs. 1 Satz 1 AAÜG begrenzt die Summe der Zahlbeträge aus gleichartigen Renten der Rentenversicherung und Leistungen der Zusatzversorgungssysteme nach Anl. 1 Nr. 2, 3 oder 19 bis 27 sowie die Zahlbeträge der Leistungen der Sonderversorgungssysteme nach Anl. 2 Nr. 1 bis 3[46] (einschließlich des Ehegattenzuschlags) für Versichertenrenten auf DM 2010,–[47]. In Abweichung hiervon limitiert § 10 Abs. 2 AAÜG die Zahlbeträge der Leistungen des Sonderversorgungssystems des ehemaligen Ministeriums für Staatssicherheit/Amtes für Nationale Sicherheit für Versichertenrenten auf DM 802,–[48].

Für die Summe der Zahlbeträge aus gleichartigen Renten der Rentenversicherung und Leistungen aus den übrigen Zusatzversorgungssystemen nach Anl. 1 Nr. 1 oder 4 bis 18 sieht § 10 Abs. 1 Satz 2 AAÜG[49] für die Zeit ab 1. August 1991 für Versichertenrenten[50] einen Höchstbetrag von DM 2700,– vor.

---

[43] In der Fassung von Nr. 3 des RÜG-ÄndG vom 18. 12. 1991 (BGBl. I S. 2207).

[44] Vgl. auch Reimann, DAngVers. 1991, S. 289 r. Sp.

[45] Vgl. § 7 i. V. m. Art. 4 des Gesetzentwurfs eines Renten-Überleitungsgesetzes vom 11. 4. 1991, BR-Drucks. 197/91 vom 11. 4. 1991 sowie die Amtliche Begründung zu § 7 aaO, S. 147.

[46] Oder die Summe der Zahlbeträge der Leistungen nach § 4 Abs. 2 Nr. 1 und 2.

[47] Entsprechend geringer sind die Witwen- oder Witwerrenten (DM 1206,–), die Vollwaisenrenten (DM 804,–) und die Halbwaisenrenten (DM 603,–).

[48] Der Höchstbetrag für Witwen- oder Witwerrenten beläuft sich auf DM 481,–, für Vollwaisenrenten auf DM 321,– und für Halbwaisenrenten auf DM 241,–.

[49] Angefügt durch Art. 3 Nr. 6 a) bb) Rü-ErgG vom 24. 6. 1993 (BGBl. I S. 1038).

[50] Der Höchstbetrag für Witwen- oder Witwerrenten beträgt DM 1620,–. Für Voll- und Halbwaisenrenten ist – anders als in § 10 Abs. 1 Satz 1 und Abs. 2 AAÜG – kein Höchstbetrag ausgewiesen.

Die Begrenzung von Zahlbeträgen wird zwar in der Paragraphenüberschrift als „vorläufig" ausgewiesen, ohne daß dies jedoch im Gesetzestext selbst zum Ausdruck kommt.

D. Das Versorgungsruhensgesetz

Art. 4 RÜG umfaßt das „Gesetz über das Ruhen von Ansprüchen aus Sonder- und Zusatzversorgungssystemen (Versorgungsruhensgesetz)" – VersRG –, das als individuelle Maßnahme das Ruhen von Rentenleistungen vorsieht. In ausdrücklichem Gegensatz zur Gesetzesüberschrift beschränken sich die Regelungen jedoch nicht auf Ansprüche aus Versorgungssystemen, da gemäß § 1 Abs. 3 VersRG auch ein Anspruch aus der Rentenversicherung und der Freiwilligen Zusatzrentenversicherung des Beitrittsgebietes zum Ruhen gebracht werden kann.

Darüber hinaus wird Art. 4 der Überschrift des Artikelgesetzes nicht gerecht, das ein „Gesetz zur Herstellung der Rechtseinheit in der gesetzlichen Renten- und Unfallversicherung" sein will, mit dem Versorgungsruhensgesetz aber eine neue Rechtsuneinheitlichkeit schafft. Denn die Leistungsruhe beschränkt sich auf Ansprüche aus den Versorgungssystemen sowie aus der Rentenversicherung und der Freiwilligen Zusatzrentenversicherung des Beitrittsgebietes sowie auf Versicherungszeiten zwischen dem 7. Oktober 1949 und dem 30. Juni 1990. Das Gesetz führt also nicht allgemein das Ruhen von Rentenleistungen als neue Maßnahme in das Recht der gesetzlichen Rentenversicherung ein, sondern ist Sonderrecht für die neuen Bundesländer.

Gemäß § 1 VersRG können Leistungen zum Ruhen gebracht werden, wenn gegen den Berechtigten ein Strafverfahren wegen einer als Träger eines Staatsamtes oder Inhaber einer politischen oder gesellschaftlichen Funktion begangenen Straftat gegen das Leben oder einer anderen schwerwiegenden Straftat gegen die körperliche Unversehrtheit oder die persönliche Freiheit betrieben wird und der Berechtigte sich dem Strafverfahren durch Aufenthalt im Ausland entzieht.

Ursprünglich war in dem als „Gesetz zur Kürzung und Aberkennung von Ansprüchen und Anwartschaften aus Sonder- und Zusatzversorgungssystemen (Versorgungskürzungsgesetz)" bezeichneten Art. 4 RÜG eine Versorgungskürzung oder -aberkennung vorgesehen, wenn der Berechtigte gegen die Grundsätze der Menschlichkeit oder der Rechtsstaatlichkeit verstoßen oder in schwerwiegendem Maße seine Stellung zum eigenen Vorteil oder zum Nachteil anderer mißbraucht hatte[51].

---

[51] Art. 4 § 1 Abs. 1 RÜG in der Fassung des Gesetzentwurfs der Bundesregierung, BR-Drucks. 197/91.

Eine entsprechende Vereinbarung findet sich in Anl. II Kap. VIII Sachgeb. H Abschn. III Nr. 9 lit. b Satz 3 Nr. 2 EV, wonach Renten bei ihrer Anpassung gekürzt oder aberkannt werden sollten, „wenn der Berechtigte oder die Person, von der sich die Berechtigung ableitet, gegen die Grundsätze der Menschlichkeit oder Rechtsstaatlichkeit verstoßen oder in schwerwiegendem Maße ihre Stellung zum eigenen Vorteil oder zum Nachteil anderer mißbraucht hat". Demgegenüber hatte der Staatsvertrag in seinem Art. 20 Abs. 2 Satz 3 nur vorgesehen, daß bei der Rentenanpassung „ungerechtfertigte Leistungen abzuschaffen und überhöhte Leistungen abzubauen" seien.

Der Entwurf des Art. 4 RÜG war wegen der unerträglichen Unbestimmtheit seiner Begriffe und des offenen Sanktionsrahmens, der zwischen geringfügiger Kürzung und völliger Aberkennung der Versorgung schwankte, rechtsstaatlich in hohem Maße bedenklich. Auf Grund massiver Einwände von Sachverständigen, die der zuständige Bundestagsausschuß angehört hatte[52], wurde er eingehend überarbeitet und stellte am Ende eine Art lex Honecker dar.

---

[52] 15. Sitzung vom 16. und 17. 5. sowie 17. Sitzung vom 5. 6. 1991 des Ausschusses für Arbeit und Sozialordnung (11. Ausschuß). Während jedoch der Ausschuß den Gesetzentwurf im wesentlichen unverändert ließ (vgl. BT-Drucks. 12/786 vom 19. 6. 1991), beruht die endgültige Fassung im wesentlichen auf einem Änderungsantrag der Fraktionen der CDU/CSU, SPD und FDP vom 20. 6. 1991 (BT-Drucks. 12/829).

Zweiter Teil

Der Rentenzugriff als strafähnliche Sanktion

A. Das Rechtsstaatsprinzip

Wenn und soweit die durch Art. 3 RÜG bewirkten Kürzungen von Ansprüchen und Anwartschaften aus Versorgungssystemen sowie das nach Art. 4 RÜG mögliche Ruhen von Ansprüchen aus Leistungen aus derartigen Systemen eine strafähnliche Sanktion bezwecken, begegnen sie wegen des rechtsstaatlichen Erfordernisses einer Schuldfeststellung im Einzelfall verfassungsrechtlichen Bedenken.

I. Der Grundsatz „nulla poena sine culpa"

Der Grundsatz, daß Strafe (im weiteren Sinne) individuelle Schuld voraussetzt, hat Verfassungsrang[53]. Das *Bundesverfassungsgericht* leitet diese an der „Idee der Gerechtigkeit" orientierte[54] und für das „moderne Strafrecht selbstverständliche"[55] Maxime aus dem Rechtsstaatsprinzip[56] und/oder dem Menschenwürde-Satz des Art. 1 Abs. 1 GG ab[57].

1. Zum Rechtsstaatsprinzip

Essentielles Anliegen des Rechtsstaats, wie ihn das Grundgesetz als (wegen Art. 79 Abs. 3 GG unabänderbare) Staatsfundamentalnorm in Art. 20 Abs. 1 und 28 Abs. 1 Satz 1 verankert[58], ist es, die Verläßlichkeit des Rechts und damit die Rechtssicherheit zu garantieren[59]. Das Recht muß für die Bürger berechenbar,

---

[53] Vgl. auch § 46 Abs. 1 Satz 1 StGB.
[54] So BVerfGE 50, 205 (214); 80, 244 (255).
[55] BVerfGE 9, 167 (169); BGHSt (GrS) 2, 194 (200).
[56] E 20, 323 (331); 41, 121 (125); 84, 82 (87).
[57] E 25, 269 (285); 45, 187 (228); 50, 125 (133); 205 (214); 57, 250 (275); 74, 358 (371); 80, 244 (255); 86, 288 (313); vgl. ferner E 28, 386 (391); siehe auch Maunz/Dürig, GG, Art. 1 Abs. 1 RN 32; zutreffend Scholz, in: Maunz/Dürig, GG, Art. 102 RN 11, S. 7; Walter Sax, in: Bettermann/Nipperdey/Scheuner, Die Grundrechte, Bd. III/2, 1959, S. 987.
[58] BVerfGE 63, 343 (353); vgl. jedoch auch E 30, 1 (24 sub C I 2b) und E 2, 380 (403); zur Ableitung des Rechtsstaatsprinzips auch Merten, Zum Rechtsstaat des Grundgesetzes, in: Civitas, Widmungen für Bernhard Vogel zum 60. Geburtstag, 1992, S. 255 ff.

meßbar und vorhersehbar sein[60], damit sie „die Rechtslage erkennen und ihr Verhalten danach bestimmen, die Rechtsordnung einkalkulieren und sich mit ihr arrangieren können"[61]. Ist das Gesetz Verhaltensrichtlinie und Verhaltensmaßstab, so dürfen Gesetzesverletzungen strafrechtlich nur sanktioniert werden, falls dem Gesetzesübertreter sein abweichendes Verhalten zur Last gelegt werden kann. Nur wenn der Täter für die Rechtswidrigkeit verantwortlich ist[62], darf ihm sein Verhalten als Schuld vorgeworfen werden[63]. Damit folgt der Satz „nulla poena sine culpa" bereits aus dem (formellen) Prinzip rechtsstaatlicher Berechenbarkeit[64].

Dieses enthält nicht nur ein objektives, sondern komplementär auch ein subjektives Element, heischt nicht nur Berechenbarkeit des Gesetzes, insbesondere dessen „Einsehbarkeit" sowohl im wörtlichen[65] als auch im übertragenen Sinne[66], sondern setzt auch Kalkulierbarkeit durch den Gesetzesunterworfenen voraus. Nur wenn dieser das Gesetz berechnet hat bzw. hätte berechnen können und müssen, ist für ihn der Gesetzesverstoß meßbar gewesen und dadurch zurechenbar geworden. „Denn wer ein Einzelnes nicht weiß, handelt unfreiwillig"[67].

---

[59] Vgl. BVerfGE 2, 380 (403); 3, 225 (237); 7, 89 (92); 194 (196); 13, 261 (271); 14, 288 (297); 15, 313 (319); 22, 322 (329); 25, 269 (290); 27, 167 (173) 35, 41 (47); 323 (326); 45, 142 (167); 49, 148 (164); 51, 356 (362); 59, 128 (164); 60, 253 (267); 63, 343 (357). Der Europäische Gerichtshof leitet den Bestimmtheitsgrundsatz aus dem Prinzip der Gesetzmäßigkeit der Verwaltung ab, Urt. vom 21.5.1987, Slg. S. 2289 ff. (2341 f.).

[60] Vgl. Schmidt-Aßmann, in: Maunz/Dürig, GG, Art. 103 II RN 179.

[61] Vgl. BVerfGE 17, 306 (316); siehe auch E 21, 73 (79); 25, 269 (285); 31, 255 (264); 37, 132 (142); 45, 400 (420); 47, 109 (120); 48, 48 (56); 52, 1 (41); 57, 250 (262); 64, 389 (393 f.); 71, 108 (115); 75, 329 (341); 78, 205 (212); 81, 298 (309); 84, 133 (149); 87, 234 (263); BVerfG (3. Kammer des Ersten Senats) Beschl. vom 20.7.1992, NJW 1993, S. 1190; siehe auch E 26, 41 (42); 28, 175 (183); 33, 206 (219); 37, 201 (207); 41, 314 (319); 45, 346 (351) zu Art. 103 Abs. 2 GG; BVerwGE 17, 192 (196); BGHSt, Urt. vom 7.11.1990, JR 1992, S. 72.

[62] Hierzu Dreher/Tröndle, StGB, 46. Aufl., 1993, RN 28 vor § 13.

[63] So BGHSt (GrS) 2, 194 (200); hierzu auch Lenckner, in: Schönke/Schröder, StGB, 24. Aufl., 1991, Vorbem. 114 ff. vor §§ 13 ff.

[64] Vgl. auch § 18 II 20 ALR: „Alles, was das Vermögen eines Menschen, mit Freiheit und Überlegung zu handeln, mehrt oder mindert, das mehrt oder mindert auch den Grad der Strafbarkeit."

[65] Weshalb bereits §§ 10 ff. ALR von 1794 für die rechtliche Verbindlichkeit des Gesetzes eine „gehörige Bekanntmachung" fordern.

[66] Aus diesem Grunde verstoßen mißverständliche und irreführende Gesetzesfassungen gegen das Rechtsstaatsprinzip, vgl. BVerfGE 1, 14 (15); 17, 306 (318); ferner E 5, 25 (31); 14, 13 (16), 21, 73 (79); 27, 1 (8); 295 (310); 34, 293 (302), 35, 382 (400); 37, 132 (142 f.); vgl. ferner Erkenntnis des österreichischen VerfGH vom 8.12.1956 (Slg. Nr. 3130, S. 582); grundsätzlich zur hinreichenden Determinierung Heinz Schäffer, Verfassungsinterpretation in Österreich, 1971, S. 141 ff.

[67] Aristoteles, Nikomachische Ethik, III, 2, 1111 a.

A. Das Rechtsstaatsprinzip

Ergibt sich das Schulderfordernis somit bereits aus der formellen Rechtsstaatlichkeit, so bedarf es keines Rückgriffs auf das vage und normativ unsichere Prinzip materieller Gerechtigkeit[68].

2. Der Menschenwürde-Satz

Unabhängig vom Rechtsstaatsprinzip ist der Satz „nulla poena sine culpa" in Art. 1 Abs. 1 GG begründet. Allerdings läuft der Menschenwürde-Satz wegen seiner überschießenden Emotionalität Gefahr, überstrapaziert[69] und abgenutzt, damit gleichsam zum Säulenheiligen für Alltagskummer zu werden[70].

Selbst die Standard-Formel, es widerspreche menschlicher Würde, „den Menschen zum bloßen Objekt im Staate zu machen"[71], bedarf zusätzlicher Konkretisierung, weil der Mensch vielfach (bloßes) Objekt staatlicher Fürsorge und Regelung ist[72], ohne daß schon deswegen Art. 1 Abs. 1 GG verletzt wird. Die vom *Bundesverfassungsgericht*[73] offenbar als anstößig empfundene Sorge der „Obrigkeit" für ihre „Untertanen" verliert ihr Ärgernis, wenn man die moderneren Begriffe „Staat" und „Staatsbürger" verwendet. Menschenunwürdig wird die Objekt-Stellung erst dann, wenn sie Ausdruck der Diskriminierung, Erniedrigung oder Unmenschlichkeit ist[74].

Zutiefst inhuman ist es insbesondere, den einzelnen ohne den Nachweis individueller Schuld mit einer Strafe oder straffähnlichen Sanktion zu belegen, um der Abschreckung, der Rache („Sippenhaft"[75]) oder dem „Volkswillen" („Barabbas"-Syndrom) zu genügen. Auf diese Weise wird das Individuum zum

---

[68] Distanziert auch Philip Kunig, Das Rechtsstaatsprinzip, 1986, S. 190, der jedoch das verläßlichere Prinzip formeller Berechenbarkeit nicht heranzieht und deshalb den Schuldgrundsatz nur in Art. 1 Abs. 1 GG verankert (aaO, S. 341 f.).

[69] Vgl. BVerfGE 2, 292 (295) zur Rüge, die Notwendigkeit, Spesenbelege beizubringen, widerspreche der Menschenwürde; BVerwGE 31, 236 (237) zur These, die Namensschreibung ohne Umlaut auf Fernsprechrechnungen („oe" statt „ö") verstoße gegen Art. 1 Abs. 1 GG; nach Max Schreiter (DÖV 1956, S. 692 ff. [693]) mißachtet die „Übertragung von Befehlsgewalt" auf Ampeln (§ 37 StVO) die Menschenwürde.

[70] Kritisch auch Maunz/Dürig, Grundgesetz, Art. 1 Abs. 1 RN 29; Kunig, in: v. Münch, Grundgesetz-Kommentar, Bd. 1, 4. Aufl., 1992, Art. 1 RN 8; Jarass/Pieroth, GG, 2. Aufl., 1991, Art. 1 RN 3.

[71] BVerfGE 27, 1 (6); 45, 187 (228); 50, 166 (175); 57, 250 (275); 89, 28 (35); BVerfG (2. Kammer des zweiten Senats), Beschl. vom 21. 4. 1993, NJW 1993, S. 3315. Die Objektformel geht zurück auf Dürig (vgl. Maunz/Dürig, GG, Art. 1 Abs. 1 RN 28).

[72] Kritisch zu Recht BVerfE 30, 1 (25 f.); Quaritsch, HStR V, § 120 RN 134.

[73] E 5, 85 (205).

[74] Vgl. hierzu auch Scholz, in: Maunz/Dürig, GG, Art. 102 RN 11, S. 5; Quaritsch, HStR V, § 120 RN 134..

[75] So wurde in den „Kriegsverbrecherprozessen" A. Krupp von Bohlen und Halbach gleichsam im Wege „strafrechtlicher Erbfolge" (v. Wilmowsky, aaO, S. 40, 203) anstelle seines Vaters wegen Vorbereitung und Führung von Angriffskriegen, Plünderung von

bloßen Instrument der Verbrechensbekämpfung[76], des Rachebedürfnisses oder der Massenbefriedung.

Da sich der Mensch durch seine Willensfreiheit[77] von anderen Lebewesen unterscheidet, wird er zentral in seiner menschlichen Würde getroffen, wenn der Staat gegen ihn ein Unwerturteil wegen eines Verhaltens verhängt, für das ihm eine fehlerhafte Willensbetätigung nicht nachgewiesen werden kann[78]. Deshalb verletzt eine „Strafe ohne Schuld" die Menschenwürde, darf rechtsstaatliches Strafrecht keine „Schuldvermutungen" dulden[79] und Unrecht nur in dem Ausmaß mit Strafe ahnden, in dem es „aus schuldhaftem Verhalten des Täters erwachsen ist"[80]. Dabei sind wegen der einschneidenden Folgen für den Betroffenen geeignete verfahrensrechtliche Vorkehrungen zur Ermittlung des Sachverhalts erforderlich[81].

Strafen und strafähnliche Sanktionen stellen ein „sozialethisches Unwerturteil über den Täter wegen der von ihm schuldhaft begangenen Rechtsverletzung"[82] „eine mißbilligende hoheitliche Reaktion auf ein schuldhaftes Verhalten"[83] dar.. Schuld ist der Vorwurf, sich wider besseres Wissen und Können gegen das Recht zu entscheiden[84]. Dem Täter wird dem Grunde nach eine „Auflehnung gegen die staatliche Rechtsordnung" aus Gründen „fehlerhafter Persönlichkeitshaltung" zur Last gelegt[85]. Die öffentliche Mißbilligung findet darin ihren Ausdruck, daß mit der pönalen Maßnahme als einem Übel bewußt in die Rechtssphäre des Verurteilten eingegriffen und damit über die unmittelbare Auswirkung der Sanktion auf Freiheit oder Vermögen des Täters hinaus auch sein soziales Ansehen

---

Wirtschaftsgütern im besetzten Ausland und „Sklavenarbeit" von einem amerikanischen Militärgericht durch Urteil vom 31.7.1948 zu 12 Jahren Haft und zur Einziehung seines Vermögens verurteilt; vgl. Tilo Frhr. v. Wilmowsky, Warum wurde Krupp verurteilt? Legende und Justizirrtum, 1950; „The Krupp Case", in: Trials of war criminals before the Nuernberg military tribunals under control council law No. 10, Bd. IX/1 und 2, Washington 1950.

[76] Vgl. BVerfGE 28, 389 (391); 45, 187 (228); 50, 205 (215); 72, 105 (116).

[77] Hierzu Dreher, Die Willensfreiheit, 1987; vgl. ferner Dreher/Tröndle, StGB, RN 28f. vor § 13 m.w.N.

[78] Zum Erfordernis des Schuldnachweises BVerfGE 84, 82 (87 sub B I 1).

[79] Vgl. Claus Roxin, Strafverfahrensrecht, 22. Aufl., 1991, S. 86; zurückhaltender BVerfGE 9, 167 (169); siehe auch Eberhard Schmidt, Lehrkommentar zur Strafprozeßordnung und zum Gerichtsverfassungsgesetz, Teil I, 1952, S. 156ff.

[80] BGH, Beschl. vom 29.4.1987, NJW 1987, S. 2685f. (2686).

[81] Vgl. BVerfGE 84, 82 (87); 74, 358 (370f.); 57, 250 (275).

[82] So Jescheck, Lehrbuch des Strafrechts, Allg. Teil, 4. Aufl., 1988, § 8 I, S. 58 m.w.N.; vgl. auch Peter Noll, Die ethische Begründung der Strafe, 1962, S. 17ff.; Heinrich Henkel, Die „richtige" Strafe, 1969, S. 7; Schmidhäuser, Strafrecht, Allg. Teil, 2. Aufl., 1984, 1/14.

[83] BVerfGE 26, 186 (204); vgl. auch E 22, 49 (80).

[84] Vgl. BGHSt 2, 194 (200ff.); Walter Odersky, Die Rolle des Strafrechts bei der Bewältigung politischen Unrechts, 1992, S. 26.

[85] Vgl. BVerfGE 9, 167 (171).

A. Das Rechtsstaatsprinzip 29

beeinträchtigt wird[86]. Aus diesem Grunde spricht § 97 Abs. 1 JGG vom „Strafmakel", den der Jugendrichter unter bestimmten Voraussetzungen beseitigen darf. Durch den „Mißbilligungscharakter" unterscheidet sich die „Strafe" (im weiteren Sinn) von allen anderen Zwangsmaßnahmen der Staatsgewalt[87].

II. Seine Geltung für Strafen und strafähnliche Sanktionen

1. Zur Abgrenzung

Der Grundsatz „nulla poena sine culpa" beschränkt sich nicht auf Strafen im engeren Sinne, schon gar nicht auf den Strafen-Katalog des Strafgesetzbuchs (§§ 38 ff.). Denn das Strafgesetzbuch regelt die Arten der Kriminalstrafen nicht abschließend, und Straftaten finden sich auch im Nebenstrafrecht, wie z.B. der Strafarrest im Wehrstrafrecht[88].

Da das Grundgesetz keine Aufzählung der Strafen enthält, sondern nur explizit (Art. 102) und implizit (Art. 1 Abs. 1 i.V.m. Art. 2 Abs. 2[89]) bestimmte Strafarten verbietet, ist der (einfache) Gesetzgeber im Rahmen seiner Gesetzgebungskompetenzen in der Ausgestaltung des Strafrechts weitgehend frei[90]. Im Rahmen der Verfassung und unter Beachtung der grundrechtlichen Schrankenvorbehalte sowie der Schrankenschranken („Übermaßverbot") hat der Gesetzgeber ein Straferfindungsrecht, weshalb er grundsätzlich auch die neue Kriminalsanktion der „Vermögensstrafe" (§ 43 a StGB[91]) einführen durfte.

Strafähnliche Sanktionen unterscheiden sich von den Strafen (im engeren Sinne) dadurch, daß das mit ihnen verbundene sozial-ethische Unwerturteil geringer ist. So sieht das Jugendstrafrecht „Zuchtmittel" vor, die gemäß § 13 Abs. 3 JGG ausdrücklich nicht die Rechtswirkungen einer Strafe haben sollen. Dasselbe gilt für Geldbußen im Ordnungswidrigkeitengesetz (vgl. §§ 1 Abs. 1, 17 OWiG). Äußerlich kommt das mindere Unwerturteil dadurch zum Ausdruck, daß die genannten strafähnlichen Sanktionen nicht in das Bundeszentralregister eingetragen werden[92]. Wegen der mit den Sanktionen verbundenen sozialethi-

---

[86] Ähnlich Jescheck, aaO; Henkel, aaO.
[87] So ausdrücklich Peter Noll, aaO, S. 18 f. m.w.N. in FN 37.
[88] Vgl. § 9 des Wehrstrafgesetzes i.d.F. vom 24.5.1974 (BGBl. I S. 1213).
[89] Weshalb „spiegelnde" Verstümmelungsstrafen verfassungswidrig sind. Zum Begriff Hinrich Rüping, Grundriß der Strafrechtsgeschichte, 2. Aufl., 1991, S. 17, 28; zur Aufzählung der Verstümmelungsstrafen Eberhard Schmidt, Einführung in die Geschichte der deutschen Strafrechtspflege, 3. Aufl., § 47, S. 62.
[90] Vgl. BVerfGE 80, 244 (255); Scholz, in: Maunz/Dürig, GG, Art. 102 RN 11, S. 6 f.
[91] Eingefügt durch Art. 1 Nr. 2 des Gesetzes zur Bekämpfung des illegalen Rauschgifthandels und anderer Erscheinungsformen der Organisierten Kriminalität (OrgKG) vom 15.7.1992 (BGBl. I S. 1302).
[92] Vgl. §§ 3 ff. des Bundeszentralregistergesetzes i.d.F. vom 21.9.1984 (BGBl. I S. 1229).

schen Mißbilligung setzt die Ordnungswidrigkeit aber ebenso eine Vorwerfbarkeit voraus (§ 1 Abs. 1 OWiG), wie das Jugendstrafrecht eine Verantwortlichkeit des Jugendlichen verlangt. Denn dieser muß zur Zeit der Tat nach seiner sittlichen und geistigen Entwicklung reif genug sein, das Unrecht der Tat einzusehen und nach dieser Einsicht zu handeln (§ 3 Satz 1 JGG). Trotz der Ersetzung der Begriffe „Geldstrafe" und „Strafe der Haft" durch „Ordnungsgeld" und „Ordnungshaft" in § 890 Abs. 1 ZPO[93] handelt es sich weiterhin um Sanktionen, die wie eine Strafe auf Repression und Vergeltung für gesetzwidriges Verhalten abzielen, weshalb ein Verschulden des Täters erforderlich ist[94].

Nach allem ergibt sich, daß Sanktionen, selbst wenn sie keine Strafen sind, aber strafähnlich wirken, nur auf Grund der Feststellung individueller Schuld verhängt werden dürfen[95].

2. Beamtenrechtliche Disziplinarmaßnahmen

An ein schuldhaftes Verhalten knüpfen auch die Sanktionen für Dienstvergehen der Beamten an[96]. Wenn auch Disziplinarmaßnahmen keinen Vergeltungszweck verfolgen, sondern „Ordnung und Integrität innerhalb eines Berufsstandes ... gewährleisten"[97] sollen, so enthält doch das Disziplinarurteil wie das Strafurteil ein (dienstliches) Unwerturteil[98], weshalb Art. 103 Abs. 2 GG anwendbar ist[99] und in Disziplinarsachen ähnlich wie in Strafsachen ein Begnadigungsrecht besteht (vgl. § 120 BDO).

Wegen ihres quasi-pönalen Charakters bedarf die Verhängung von Disziplinarmaßnahmen auch eines dem Strafprozeß angenäherten Verfahrens, wie es die Bundesdisziplinarordnung[100] vorsieht. Daher dürfen auch nur Verweis und Geldbuße, die in ihrer Höhe durch die einmonatigen Dienstbezüge des Beamten limitiert wird (§ 7 BDO), durch Disziplinarverfügung der obersten Dienstbehörde bzw. des Dienstvorgesetzten verhängt werden (§ 28, 29 BDO). Dagegen ist ein förmliches Disziplinarverfahren für die Disziplinarmaßnahmen der Gehaltskürzung, der Versetzung in ein Amt derselben Laufbahn mit geringerem Endgrundgehalt, der Entfernung aus dem Dienst, der Kürzung des Ruhegehalts sowie der Aberkennung des Ruhegehalts erforderlich (§ 5, 29, 33 BDO). Dadurch ist

---

[93] Durch Art. 98 Nr. 15 lit.a des Einführungsgesetzes zum Strafgesetzbuch vom 2. 3. 1974 (BGBl. I S. 469).
[94] BVerfGE 84, 82 (87); 58, 159 (162f.) m.w.N.; OLG Frankfurt, Beschl. vom 25. 11. 1976, NJW 1977, S. 1204f.; zu § 890 Abs. 1 ZPO a.F. BVerfGE 20, 323 (332).
[95] BVerfGE 58, 159 (163); 80, 109 (120); siehe auch E 7, 305 (319), 20, 323 (331).
[96] Vgl. § 45 Abs. 1 BRRG; § 77 Abs. 1 BBG.
[97] BVerfGE 21, 391 (404).
[98] Vgl. BVerfGE 26, 186 (204).
[99] BVerfGE, aaO.
[100] In der Fassung der Bekanntmachung vom 20. 7. 1967 (BGBl. I S. 751).

sichergestellt, daß wegen der einschneidenden Folgen für den Betroffenen verfahrensrechtliche Vorkehrungen zur Ermittlung des Sachverhalts und zur Feststellung des Schuldvorwurfs bereitstehen.[101]

3. Verwirkung von Grundrechten

Der Nachweis individueller Schuld ist ferner im Falle der Verwirkung eines Grundrechts gemäß Art. 18 GG gefordert. Schon der Verfassungswortlaut („zum Kampfe ... mißbraucht") macht deutlich, daß der Verwirkungstatbestand von einem aktiv-aggressiven Verhalten gegen die freiheitliche demokratische Grundordnung ausgeht.[102] Diese finale Determination erheischt ein vorsätzliches Verhalten des Täters.[103] Während nach einer verbreiteten Auffassung ein natürlicher Vorsatz (Handlungswille) des Täters für den Verwirkungsausspruch genügen soll[104], erscheint wegen des schwerwiegenden Eingriffs und des quasi-pönalen[105] Charakters eines Verwirkungsausspruchs sowie wegen des mit ihm verbundenden Unwerturteils eine Schuldfeststellung unabdingbar[106], weil nur unter dieser Voraussetzung ein „persönliches Mißverhalten des Betroffenen[107]" auch vorwerfbar ist.

Andernfalls gelangte man zu dem wenig einleuchtenden Ergebnis, daß ein schuldunfähiger Täter zwar strafrechtlich nicht wegen Gefährdung des demokratischen Rechtsstaates (§§ 80 ff. StGB) zu belangen, ihm jedoch ein Grundrecht gemäß Art. 18 GG abzuerkennen wäre. Ein Verfassungsschutz, der die freiheitliche demokratische Grundordnung vor Angriffen von Kindern, Betrunkenen und Geisteskranken[108] bewahren will, erscheint hypertroph. Daß auch der Gesetzgeber offensichtlich von einem Schuldnachweis im Falle der Verwirkung ausgeht, zeigt das Beamtenrecht, das mit dem Verwirkungsausspruch das Beamtenverhältnis automatisch beendet[109] und die Verwirkung damit der strafgerichtlichen

---

[101] Hierzu BVerfGE 84, 82 (87 sub B I 1).

[102] Jarass/Pieroth, GG, 2. Aufl., Art. 18 RN 4; Krebs, in: v. Münch/Kunig, GG, 4. Aufl., 1992, Art. 18 RN 9.

[103] Jarass/Pieroth, aaO, Art. 18 RN 4; Maunz/Dürig, GG, Art. 18 RN 37; Geiger, Gesetz über das Bundesverfassungsgericht, 1952, S. 137; von Weber, JZ 1953, S. 294.

[104] Vgl. Maunz/Dürig, GG, Art. 18 RN 37 m.w.N.; v. Mangoldt/Klein, GG, Art. 18 Anm. III 4a, S. 531; Jarass/Pieroth, GG, 2. Aufl., Art. 18 RN 4; Walter Schmitt Glaeser, Mißbrauch und Verwirkung von Grundrechten im politischen Meinungskampf, 1968, S. 63 f.; Echterhölter, JZ 1953, S. 657 l. Sp.

[105] v. Weber (JZ 1953, S. 293; DRiZ 1951, S. 155) sieht ihn sogar als „Strafe" an. A. A. Gallwas, Der Mißbrauch von Grundrechten, 1967, S. 135; Krebs, in: v. Münch/Kunig, GG, Art. 18 RN 15.

[106] Zutreffend Geiger, aaO, S. 137; v. Weber, JZ 1953, S. 294.

[107] So BVerfGE 2, 1 (74).

[108] So aber Echterhölter, JZ 1952, S. 657 l. Sp.

[109] § 24 Abs. 1 Satz 2 BRRG, 48 Satz 2 BBG.

Verurteilung zu einer nicht unbeträchtlichen Freiheitsstrafe bzw. dem nur in schwerwiegenden Fällen möglichen Amtsverlust (§ 45 StGB) gleichstellt, wobei diese jedoch den Nachweis der Schuld erfordern.

Weil Art. 18 GG der Mißbrauchswehr dient[110], ist nur das jeweils mißbrauchte Grundrecht verwirkbar[111]. Die mögliche Verwirkung des Eigentums setzt daher voraus, daß gerade das Eigentum zum Kampfe gegen die freiheitlich-demokratische Grundordnung mißbraucht wurde. Aber auch wer das Grundrecht des Art. 14 GG verwirkt, büßt nicht das Eigentum, sondern nur den Verfassungsschutz des Eigentums ein[112]. Denn die Verwirkung eines Grundrechts stellt den Betroffenen nicht außerhalb des Rechts[113]. Er kann sich lediglich nicht mehr auf das verwirkte Grundrecht berufen, genießt zwar keinen Grundrechtsschutz[114], aber weiterhin den Schutz der (einfachen) Gesetze. Exekutive und Judikative müssen bei einem Eingriff in sein Eigentum Vorbehalt und Vorrang des Gesetzes beachten, so daß sie ohne gesetzliche Ermächtigung gegen den Eigentümer nicht vorgehen können.

Lediglich das Bundesverfassungsgericht kann gemäß § 39 Abs. 1 Satz 3 BVerfGG über den Verwirkungsausspruch hinaus dem Antragsgegner „nach Art und Dauer genau bezeichnete Beschränkungen auferlegen", die dann Rechts- und Ermächtigungsgrundlage für die Verwaltungsbehörde darstellen[115]. Einen Rechtsverlust oder Substanzentzug darf jedoch auch das Gericht nicht anordnen, wie die Ermächtigungsnorm deutlich macht[116]. Es muß sich vielmehr mit „Beschränkungen" z. B. bei der Nutzung des Eigentums oder hinsichtlich der Verfügungsbefugnis begnügen[117].

---

[110] Ähnlich Benda/Klein, Verfassungsprozeßrecht, RN 1075.

[111] Wie hier Wernicke, Bonner Kommentar, Art. 18 Erl. II 1 f.; Krebs, in: v. Münch/Kunig, GG, Art. 18 RN 18; Geiger, BVerfGG, § 39 Anm. 2, S. 144; v. Mangoldt/Klein, GG, Art. 18 Anm. III 1 a, S. 520; Benda/Klein, aaO, RN 1075; Pestalozza, Verfassungsprozeßrecht, 3. Aufl., 1991, § 3 RN 14, S. 70; a. A. Maunz/Dürig, Art. 18 RN 34; Maunz/Schmidt-Bleibtreu/Klein/Ulsamer, BVerfGG, § 13 RN 28; Lechner, BVerfGG, 3. Aufl., 1973, § 13 Anm. 2, S. 81; Gallwas, Mißbrauch von Grundrechten, S. 137 f.

[112] Zutreffend v. Mangoldt/Klein, GG, Art. 18 Anm. III 3 b S. 530; Geiger, BVerfGG, § 39 Anm. 2, S. 146; Scupin, Die Rechtslage der Wirtschaft unter dem Bonner Grundgesetz, 1950, S. 12.

[113] Vgl. v. Mangoldt/Klein, GG, Art. 18 Anm. III 2 c, S. 2527; Benda/Klein, Verfassungsprozeßrecht, RN 1076 m. w. N. in FN 15; Pestalozza, Verfassungsprozeßrecht, § 3 RN 2, S. 66; Dürig, JZ 1952, S. 518 sub 5; Herbert Krüger, DVBl. 1953, S. 100 f.; Dieter Wilke, Die Verwirkung der Pressefreiheit und das strafrechtliche Berufsverbot, 1964, S. 68 f.

[114] v. Mangoldt, GG, Art. 18 Anm. 2, S. 115.

[115] Hierzu im einzelnen Schmitt Glaeser, Mißbrauch und Verwirkung von Grundrechten, S. 224 ff.; zur Problematik Krebs, in: v. Münch/Kunig, GG, Art. 18 RN 19.

[116] Ebenso v. Mangoldt/Klein, aaO; Geiger, aaO.

[117] Vgl. jedoch auch § 46 Abs. 3 Satz 2 BVerfGG, wonach das Bundesverfassungsgericht bei der Feststellung der Verfassungswidrigkeit einer Partei die „Einziehung des

A. Das Rechtsstaatsprinzip

4. Zugriff auf Renten als strafähnliche Sanktion

a) Strafähnliche Sanktionen im Rechtsstaat

Gerade Beamtendisziplinarrecht und Grundrechtsverwirkung zeigen, daß quasi-pönale Sanktionen individuelle Schuld voraussetzen. Kollektivstrafen sind ebenso rechtsstaatswidrig wie strafähnliche Sanktionen auf Grund bloßer Unterstellungen, Vermutungen oder Verdächtigungen. Der Rechtsstaat kann kein Gesinnungsstrafrecht dulden und darf nur ein Tatstrafrecht akzeptieren, weil ein Täter nur für das, was er getan hat, nicht aber für das, was er ist oder was er denkt, mit einer Sanktion belegt werden darf[118]. Erst recht müssen daher quasi-pönale Reaktionen für vermutete Gesinnung oder vermutete Handlungen rechtsstaatswidrig sein. Lediglich bei der Sanktionierung von Ungehorsam gegen bloßes „technisches" Ordnungsrecht ist das rechtsstaatliche Verbot einer Schuldvermutung gelockert, weil die „Sphäre des Ethischen" und der „Bereich der sittlichen Persönlichkeit des Menschen" nicht berührt werden[119].

Als strafähnliche Sanktionen sind nicht nur Maßnahmen anzusehen, die sich an den Strafen-Katalog des Strafgesetzbuchs anlehnen und lediglich eine andere Bezeichnung verwenden, wie z. B. „Ordnungsgeld" in § 890 Abs. 1 ZPO[120]. Die rechtsstaatliche Regel „nulla poena sine culpa" muß ebenso wie der in Art. 103 Abs. 2 GG verankerte Grundsatz „nulla poena sine lege" auch „für Verwaltungsunrecht und zivilrechtliches Deliktsrecht gelten, allgemein für alle belastenden Regelungen, die an ein nachträglich als rechtswidrig deklariertes Verhalten anknüpfen", wie das *Bundesverfassungsgericht*[121] betont. Deshalb schützt die rechtsstaatliche Unschuldsvermutung den Bürger auch „vor Nachteilen, die Schuldspruch oder Strafe gleichkommen, denen aber kein rechtsstaatliches prozeßordnungsmäßiges Verfahren zur Schuldfeststellung und Strafbemessung vorausgegangen ist"[122]. So kann der Versicherer Leistungsfreiheit bei Unfallflucht des Versicherungsnehmers nicht beanspruchen, wenn ungeklärt ist, ob dieser vorsätzlich seine Wartepflicht verletzt hat. Bei bloßem Verdacht geht es nicht an, ihn „durch Entzug des Versicherungsschutzes zu bestrafen"[122a].

Vermögens" zu gemeinnützigen Zwecken aussprechen darf; in diesem Zusammenhang BVerfGE 2, 1 (78).

[118] Lenckner, in: Schönke/Schröder, StGB, Vorbem. 105 vor § 13 ff.; zum Gesinnungsstrafrecht vgl. Eberhard Schmidhäuser, Gesinnungsethik und Gesinnungsstrafrecht, in: Gallas-Festschrift, 1973, S. 81 ff.

[119] BVerfGE 9, 167 (171).

[120] Hierzu BVerfGE 58, 159 (163).

[121] E 63, 343 (357).

[122] BVerfGE 74, 358 (371); BVerfG (2. Kammer des Zweiten Senats), Beschl. vom 25.11.1991, NJW 1992, S. 2011; Theo Vogler, in: Strafverfahren im Rechtsstaat, Kleinknecht-Festschrift, 1985, S. 437.

[122a] BGHZ 52, 86 (91).

Darf ein Täter nur wegen schuldhafter Zuwiderhandlung gegen ein zur Tatzeit schon geltendes Gesetz strafrechtlich belangt werden, so wäre es mit Sinn und Zweck dieser rechtsstaatlichen Prinzipien erst recht unvereinbar, wenn die Staatsgewalt gegen ihn andere Repressionen verhängen dürfte, obwohl sein Verhalten erst nachträglich und ohne jede Feststellung individueller Schuld mißbilligt wird.

Was als Bestrafung verfassungsrechtlich ausgeschlossen ist, kann nicht über den Umweg einer ebenso „peinlichen" oder sogar noch empfindlicheren Sanktion erreicht werden. Berücksichtigt man, daß selbst bei einer strafgerichtlichen Verurteilung zu Freiheitsstrafe von nicht mehr als einem Jahr die Strafe gemäß § 56 Abs. 1 StGB ausgesetzt werden kann und daß die höchste Geldstrafe gemäß § 40 Abs. 1 StGB nicht mehr als 360 volle Tagessätze, für einen Rentner also maximal eine Jahresrente betragen darf (vgl. § 40 Abs. 2 StGB), so zeigt sich, daß die Kürzungen der Rentenberechnungsgrundlagen und die Begrenzungen des Zahlbetrags gemäß §§ 7, 10 Abs. 2 AAÜG für Zeiten der Zugehörigkeit zu dem Versorgungssystem des ehemaligen Ministeriums für Staatssicherheit/Amtes für Nationale Sicherheit, die die Rente unter das Sozialhilfeniveau drücken und den Rentenberechtigten sowie seine Hinterbliebenen auf Jahrzehnte belasten können, selbst bei strafbarer Schuld zu einem härteren Übel als eine Kriminalstrafe führen können. Kommen aber rentenrechtliche Sanktionen „in tatsächlicher Hinsicht" einer strafrechtlichen Ahndung gleich, müssen sie wie diese die rechtsstaatlichen Voraussetzungen, insbesondere das Schulderfordernis beachten[123].

Bedenklich ist es, wenn im Zuge der Rentenüberleitung auf Grund bloßer „Staats- oder Systemnähe", die teilweise zusätzlich mit der Höhe des erzielten Einkommens begründet wird, Gruppen von Versorgungsberechtigten ein Täter-Mal aufgedrückt wird. Denn der Rechtsstaat verbietet jede Form der Kollektiv-, Gruppen- oder Sippenschuld. Schuld setzt immer voraus, daß der einzelne Täter mit der Verantwortung für ein rechtswidriges Verhalten belastet[124] und ihm sein Verhalten vorgeworfen werden kann[125].

Die ungute Renaissance einer „Kollektivschuld" übersieht, daß ein ganzes Volk nicht nur aus Tätern, sicherlich aber auch nicht nur aus Opfern besteht, so daß es einer sorgfältigen Prüfung im Einzelfall bedarf. An die Zugehörigkeit zu Parteien oder Massenorganisationen sowie an die Innehabung von Funktionen in einem Staat können insbesondere nicht nachträglich quasi-pönale Sanktionen geknüpft werden, solange dem einzelnen nicht ein rechtswidriges und schuldhaftes Verhalten nachgewiesen werden kann[125a].

---

[123] BVerfGE 80, 109 (120); BVerfG (2. Kammer des Zweiten Senats), Beschl. vom 16.12.1991, NJW 1992, S. 1952f.

[124] Hierzu Dreher/Tröndle, StGB, RN 28 vor § 13.

[125] Vgl. BGHSt (Gr.S) 2, 200; s. auch Lenckner, in: Schönke/Schröder, StGB, Vorbem. 114ff. vor §§ 13ff.

[125a] Zur moralischen Legitimation eines Strafanspruchs angesichts westdeutscher „appeasement"-Politik Quaritsch, in: Thieme-Festschrift, 1993, S. 334f.

A. Das Rechtsstaatsprinzip

So darf die Rechtsordnung, wie das *Bundesverfassungsgericht*[126] hervorhebt, „nicht ohne Verstoß gegen den Grundsatz der Rechtsstaatlichkeit die verfassungsrechtlich eingeräumte Freiheit, eine Partei zu gründen und für sie im Verfassungsleben zu wirken, nachträglich als rechtswidrig behandeln." Wenn die Verfassungsordnung der Bundesrepublik Deutschland aber schon die verfassungswidrige Tätigkeit von Anhängern und Funktionären einer Partei um „einer verfassungsmäßig verbürgten Toleranz"[127] willen bis zu einem Parteiverbot durch das Bundesverfassungsgericht hinnimmt, muß dies erst recht für politische Tätigkeiten außerhalb des Geltungsbereichs des Grundgesetzes gelten. Daher darf aus rechtsstaatlichen Gründen die bloß formale Zugehörigkeit zu Organisationen oder die Ausübung bestimmter Ämter außerhalb der Bundesrepublik Deutschland nicht nachträglich mit einer Strafe oder strafähnlichen Sanktion belegt werden.

b) Die strafähnliche Zielsetzung des Anspruchs- und Anwartschaftsüberführungsgesetzes

Die quasi-pönale oder para-pönale Zielsetzung des Anspruchs- und Anwartschaftsüberführungsgesetzes ergibt sich sowohl aus der Entstehungsgeschichte als auch aus dem Wortlaut der Gesetzesbestimmungen und ihrem systematischen Zusammenhang.

aa) Entstehungsgeschichte

aaa) Renten-Überleitungsgesetz

Politisches Leitmotiv für eine Reihe sozialversicherungsrechtlicher Regelungen in Art. 3 und 4 RÜG war die These, man könne den „Opfern" nicht zumuten, daß die „Täter" eine höhere Rente als sie erhielten. So wies die Abg. Dr. Gisela *Babel* (FDP) darauf hin, die Motive der sozialversicherungsrechtlichen Regelungen seien „natürlich, daß das System nach unserem Gerechtigkeitsgefühl zu unangemessen hohen Altersversorgungen geführt hat im Vergleich zu den Opfern, bei denen es zu besonders niedrigen Renten geführt hat bzw. führen wird"[128]. Der Abg. Konrad *Gilges* (SPD) nannte als Argumente für die Kappung oder Einschränkung von Zusatz- und Sonderrenten der ehemaligen DDR das Argument, daß diejenigen, „die die Menschen dort bespitzelt haben, ... gegenüber ihren Verfolgten bessergestellt" werden würden[129]. Hierbei handelt es sich

---

[126] E 12, 296 (307); 13, 46 (52); vgl. auch E 13, 123 (126); 17, 155 (166).

[127] BVerfGE 12, 296 (306); 13, 46 (52).

[128] 15. Sitzung des BT-Ausschusses für Arbeit und Sozialordnung am 17.5.1991, Sten. Prot. 15/220.

[129] 15. Sitzung des BT-Ausschusses für Arbeit und Sozialordnung am 17.5.1991, Sten. Prot. 15/192.

keineswegs nur um die Meinung einzelner Mitglieder der Gesetzgebungsorgane, die als solche für die Auslegung nicht ausschlaggebend sein können[130]. Auch das Bundeskanzleramt weist nunmehr in Petitionsbescheiden [130a] an Versorgungsberechtigte darauf hin, daß man nach „Systemnähe" differenziert habe, „wobei insbesondere die Perspektive der Opfer eine Rolle spielte".

Schon die Amtliche Begründung des Gesetzentwurfs der Bundesregierung hält „die Beibehaltung der Besitzschutzregelung des Einigungsvertrages mit der Folge der Weiterzahlung und Neubewilligung von Leistungen bis zum Mehrfachen der Höchstrente aus der Rentenversicherung vor allem auch bei Personen, die unter den politischen Rahmenbedingungen der ehemaligen DDR in hohe und höchste Funktionen aufsteigen konnten", für „völlig unvertretbar"[131].

Das Problem der „Wertfreiheit" des Sozialversicherungsrechts und der rechtsstaatlichen Zulässigkeit pauschalierender und typisierender Regelungen hat dann die Gesetzesberatungen entscheidend geprägt. So weist der Bericht des zuständigen Bundestagsausschusses darauf hin, daß bei der Rentenüberleitung ein über das Durchschnittsentgelt hinausgehendes Einkommen „dann ganz oder teilweise berücksichtigt werden könne, wenn die betreffende Personengruppe im Vergleich zu anderen Personengruppen durch ihre Beschäftigung oder Tätigkeit keinen erheblichen Beitrag zur Stärkung oder Aufrechterhaltung des politischen Systems der ehemaligen DDR geleistet und auch keine systemfördernde Funktion innegehabt hätte"[132].

Der Bericht führt ferner an, daß die Mitglieder der Fraktion der SPD wesentliche Teile des Art. 3 RÜG als „rechtsstaatlich bedenklich" kritisiert hätten, weil „Pauschaleingriffe, die ohne Berücksichtigung individueller Umstände" erfolgten, aus Gründen des Vertrauensschutzes nicht hinnehmbar und auch nicht deshalb zu rechtfertigen seien, um „die Folgen des SED-Unrechtsstaates im Versorgungsrecht zu korrigieren". Vor allem hatten, wie der Bericht vermerkt, die Abgeordneten der SPD-Fraktion „vor einer Vermischung von Strafrecht und Sozialrecht" gewarnt und darauf verwiesen, „daß es in der Geschichte der deutschen Sozialpolitik – von der NS-Zeit abgesehen – noch niemals den Versuch gegeben habe, die Kürzung von Altersversorgungsleistungen zu strafrechtlichen Zwecken zu instrumentalisieren"[133].

---

[130] Vgl. BVerfGE 6, 55 (75); 1, 299 (312).
[130a] z.B. Schreiben vom 28. 4. 1994 (311-K 405 750/94/0001).
[131] BR-Drucks. 197/91 vom 11. 4. 1991, S. 113.
[132] Bericht des Ausschusses für Arbeit und Sozialordnung (11. Ausschuß) vom 20. 6. 1991, BT-Drucks. 12/826, S. 11 l. Sp.
[133] AaO, S. 11, r. Sp.

bbb) Rentenüberleitungs-Ergänzungsgesetz

Bei der Beratung des Rentenüberleitungs-Ergänzungsgesetzes bezeichnete es der Abgeordnete *Rother* (CDU/CSU) als Ziel des Anspruchs- und Anwartschaftsüberführungsgesetzes, zu verhindern, „daß Personen, die durch ihre Tätigkeit einen erheblichen Beitrag zur Stärkung oder Aufrechterhaltung des politischen Systems der ehemaligen DDR geleistet haben, für die Zeit dieser Tätigkeit eine höhere Rente erhalten als Personen mit durchschnittlichen Verdiensten." An dieser Zielsetzung, so führte der Abgeordnete weiter aus, werde grundsätzlich festgehalten, weshalb bei der Rentenberechnung bei den aus den erwähnten Tätigkeiten bezogenen Einkommen nur ein Verdienst entsprechend dem jeweiligen Durchschnittsentgelt zugrunde gelegt werde; allerdings habe man den sogenannten Fallbeil-Effekt abgemildert, so daß die meisten Versorgungsberechtigten gegenüber der bisherigen Regelung bessergestellt seien mit Ausnahme der Personen, die beim 1,8fachen des Durchschnittsentgelts oder darüber lagen. Damit konnte nach Meinung des Redners das Ziel einer stärkeren einzelfallorientierten Differenzierung erreicht werden[134].

Demgegenüber warnte der Abgeordnete *Dreßler* (SPD) vor einer unzulässigen Vermischung von Sozialrecht und Strafrecht, weil man bei mangelnder Strafbarkeit einer Handlung nicht über das Sozialrecht abstrafen dürfe; damit habe man Tausende von Menschen automatisch in Systemnähe gebracht, obwohl sie objektiv nicht systemnah waren; mit der Erhöhung des Zahlbetrags von DM 2010,- auf DM 2700,- durch das Rentenüberleitungs-Ergänzungsgesetz schaffe man bei den sogenannten Intelligenzrenten für den weitaus größten Teil der Betroffenen einen Stein des Anstoßes aus der Welt[135].

Der Abgeordnete Dr. *Menzel* (FDP) wies darauf hin, daß seine Partei beim Renten-Überleitungsgesetz davor gewarnt habe, „strafrechtliche Komponenten in das Rentenrecht zu integrieren". Viele Versorgungsberechtigte hätten sich gegen die jedweder Rentensystematik widersprechende Kappung des Zahlbetrags auf DM 2010,- gewendet, andere hätten sich gegen eine „nicht unbedingt rechtsstaatsimmanente pauschale Typisierung als Helfershelfer des DDR-Zwangsapparats und der damit einhergehenden Absenkung ihrer Rentenentgeltpunkte" gewehrt. Gerade die Diskriminierung ganzer Berufsgruppen, insbesondere der im Staatsapparat auf mittlerer Ebene Beschäftigten sowie der Techniker, Mediziner, Tierärzte, Architekten sowie die damit verbundene Aberkennung der Leistungen dieser Menschen hätte eine Demütigung bedeutet, die dem ansonsten beschworenen inneren Einigungsprozeß widersprach. Nach Einschätzung des Abgeordneten sei auch mit dem Rentenüberleitungs-Ergänzungsgesetz keine

---

[134] 156. Sitzung des 12. Deutschen Bundestages vom 30.4.1993, Plenarprotokoll 12/156, S. 13311 ff.
[135] AaO, S. 13313 ff.

Ideallösung gefunden worden; sie stelle jedoch einen deutlichen Fortschritt dar, weil zahlreiche Berufs- und Personengruppen aus dem rentenmindernden Konspekt herausgenommen und künftig bessergestellt werden[136].

Die Abgeordnete *Bläss* (PDS/Linke Liste) beanstandete, daß die Gesetzesvorlage mit ihrer Entschärfung des Mißbrauchs von Sozialrecht als Strafrecht nur eine kosmetische Änderung, aber keine tatsächliche Korrektur vornehme; trotz der Veränderung der Zahlbeträge bleibe der Strafcharakter und die Beschneidung des Bestandsschutzes bestehen, und werde die globale Kürzung, wenn auch auf einem höheren Niveau, fortgesetzt, obwohl nach der Rechtsprechung des Bundessozialgerichts eine Einzelfallprüfung erforderlich sei. Betroffen blieben nach wie vor ca. 1 500 Professoren, die in der DDR zu den Spitzenwissenschaftlern gehört hätten[137].

Demgegenüber forderte der Abgeordnete *Kauder* (CDU/CSU), Privilegien der alten DDR nicht in die Rentenversicherung zu übernehmen; die Begrenzung des Zahlbetrages auf DM 2010,– sei nur eingeführt worden, „um eine Überzahlung bei Renten zu vermeiden", weil die individuellen Rentenberechnungen noch nicht durchgeführt werden könnten. Es handele sich nur um eine „vorläufige Begrenzung, bis der individuelle Rentenanspruch festgelegt und berechnet" sei[138].

Der Bundesminister für Arbeit und Sozialordnung, Dr. *Blüm* (CDU), wandte sich gegen die Verwendung des Begriffs „Strafrecht". Sinn der Rentenvereinheitlichung sei es, Privilegien, die das alte System gewährt habe, nicht in die gemeinsame Rentenversicherung zu übernehmen. In den neuen Bundesländern dürften keine Renten entstehen, die über den Renten lägen, die im Westen gezahlt würden. Mit dem Gesetzesentwurf wolle man Belastungen gerade auch im mittleren Bereich beseitigen; es bleibe aber dabei, daß „den Spitzenfunktionären keine 40%ige Rentenerhöhung" zukommen solle[139].

bb) Gesetzeswortlaut und -systematik

Das in der Entstehungsgeschichte sowie in späteren parlamentarischen Beratungen angesprochene quasi-pönale Ziel der Art. 3 und 4 RÜG hat sich im Gesetz selbst objektivierbar niedergeschlagen[140], so daß es auf die umstrittene Frage

---

[136] AaO, S. 13315 ff.
[137] AaO, S. 13317 f.
[138] AaO, S. 13319 ff.
[139] AaO, S. 13325 ff.
[140] Vgl. zu diesem Erfordernis BVerfGE 1, 299 (312); 10, 234 (244); 11, 126 (130 f.); 13, 261 (268); 36, 342 (367); 62, 1 (45); Enneccerus/Nipperdey, Allgemeiner Teil des Bürgerlichen Rechts, 15. Aufl., 1959, § 54, S. 324 ff.

A. Das Rechtsstaatsprinzip 39

nicht ankommt, ob und inwieweit die Entstehungsgeschichte und der subjektive Wille des Gesetzgebers für sich allein maßgebliche Auslegungskriterien sind[141].

Die strafähnliche Sanktion kommt zunächst darin zum Ausdruck, daß der zu berücksichtigende Jahreshöchstverdienst nach Maßgabe der Anl. 3 bis 6 und 8 AAÜG nicht nach sachlichen Gründen differenziert, sondern allein auf eine schwächere oder stärkere „Staats- und Systemnähe" abstellt. Deutlich wird die Diskriminierung in § 7 Satz 1 in Verbindung mit Anl. 6 AAÜG, wonach das zu berücksichtigende Arbeitsentgelt oder Arbeitseinkommen auf 70 v. H. des Durchschnittsentgelts nach Anl. 5 abgesenkt wird. Darüber hinaus schließt § 7 Satz 2 AAÜG für die Betroffenen eine sog. „Rente nach Mindesteinkommen"[142] ausdrücklich aus[143]. Infolgedessen kann die Rente sogar unter das Sozialhilfeniveau absinken, weshalb die öffentlichen Kassen im Ergebnis nicht einmal entlastet werden. Dem Gesetzgeber bleibt daher nur die Genugtuung, die betroffene Personengruppe von Versorgungsberechtigten zu Sozialhilfeempfängern degradiert zu haben.

5. Rentenkürzungen infolge Renten„verwirkung"?

a) Die Verwirkung im allgemeinen

Die Verwirkung ist als Ausfluß des Grundsatzes von Treu und Glauben (§ 242 BGB) sowohl im Zivilrecht[144] als auch im öffentlichen Recht[145] anerkannt. Sie tritt ein, wenn seit der möglichen Geltendmachung eines Rechts eine längere Frist verstrichen ist und die verspätete Geltendmachung als Verstoß gegen Treu und Glauben erscheint, insbesondere wenn der Anspruchsgegner annehmen durfte, der Berechtigte werde sein Recht nicht mehr ausüben. Die Verwirkung steht damit unter der doppelten Voraussetzung des Zeitablaufs[146] und des Unterlassens der Rechtswahrung[147].

---

[141] Vgl. Karl Larenz, Methodenlehre der Rechtswissenschaft, 6. Aufl., 1991, S. 316ff.; die Rechtsprechung des Bundesverfassungsgerichts ist nicht immer widerspruchsfrei; vgl. BVerfGE 1, 117 (127) einerseits und E 11, 126 (130); 13, 261 (268); 54, 277 (298); 62, 1 (45) andererseits.
[142] Hierzu Schulin, Sozialrecht, RN 588; vgl. auch Hans-Jürgen Papier, VSSR 1973/74, S. 56f. und das obiter dictum in BVerfGE 39, 169 (187).
[143] Vgl. die Amtliche Begründung der Bundesregierung, BR-Drucks. 197/91 vom 11.4.1991 zu § 7, S. 147.
[144] Statt aller Karl Larenz, Allgemeiner Teil des deutschen Bürgerlichen Rechts, 7. Aufl., 1988, S. 235; BGHZ 84, 280 (281).
[145] Vgl. BVerwGE 44, 339 (343f.); 52, 16 (25); Hans J. Wolff/Otto Bachof, Verwaltungsrecht I, 9. Aufl., 1974, § 37 IIIe, S. 265f.; zur Verwirkung des Grundrechts aus Art. 19 Abs. 4 Satz 1 GG BVerfGE 32, 305 (309).
[146] Zur Zeitdauer vgl. auch BVerwG NVwZ 1991, S. 1182 (1183); BayVGH BayVBl. 1991, S. 725.

b) Verwirkung von Ansprüchen durch treuwidriges Verhalten

aa) Sonderregelungen im Hinblick auf Beweisschwierigkeiten

Neben der hier nicht in Betracht kommenden allgemeinen Verwirkung sehen Gesetze vereinzelt den Ausschluß von Ausgleichsleistungen und Schadensfeststellungen infolge unlauterer Machenschaften in dem entsprechenden Verwaltungsverfahren vor.

So bestimmt § 360 Abs. 1 LAG[148], daß von Ausgleichsleistungen sowie von den Vergünstigungen bei der Vermögensabgabe ganz oder teilweise ausgeschlossen werden kann, wer falsche Angaben gemacht, veranlaßt oder zugelassen bzw. erhebliche Tatsachen verschwiegen, entstellt oder vorgespiegelt hat oder wer auf andere in bestimmter Weise eingewirkt hat, um sie zu einer falschen Aussage, einem falschen Gutachten oder einer pflichtwidrigen Handlung zu bestimmen, sowie wer durch eine absichtliche Verschlechterung seiner Verhältnisse die Voraussetzungen für die Gewährung von Vergünstigungen herbeigeführt oder herbeizuführen versucht hat. Vergleichbare Versagungsgründe enthalten § 7 BEG[149], § 31 Abs. 1 Nr. 2 und 3 BWGöD[150] und §§ 6a, 43a BRüG[151].

Die Verwirkungsregelungen tragen Besonderheiten Rechnung, die sich aus den Gesetzesmaterien ergeben. Da bei Verfolgungs- oder Vertreibungsmaßnahmen vielfach Beweisschwierigkeiten bestehen, muß der Gesetzgeber den Angaben der Antragsteller in einem gesteigerten Maße vertrauen. Demzufolge macht er seinerseits die Leistungsgewährung von einem korrekten Verhalten der Berechtigten abhängig[152]. Bei der Prüfung der Verfassungsmäßigkeit des § 43a BRüG hat es das *Bundesverfassungsgericht*[153] allerdings dahinstehen lassen, ob „jede Treuwidrigkeit, unabhängig von ihrer Schwere die gesetzliche Folge des Verlustes des Anspruchs" nach sich ziehen dürfte.

---

[147] Bloßer Zeitablauf reicht nicht, weil anderenfalls längere Verjährungsfristen nicht mehr ausgeschöpft werden könnten; vgl. BGH, Urt. vom 26.5.1992, MDR 1993, S. 26.

[148] Gesetz über den Lastenausgleich i.d.F. vom 1.10.1969 (BGBl. I S. 1909).

[149] Bundesgesetz zur Entschädigung für Opfer der nationalsozialistischen Verfolgung (Bundesentschädigungsgesetz – BEG –) i.d.F. des Gesetzes vom 29.6.1956 (BGBl. I S. 559).

[150] Gesetz zur Regelung der Wiedergutmachung nationalsozialistischen Unrechts für Angehörige des öffentlichen Dienstes i.d.F. vom 15.12.1965 (BGBl. I S. 2073).

[151] Eingefügt in das Bundesgesetz zur Regelung der rückerstattungsrechtlichen Geldverbindlichkeiten des Deutschen Reichs und gleichgestellter Rechtsträger (Bundesrückerstattungsgesetz – BRüG –) vom 19.7.1957 (BGBl. I S. 734) durch das Dritte Gesetz zur Änderung des Bundesrückerstattungsgesetzes vom 2.10.1964 (BGBl. I S. 809).

[152] Vgl. BVerfGE 27, 231 (236f.); BVerwGE 3, 297 (298f.); 16, 262 (264).

[153] AaO, S. 239.

bb) Zur Übertragbarkeit auf die Rentenüberleitung

Der den Sonderregelungen zugrunde liegende Rechtsgedanke der Verwirkung läßt sich auf die Regelungen der Art. 3 und 4 RÜG nicht entsprechend übertragen. Zunächst treten bei der Rentenüberleitung in aller Regel keine Beweisschwierigkeiten auf, so daß der Gesetzgeber keinen besonderen Vertrauensvorschuß erbringen mußte und deshalb nicht im Gegenzug besondere Treuepflichten der Berechtigten zu statuieren brauchte. Weiterhin erfolgen die Rentenkürzungen pauschal und unmittelbar von Gesetzes wegen, so daß die Schwere eines treuwidrigen oder inkorrekten Verhaltens des Antragstellers nicht dem Verfassungsgrundsatz der Verhältnismäßigkeit entsprechend im Einzelfall berücksichtigt werden kann.

Vor allem aber stehen das vom Gesetzgeber beanstandete Verhalten der Berechtigten und die Renten„verwirkung" in keiner unmittelbaren Konnexität. Die Rentenkürzungen sind nicht Reaktion auf ein unredliches Verhalten der Betroffenen in einem sozialversicherungsrechtlichen Verfahren, sondern Sanktion für eine noch dazu nachträglich konstruierte, individuell nicht nachgeprüfte Lebensführungsschuld der Berechtigten. Die Widersinnigkeit einer auf den Grundsatz von Treu und Glauben gestützten Verwirkung erhellt schon daraus, daß die den Berechtigten nunmehr zum Vorwurf gemachte „Staats- und Systemnähe" sich bei Betrachtung ex ante gerade als besondere Staats- und Systemtreue darstellt. Aus rechtsstaatlichen Gründen kann die Bundesrepublik Deutschland keine Treue zu ihrer freiheitlichen demokratischen Grundordnung von Personen verlangen, für die das Grundgesetz nicht galt und die in einem anderen Gemeinwesen mit anderer Verfassungs- und Rechtsordnung lebten.

Die Abstrusität des Treue-Arguments zeigt sich vollends daran, daß man von den Bewohnern der ehemaligen DDR nachträglich eine intensivere Treuepflicht gegenüber der Bundesrepublik Deutschland verlangen würde, als sie für die Deutschen im Bundesgebiet bestand und besteht. Denn diese dürfen, wie bereits dargelegt[154], sich bis zu einem Parteiverbot in verfassungswidrigen Parteien engagieren und betätigen, verwirken ihre Grundrechte selbst bei einem Kampfe gegen die freiheitliche demokratische Grundordnung erst auf Grund eines Ausspruchs des Bundesverfassungsgerichts (Art. 18 GG) und erleiden selbst bei rechtskräftiger Verurteilung wegen Hoch- oder Landesverrats oder wegen anderer schwerer Straftaten keine Einbuße in ihren Rentenansprüchen oder Rentenanwartschaften.

Nach allem lassen sich die Renteneingriffe des Renten-Überleitungsgesetzes nicht auf eine Renten„verwirkung" stützen.

---

[154] Vgl. oben S. 34 f.

6. Zur Verfassungswidrigkeit einer Renten„konfiskation"

Unbeschadet des rechtsstaatlichen Prinzips „nulla poena sine culpa" begegnet die Aberkennung oder Kürzung von Renten als quasi-pönale Maßnahme verfassungsrechtlichen Bedenken, weil Rentenansprüche und Rentenanwartschaften als öffentlich-rechtliche Rechtspositionen eigentumsrechtlich insbesondere dann geschützt sind, wenn sie das „Äquivalent einer Leistung" darstellen[155].

„Eigentum" im Sinne des Art. 14 Abs. 1 GG darf gesetzlich nur *beschränkt*, darüber hinaus aber lediglich in den Fällen der Enteignung (Art. 14 Abs. 3 GG) oder Vergesellschaftung (Art. 15 GG) – und auch dann nur gegen Entschädigung – *entzogen* werden.

Da der Gesetzgeber pönale und quasi-pönale Sanktionen nur im Rahmen und nach Maßgabe der Verfassung verhängen darf[156], wäre eine von der Eigentumsgarantie nicht gedeckte Entziehung des Eigentums als Strafe nach Art der früher üblichen Konfiskation[157] unter dem Grundgesetz verfassungswidrig.

a) Enteignung und Konfiskation

Die Konfiskation unterscheidet sich von der Enteignung nicht nur durch die fehlende Entschädigung, sondern vor allem durch die Zielrichtung.

Die Enteignung verfolgt einen objektiven Zweck. Sie richtet sich gegen das Eigentums*objekt*, weil dieses „zum Wohle der Allgemeinheit" benötigt wird (Art. 14 Abs. 3 Satz 1 GG). Deshalb ist die *Person* des Eigentümers für die

---

[155] Vgl. BVerfGE 14, 288 (293); 22, 241 (253); 24, 220 (226); 53, 257 (289 ff.); 55, 114 (131); 58, 81 (109).

[156] Siehe oben S. 29 f.

[157] Diese Sanktion findet sich schon im römischen Recht; vgl. Theodor Mommsen, Römisches Strafrecht, 1899, S. 592 und 1005 ff.; H. Seidel, Die Konfiskationen des römischen Rechts, 1955. In Deutschland ist sie dem germanischen und dem gemeinen Recht bekannt und ist auch in den Partikulargesetzen enthalten. Vgl. Codex juris bavarici criminalis von 1751 (neu hg. von Werner Schmid, 1988), P. I C. I §§ 9, 10; vgl. auch Kreittmayr, Compendium Codici Bavarici, 1768, S. 520. Siehe auch §§ 95, 103, 467, 469 II 20 pr. ALR. Unter dem Einfluß der Aufklärung wird sie in den frühkonstitutionellen Verfassungen Bayerns, Badens und Württembergs abgeschafft (zur Entwicklung: Albin Eser, Die strafrechtlichen Sanktionen gegen das Eigentum, 1969, S. 13 ff.). Die Vermögenseinziehung wird im „Dritten Reich" für Fälle des Hochverrats, später auch der Wehrkraftzersetzung wieder eingeführt (§§ 86, 93 StGB i.d.F. des Strafrechtsänderungsgesetzes vom 24. 4. 1934 [RGBl. I S. 341]; § 5 Abs. 3 der Kriegssonderstrafrechtsverordnung vom 17. 8. 1938 [RGBl. I 1939, S. 1455]). Die Besatzungsmächte sahen die Vermögenseinziehung in Art. II 3 d des Kontrollratsgesetzes Nr. 10 vom 20. 12. 1945 (ABl. des Kontrollrats 1946, S. 50) vor. Sie wurde jedoch auch von Besatzungsrichtern als barbarisch und illegal abgelehnt und – soweit ersichtlich – nur im Falle Krupp verhängt; vgl. v. Wilmowsky (FN 75), S. 201 ff.

Enteignung irrelevant[158], weil primär die Eigentums*erlangung*, nicht aber die Eigentums*entziehung* gewollt und vom Gemeinwohl gefordert ist.

Demgegenüber ist die generelle oder spezielle, überwiegend politisch motivierte Konfiskation subjektiv zielgerichtet[159]. Sie wendet sich gegen den *Eigentümer*, und ihr Hauptzweck ist die *Entziehung*, die durch Gesetz oder administrativen Einzelakt[160] erfolgt. Dabei wird die Personengerichtetheit mitunter durch eine scheinbar objektbezogene Argumentation verschleiert.

So soll nach Art. 42 Abs. 1 der hessischen Verfassung der „Großgrundbesitz" eingezogen werden, weil er „nach geschichtlicher Erfahrung die Gefahr politischen Mißbrauchs oder der Begünstigung militaristischer Bestrebungen in sich birgt"[161]. Da aber von dem Eigentum seiner Natur nach keine politischen oder militärischen Gefahren ausgehen können, meint die hessische Verfassung „Grundbesitzer", auch wenn sie vom „Grundbesitz" spricht. Die schon unter der Weimarer Reichsverfassung unzulässige Konfiskation[162] wird vom Grundgesetz ausgeschlossen[163]. Soweit die bremische und die hessische Landesverfassung derartige Maßnahmen vorsehen, sind die entsprechenden Bestimmungen wegen Art. 31 GG nichtig.

Als Mittel des „Klassenkampfes"[164] verstößt die Konfiskation zudem gegen Art. 3 Abs. 3 GG, der eine Benachteiligung u.a. aus Gründen der „Abstammung", der „Heimat und Herkunft" sowie der „politischen Anschauungen" verbietet. Zwar sind damit noch nicht Nachteile ausgeschlossen, die lediglich „die Folge einer ganz anders intendierten Regelung" sind[165]. Will aber beispielsweise eine „Bodenreform" gerade der „Herrschaft der Junker und Großgrundbesitzer im Dorfe ein Ende bereiten"[166], so sind „Abstammung" und „Herkunft"

---

[158] Ähnlich Ipsen, aaO.
[159] Zu dieser Unterscheidung Hans Peter Ipsen, VVDStRL 10, 1952, S. 88; ihm folgend Papier, in: Maunz/Dürig, GG, Art. 14 RN 577.
[160] Zur Definition E. R. Huber, Wirtschaftsverwaltungsrecht, Band II, S. 42; Kimminich, in: Bonner Kommentar (Drittbearbeitung), Art. 14 RN 210; Papier in: Maunz/Dürig, GG, Art. 14 RN 577.
[161] Vgl. auch Art. 42 I a der bremischen Verfassung, wonach „Unternehmen, die den im Artikel 41 bezeichneten Zusammenschlüssen angehört haben und auch nach ihrem Ausscheiden aus diesen Zusammenschlüssen noch eine Macht innerhalb der deutschen Wirtschaft verkörpern, die Gefahr eines politischen, wirtschaftlichen oder sozialen Mißbrauchs in sich schließt", durch Gesetz in Gemeineigentum zu überführen sind. Kritisch zu der naiv-politisierenden (Konstitutions-) Historiographie Merten, VerwArch 83, 1992, S. 291 f.
[162] Hierzu E. R. Huber, Wirtschaftsverwaltungsrecht, II, S. 43 sub VI 2a.
[163] Zu dieser einhelligen Auffassung vgl. E. R. Huber, aaO, S. 43 f.; Ipsen, VVDStRL 10, 1952, S. 88; Kimminich, in: Bonner Kommentar, Art. 14 RN 210; Papier, in: Maunz/Dürig, GG, Art. 14 RN 577.
[164] Zu den Grundeigentümern als „Klasse" Karl Marx, Das Kapital, in: Marx/Engels, Werke, Berlin 1956 ff., Band 25, S. 892.
[165] So BVerfGE 75, 40 (70); 39, 334 (368).

für die Sonderbehandlung *kausal*[167] und *final*[168], weil die Konfiskation auf die „Klassen"-Benachteiligung gerichtet ist und diese in erster Linie bezweckt[169].

Schließlich widerspricht die Konfiskation wegen ihrer pauschalen Diskriminierung ohne individuellen Schuldnachweis rechtsstaatlichen Grundsätzen[170]. Während die früher zulässige Konfiskationsstrafe die Feststellung der Schuld des Täters voraussetzte, wirft die Legal- und Administrativkonfiskation den Eigentümern pauschal staats- oder sozialschädliche Wirkungen ihres Eigentums oder staats- oder sozialfeindliches Verhalten vor[171], ohne daß dieses meist nur ideologisch motivierte Stigma richtig oder auch nur schlüssig, geschweige denn im Einzelfall zutreffend sein muß[172]. Die Eigentumsentziehung stellt für die Betroffenen ein bewußt zugefügtes Übel mit Vergeltungscharakter dar und hat damit quasi- oder para-pönale Funktion.

Lediglich die herkömmlichen Strafen[173] des Verfalls und der Einziehung (§§ 73 ff. StGB) werden als von der Verfassung vorausgesetzt[174] und stillschwei-

---

[166] So Art. I Nr. 1 des Gesetzes über die Bodenreform im Lande Thüringen vom 10.9.1945 (Thüringische Gesetze und Verordnungen H. 1, S. 5).

[167] Zu diesem Erfordernis BVerfGE 2, 266 (286); 3, 59 (159); 59, 128 (157); 75, 40 (70).

[168] Vgl. BVerfGE 75, 40 (70).

[169] Dies zeigt sich bei dem thüringischen Bodenreformgesetz schon daran, daß bei der Enteignung des „feudal-junkerlichen" Bodens und Grundbesitzes über 100 ha gemäß Art. 3 Nr. 1 a Grundstücke eines Besitzers in verschiedenen Bezirken Deutschlands als „eine und dieselbe Wirtschaft" angesehen wurden.

[170] So im Ergebnis auch Kimminich, Bonner Kommentar, Art. 14 RN 210.

[171] Vgl E. R. Huber, Wirtschaftsverwaltungsrecht, Band I, S. 42; Kimminich, Bonner Kommentar, Art. 14 RN 210.

[172] Vgl. in diesem Zusammenhang Art. I Nr. 1 Satz 2 des Gesetzes über die Bodenreform im Lande Thüringen vom 10.9.1945 (Thüringische Gesetze und Verordnungen H. 1, S. 5): „Die Bodenreform muß die Liquidierung des feudal-junkerlichen Großgrundbesitzes gewährleisten und der Herrschaft der Junker und Großgrundbesitzer im Dorfe ein Ende bereiten, weil diese Herrschaft immer eine Bastion der Reaktion und des Faschismus in unserem Lande darstellte und eine der Hauptquellen der Aggression und der Eroberungskriege gegen andere Völker war." Vgl. ferner Art. 9 Abs. 1 Satz 4 der DDR-Verfassung von 1968: „Durch die Entmachtung der Monopole und Großgrundbesitzer, durch die Abschaffung der kapitalistischen Profitwirtschaft wurde die Quelle der Kriegspolitik und der Ausbeutung des Menschen durch den Menschen beseitigt". In ähnlichem Sinne auch Art. 42 Abs. 1 der hessischen Verfassung: „Nach Maßgabe besonderer Gesetze ist der Großgrundbesitz, der nach geschichtlicher Erfahrung die Gefahr politischen Mißbrauchs oder der Begünstigung militärischer Bestrebungen in sich birgt, im Rahmen einer Bodenreform einzuziehen."

[173] BGHSt 6, 62 ff.; 8, 205 (211 ff.); 10, 28 ff.; 337 f.; 16, 47 ff.; BGHSt, NJW 1952, S. 191; OLG Saarbrücken, NJW 1975, S. 65 ff. (66 sub III 2); OLG München, NJW 1982, S. 2330 f.; Dreher/Tröndle, StGB, § 74 RN 2.

[174] So Hans Peter Ipsen, VVDStRL 10, 1952, S. 88; E. R. Huber, Wirtschaftsverwaltungsrecht, 2. Aufl., Bd. II, 1954, S. 40; Papier, in: Maunz/Dürig, GG, Art. 14 RN 576, S. 257; ihm folgend BVerfG (2. Kammer des Zweiten Senats), Beschl. vom 27.7.1992, NJW 1993, S. 321 f..

gend anerkannt[175] akzeptiert, jedoch dem Grundsatz der Verhältnismäßigkeit und der Wahrung verfahrensrechtlicher Garantien unterworfen[176]. Deshalb dürfen sie nur im Rahmen eines strafgerichtlichen oder eines strafgerichtsähnlichen Verfahrens nach dem Gesetz über Ordnungswidrigkeiten[177] angeordnet werden. Darüber hinaus darf der Gesetzgeber jedoch Einschränkungen des Eigentums „nicht beliebig erfinden und damit den verfassungskräftigen Eigentumsschutz des Art. 14 GG schwächen"[178]. Vielmehr bedürfen zusätzliche Beschränkungen einer Rechtfertigung in der Verfassung[179].

b) Die Problematik einer „Vermögensstrafe"

Im Hinblick auf die Eigentumsgarantie ist die neu eingefügte Vermögensstrafe (§ 43a StGB) nicht unbedenklich[180]. Nach dieser Vorschrift kann das Gericht neben einer lebenslangen oder einer zeitigen Freiheitsstrafe von mehr als zwei Jahren auf Zahlung eines Geldbetrages erkennen, dessen Höhe durch das Vermögen des Täters begrenzt wird.

Die neue Strafe soll laut Amtlicher Begründung[181] im Bereich der sog. Organisierten Kriminalität der Schwierigkeit begegnen, „daß bei den Tatbeteiligten Vermögenswerte angetroffen werden, deren kriminelle Herkunft zwar naheliegt, die sich jedoch nicht konkret faßbaren, womöglich gar den im anhängigen Strafverfahren zur Untersuchung gezogenen Straftaten zuordnen lassen".

aa) Der Schutzbereich des Art. 14 Abs. 1 GG

Als öffentlich-rechtliche Geldleistungspflicht mit Strafcharakter erscheint die Vermögensstrafe im Hinblick auf Art. 14 GG zunächst unproblematisch, werden doch Geldstrafe (§ 40f. StGB) oder Steuer im allgemeinen nicht als Eingriff in den Schutzbereich der Eigentumsgarantie angesehen[182]. Insbesondere vertrat das *Bundesverfassungsgericht*[183] bisher stereotyp die These, „daß Art. 14 GG nicht

---

[175] BVerfGE 22, 387 (422).
[176] E. R. Huber, aaO; Papier, aaO.
[177] Das die Einziehung in §§ 22ff. regelt.
[178] BVerfGE 22, 387 (422).
[179] BVerfGE aaO.
[180] Kritisch auch Volker Krey/Alfred Dierlamm, Gewinnabschöpfung und Geldwäsche, JR 1992, S. 353ff. (356ff.); vgl. auch Jürg Luzius Müller, Die Einziehung im schweizerischen Strafrecht (Art. 58 und 58 bis) unter Berücksichtigung der Gesetzgebung zur Geldwäscherei, 1993; Walter Perron, JZ 1993, S. 918ff.
[181] BT-Drucks. vom 25.7.1991, S. 22.
[182] Vgl. v. Mangoldt/Klein, GG, Art. 14 Anm. III 1b a.E., S. 425; Bryde, in: v. Münch/Kunig, GG, Art. 14 RN 23; Schmidt-Bleibtreu/Klein, GG, 7. Aufl., 1990, Art. 14 RN 4a, S. 328; Albin Eser, Die strafrechtlichen Sanktionen gegen das Eigentum, S. 146f.

das Vermögen gegen Eingriffe durch Auferlegung von Geldleistungspflichten schützt". Ist nur die jeweilige vermögenswerte Rechtsposition, nicht aber der Wert oder der Bestand[184] des Vermögens verfassungsrechtlich gewährleistet, so wird Art. 14 GG durch eine Abgabepflicht nicht *unmittelbar* und direkt betroffen, weil die vermögenswerten Rechte als solche von der Abgabenlast unberührt bleiben.

bb) Öffentlich-rechtliche Geldleistungspflichten als Grundrechtsbehinderung

Dennoch ist der Schutzbereich des Art. 14 Abs. 1 GG gegenüber der Auferlegung öffentlich-rechtlicher Geldleistungen nicht neutral. Grundrechte schützen nicht nur vor unmittelbaren und direkten, sondern auch vor mittelbaren und indirekten Eingriffen[185]. Soweit derartige Maßnahmen die Behinderung eines Grundrechts von vornherein *beabsichtigen* oder wegen ihrer Intensität *bewirken*, müssen sie sich an den geschriebenen und ungeschriebenen Schranken des Grundrechts messen lassen[186].

Die Auferlegung einer öffentlich-rechtlichen Geldleistungspflicht läßt dem Betroffenen nur die Wahl, die Schuld aus dem Geldvermögen zu begleichen oder den staatlichen Zugriff auf konkrete Eigentumsrechte zu dulden, weshalb beide Belastungsalternativen mit Art. 14 GG übereinstimmen müssen[187]. Andernfalls könnte der Staat beispielsweise die Erbrechtsgarantie des Art. 14 Abs. 1 Satz 1 GG dadurch leerlaufen lassen, daß er zwar den Eigentumsübergang vom Erblasser auf den Erben formal unangetastet läßt, den Wert des Eigentumszuwachses jedoch durch eine entsprechend hohe Erbschaftsteuer entzieht.

Aus diesem Grunde räumt auch das *Bundesverfassungsgericht* von jeher ein, daß Geldleistungspflichten jedenfalls dann an Art. 14 GG zu messen sind, wenn sie „den Pflichtigen übermäßig belasten und seine Vermögensverhältnisse grundlegend beeinträchtigen"[188], insbesondere wenn sie „erdrosselnde"[189] oder „kon-

---

[183] E 4, 7 (17); 8, 274 (330); 10, 89 (116); 354 (371); 11, 105 (126); 14, 221 (242); 16, 147 (187 sub C 4); 19, 119 (128 f.); 253 (267 f.); 23, 288 (314 f.); 26, 327 (338); 27, 111 (131); 326 (343); 28, 119 (142); 29, 402 (413); 30, 250 (271 f.); 37, 121 (131); 38, 61 (102); 50, 57 (104 ff.); 63, 312 (327); 65, 196 (209); 67, 70 (88 sub C II); 68, 287 (310 f.); 70, 219 (230); 78, 214 (230); 232 (243); 81, 108 (122).

[184] Vgl. BVerfGE 65, 196 (209); 72, 175 (195); auch BVerfGE 51, 193 (217 f.); zur Garantie des wertmäßigen, nicht des gegenständlichen Bestandes vgl. Lorenz von Stein, Verwaltungslehre, Bd. VII, 1868, S. 74; Ernst Forsthoff, Zur Lage des verfassungsrechtlichen Eigentumsschutzes, Festgabe für Maunz, 1971, S. 91.

[185] Vgl. Gallwas, Faktische Beeinträchtigungen der Grundrechte, 1970.

[186] Vgl. Detlef Merten/Klaus Frey, Umverteilung ohne Wirtschaftswachstum?, 1982, S. 66 f.

[187] So P. Kirchhof, VVDStRL 39, 1981, S. 238.

[188] BVerfGE 14, 221 (241); 19, 119 (128); 253 (268); 23, 288 (315); 27, 111 (131); 29, 402 (413); 30, 250 (272); 38, 61 (102); 63, 312 (327); 343 (368); 68, 287 (310 f.); 76, 130 (141); 78, 214 (230); 232 (243); 81, 108 (122); 82, 159 (190).

A. Das Rechtsstaatsprinzip 47

fiskatorische"[190] Wirkung haben. Wenn es Zweck der Eigentumsgarantie ist, „dem Träger des Grundrechts durch Zubilligung und Sicherung von Herrschafts-, Nutzungs- und Verfügungsrechten einen Freiheitsraum im vermögensrechtlichen Bereich zu gewährleisten und ihm damit die Entfaltung und eigenverantwortliche Gestaltung des Lebens zu ermöglichen"[191], und wenn die gesicherten Rechtspositionen zwar beschränkt, (unbeschadet einer Enteignung oder Vergesellschaftung) aber nicht entzogen werden dürfen, dann muß dasselbe auch für die Auferlegung öffentlich-rechtlicher Geldleistungen gelten, weshalb übermäßige Belastungen, grundlegende Beeinträchtigungen der Vermögensverhältnisse oder Substanzentziehungen wegen ihres Charakters als Grundrechtsbehinderung ausgeschlossen sind[192].

Im Unterschied zu der dogmatisch unbefriedigenden Konstruktion des *Bundesverfassungsgerichts*, die das Vermögen aus dem Schutzbereich des Art. 14 GG ausklammert, die Erdrosselungssteuer dann aber doch als eine Verletzung der Eigentumsgarantie ansieht[193], ist mit der moderneren Auffassung[194] davon auszugehen, daß Art. 14 GG gegenüber solchen Vermögenseingriffen nicht irrelevant sein kann, die wegen ihrer Absicht oder wegen ihrer Wirkung den Eigentumsbeschränkungen gleichstehen, weshalb sie sich auch an den Schranken und Schrankenschranken des Art. 14 GG messen lassen müssen. In seiner jüngsten Rechtsprechung räumt nun auch das *Bundesverfassungsgericht*[195] ein, daß Steuergesetze in die allgemeine Handlungsfreiheit und in deren „Ausprägung als persönliche Entfaltung im vermögensrechtlichen und im beruflichen Bereich (Art. 14 Abs. 1, Art. 12 Abs. 1 GG) eingreifen".

Konfiskatorische Absicht und Wirkung des § 43a StGB ergeben sich schon aus der Legaldefinition als „Vermögensstrafe", die sich damit von der herkömmlichen „Geldstrafe" unterscheidet. Die neue Kriminalstrafe ist verfassungsrechtlich deshalb fragwürdig, weil einerseits Art. 14 GG nicht nur eine Konfiskation des Eigentums, sondern auch des Vermögens ausschließt, die Sanktion sich aber andererseits auch nicht in die hergebrachten und verfassungsrechtlich hingenommenen Tatbestände des Verfalls und der Einziehung (§§ 73 ff. StGB) einordnen läßt. Denn die von der Vermögensstrafe erfaßten Vermögenswerte sind eben nicht nachweisbar „producta" oder „instrumenta sceleris", sondern ihre kriminelle Herkunft liegt nur nahe, läßt „sich jedoch nicht konkret faßbaren, womöglich gar

---

[189] BVerfGE 30, 250 (272); 38, 61 (102); 63, 312 (327); 343 (368); 67, 70 (88); 70, 219 (230); 72, 200 (248); 78, 232 (243); 81, 108 (122); 82, 159 (190).
[190] BVerfGE 23, 288 (315); 63, 343 (368).
[191] BVerfGE 31, 222 (239); vgl. auch E 42, 64 (76f.); 46, 325 (334).
[192] Wie hier Kimminich, Bonner Kommentar (Drittbearb.), Art. 14 RN 62.
[193] Zur Kritik vgl. Merten/Frey, Umverteilung ohne Wirtschaftswachstum?, S. 66; Kimminich, aaO, RN 61.
[194] Vgl. Kimminich, aaO, RN 50ff.; Papier, in: Maunz/Dürig, GG, Art. 14 RN 156ff.
[195] E 87, 153 (169).

den im anhängigen Strafverfahren zur Untersuchung gezogenen Straftaten zuordnen"[196].

c) Zur Divergenz zwischen Vermögensstrafe und Rentenkonfiskation

Die Verfassungswidrigkeit der Vermögensstrafe braucht jedoch nicht im einzelnen dargetan zu werden, weil die Rentenkonfiskation im Zuge der Rentenüberleitung zusätzliche verfassungswidrige Eigenschaften aufweist.

Die Verhängung einer Vermögensstrafe setzt die Feststellung individueller Schuld des Täters in einem mit besonderen Kautelen (z. B. Art. 103 Abs. 2[197] und 3 GG) ausgestatteten strafgerichtlichen Verfahren sowie die Verurteilung zu einer lebenslangen oder mindestens zeitigen Freiheitsstrafe von mehr als zwei Jahren voraus (§ 43a Abs. 1 Satz 1 StGB). Insoweit muß wegen des rechtsstaatlichen Grundsatzes „in dubio pro reo" die Gewißheit eines unabhängigen Gerichts bestehen. Die (rechtsstaatlich bedenkliche) Vermutung bezieht sich lediglich auf die Herkunft der einer Vermögensstrafe zugrunde liegenden Vermögenswerte des Täters, die im Unterschied zum Verfall nach § 73 ff. StGB nicht mit Gewißheit aus der der Verurteilung zugrunde liegenden Straftat erlangt sein müssen.

Demgegenüber ist die Rentenkonfiskation nicht mit einer Feststellung individueller Schuld oder einer strafgerichtlichen Verurteilung des Berechtigten verbunden. Ohne eine Nachprüfung im Einzelfall vorzusehen, geht das Gesetz im Wege der Pauschalierung und Typisierung davon aus, daß die Zugehörigkeit zu bestimmten Versorgungseinrichtungen oder die Innehabung bestimmter Funktionen eine „Staats- und Systemnähe" indiziert, die jedoch weder von der in der ehemaligen DDR geltenden Verfassungs- und Rechtsordnung mißbilligt (sondern im Gegenteil gerade gebilligt) wurde, noch im Falle der problematischen Bejahung eines präpositiven Strafrechts (z. B. für Verstöße gegen die Grundsätze der Menschlichkeit oder der Rechtsstaatlichkeit) als solche Grundlage einer strafgerichtlichen Verurteilung bilden könnte.

Weiterhin wird im Unterschied zur Vermögensstrafe nicht nur in das Vermögen des Versorgungsberechtigten, sondern in einzelne, dem Eigentumsschutz unterfallende Rentenansprüche oder Rentenanwartschaften eingegriffen.

---

[196] So die Amtliche Begründung zu § 43a StGB, BT-Drucks. 12/989 vom 25.7.1991, S. 22.
[197] Hierzu BVerfGE 84, 82 (89 sub B II 2); vgl. auch E 63, 343 (357).

B. Die Systemwidrigkeit quasi-pönaler pauschaler Sanktionen im Rentenversicherungs- und Beamtenrecht

Eine Reihe von Vorschriften des Anspruchs- und Anwartschaftsüberführungsgesetzes verstößt gegen die Systematik des Rentenversicherungs- wie des Beamtenversorgungsrechts, denen quasi-pönale Sanktionen grundsätzlich fremd sind.

I. Die Bedeutung einer Systemwidrigkeit

Innerhalb ihres Gestaltungsspielraums kann sich die Legislative auf bestimmte Normprogramme und Sachgesetzlichkeiten festlegen. Gibt sie diese später auf, so liegt darin allein noch keine Verfassungswidrigkeit, weil der Gesetzgeber nicht gehalten ist, an einem einmal gewählten System für immer festzuhalten und eine Neubewertung auch unter geänderten Umständen zu unterlassen[198]. Um Wertungsbrüche innerhalb einer einheitlichen Rechtsordnung zu vermeiden, müssen sich spätere Regelungen an einem fortgeltenden früheren Programm orientieren oder muß der Gesetzgeber sein System revidieren[199].

Von Programmpreisgaben oder Programmänderungen sind Programmdurchbrechungen zu unterscheiden.

Die Durchbrechung eines vom Gesetzgeber festgelegten Systems kann *Indiz* für eine willkürliche und gleichheitswidrige Regelung sein, wenn in der Abweichung keine vernünftigen Kriterien zum Ausdruck kommen[200]. Systemdurchbrechende Sonder- oder Ausnahmeregelungen sind mit Art. 3 GG nur dann vereinbar, „wenn das Gewicht der für die Abweichung sprechenden Gründe der Intensität der getroffenen Ausnahmeregelung entspricht"[201].

Läßt sich aus einem Gesetzeswerk eine den Gesetzgeber bindende Sachgesetzlichkeit herleiten, dann kann die Einführung einer systemwidrigen Regelung eine Verletzung des Gleichheitssatzes darstellen[202].

---

[198] Hierzu BVerfGE 60, 16 (43); auch E 85, 238 (247); 24, 174 (181); 18, 315 (334).

[199] Vgl. Paul Kirchhof, Die Vereinheitlichung der Rechtsordnung durch den Gleichheitssatz, in: Reinhard Mußgnug (Hg.), Rechtsentwicklung unter dem Grundgesetz, 1990, S. 49.

[200] Vgl. BVerfGE 85, 238 (247); 81, 156 (207); 68, 237 (253); 67, 70 (84f.); 66, 214 (223f.); 61, 138 (148); 60, 16 (43); 59, 36 (49); 55, 72 (88 sub II 1); 34, 103 (115); 24, 75 (100); 18, 315 (334); 366 (372); 13, 331 (340); 9, 20 (28); siehe auch Christoph Degenhart, Systemgerechtigkeit und Selbstbindung des Gesetzgebers als Verfassungspostulat, 1976; Ulrich Battis, Systemgerechtigkeit, in: Hamburg – Deutschland – Europa, Festschrift für Ipsen, 1977, S. 11 ff.; Franz-Josef Peine, Systemgerechtigkeit – die Selbstbindung des Gesetzgebers als Maßstab der Normenkontrolle, 1985; Peter Lerche, „Systemverschiebung" und verwandte verfassungsgerichtliche Argumentationsformeln, in: Wolfgang Zeidler-Festschrift, Bd. I, 1987, S. 557 ff.; Michael Holoubek, Die Sachlichkeitsprüfung des allgemeinen Gleichheitssatzes, ÖZW 1991, S. 72 ff. (74 r. Sp.).

[201] So BVerfGE 18, 366 (372 f.); ähnlich E 13, 331 (340); 15, 309 (318); 20, 374 (377); 59, 36 (49).

II. Die Wertneutralität des Sozialversicherungsrechts

1. Der Schutzzweck

Gemäß seinem Schutzzweck, der Sicherung abhängiger Arbeitnehmer vor elementaren Lebensrisiken, ist für das Sozialversicherungsrecht das tatsächliche Erbringen von Arbeit, nicht aber ein wirksames Arbeitsverhältnis ausschlaggebend[203]. Deshalb sind gemäß § 1 Nr. 1 SGB VI in der gesetzlichen Rentenversicherung diejenigen Personen versicherungspflichtig, „die gegen Arbeitsentgelt oder zu ihrer Berufsausbildung beschäftigt sind". § 7 Abs. 1 SGB IV umschreibt Beschäftigung als „die nichtselbständige Arbeit, insbesondere in einem Arbeitsverhältnis." Ausschlaggebend sind daher die tatsächlichen Verhältnisse[204].

Kommt es entscheidend auf die effektive Arbeitsleistung und nicht auf die Gesetzes- und Sittenkonformität des Arbeitsvertrages an, so ist die sittliche Qualität der Beschäftigung irrelevant. Die Arbeit „entgegenkommender" Bardamen genießt ebenso Versicherungsschutz wie die Leibwache für einen Drogenhändler. Nur wenn die geschuldete Arbeit *als solche* gegen die guten Sitten oder (in schwerwiegender Weise) gegen Gesetze verstößt, kann kein Sozialversicherungsverhältnis entstehen[205]. Deshalb hat das *Bundesarbeitsgericht*[206] sowohl einen wirksamen Arbeitsvertrag als auch ein „faktisches Arbeitsverhältnis" im Falle vertraglich geschuldeter Vorführung des Geschlechtsverkehrs auf der Bühne verneint.

Dagegen hat es grundsätzlich keine Auswirkungen auf den Versicherungsschutz, wenn der abhängig Beschäftigte während oder außerhalb der Arbeitszeit gegen die guten Sitten oder die Gesetze verstößt. Selbst schwere und schwerste Kriminalität kann nicht zu einem Ausschluß aus der Versichertengemeinschaft führen, weil das Sozialversicherungsrecht keinen derartigen „Verwirkungs"tatbestand kennt. Infolgedessen kann es auch nicht auf den „Wert" der Arbeit „für die Gesellschaft" ankommen[206a]. Nur wenn der Arbeitgeber den Arbeitsvertrag wegen des Verhaltens des Arbeitnehmers wirksam kündigt und dieser deshalb keine Arbeit mehr erbringt, erlischt in diesem Zeitpunkt die Versicherungspflicht, ohne daß sich dies jedoch auf bereits erlangte Rechte und/oder Anwartschaften in der Sozialversicherung nachteiligt auswirkt.

---

[202] Vgl. BVerfGE 55, 72 (88 sub II 1).

[203] Vgl. statt aller Schulin, Sozialrecht, RN 84 ff. (87).

[204] Vgl. Merten, in: Gleitze/Krause/von Maydell/Merten, Gemeinschaftskommentar zum Sozialgesetzbuch – Gemeinsame Vorschriften für die Sozialversicherung (GK-SGB IV), 2. Aufl., 1992, § 7 RN 25.

[205] Vgl. BSGE 15, 89 (91); Merten, in: GK-SGB IV, § 7 RN 27; Verbandskommentar, § 1227 RVO RN 13; auch Schaub, Arbeitsrechts-Handbuch, 7. Aufl., 1992, S. 168.

[206] Urt. vom 1.4.1976, MDR 1976, S. 875.

[206a] So zu Unrecht das Bundeskanzleramt in Antwortschreiben an Versorgungsberechtigte (28.4.1994, AZ.: 311-K 405 750/94/0001).

B. Die Systemwidrigkeit quasi-pönaler pauschaler Sanktionen

Insoweit unterscheidet sich das Sozialversicherungsverhältnis fundamental vom öffentlich-rechtlichen Dienst- und Treueverhältnis der Beamten, Richter und Soldaten. Denn das Berufsbeamtentum (im weiteren Sinne) wird im Staatsinteresse institutionell gewährleistet, weil es „gegründet auf Sachwissen, fachliche Leistung und loyale Pflichterfüllung eine stabile Verwaltung sichern" und gegenüber den politischen Kräften ausgleichend wirken soll[207]. Aus diesem Grunde sind öffentliches Ansehen und Integrität dieses Berufsstandes[208] unerläßlich, weshalb das Verhalten des Beamten innerhalb und außerhalb des Dienstes der Achtung und dem Vertrauen gerecht werden muß, die sein Beruf erfordert, und er sich zur freiheitlichen demokratischen Grundordnung zu bekennen und für deren Erhaltung einzutreten hat[209]. Im Interesse der Sauberkeit der Amtsführung[210] hat der Strafgesetzgeber (echte und unechte) Amtsdelikte geschaffen, und kennt das Beamtenrecht besondere Disziplinarmaßnahmen und ein förmliches Disziplinarverfahren.

Aber selbst wenn ein Beamter durch unehrenhaftes Verhalten die Grundlagen des Beamtenverhältnisses als eines gegenseitigen öffentlich-rechtlichen Dienst- und Treueverhältnisses im Sinne des Art. 33 Abs. 4 GG[211] so nachhaltig erschüttert, daß er infolge strafgerichtlicher Verurteilung aus dem Beamtenverhältnis ausscheidet (§ 48 BBG, 24 BRRG) oder in einem förmlichen Disziplinarverfahren aus dem Dienst entfernt wird[212], bleibt er trotz Verlusts des Anspruchs auf Dienstbezüge und Versorgung (§ 11 Abs. 1 BDO) nicht ohne soziale Sicherung. Er ist von seinem Dienstherrn gemäß § 8 Abs. 2 Nr. 1 SGB VI für die Dauer seines Beamtenverhältnisses in der gesetzlichen Rentenversicherung nachzuversichern[213].

Daran werden Unterschiede zwischen beiden Systemen deutlich. Die Sozialversicherung wird wegen ihres Schutzzwecks zum Auffangbecken auch für Personen, die wegen ihres strafbaren oder unehrenhaften Verhaltens für den Beamtenstand nicht mehr tragbar sind. So muß ein Soldat, der seinen Kameraden vorsätzlich erschießt und deswegen seine Rechtsstellung verliert[214], für die Dauer seines Dienstverhältnisses entsprechend seinen Bezügen bis höchstens zur Beitragsbemessungsgrenze nachversichert werden[215].

---

[207] BVerfGE 7, 155 (162); vgl. auch E 8, 1 (16); 11, 203 (216 f.); 39, 196 (201); 44, 249 (265).
[208] Vgl. BVerfGE 21, 391 (404).
[209] §§ 35 Abs. 1 Satz 3, 36 Satz 3 BRRG; §§ 52 Abs. 2, 54 Satz 3 BBG.
[210] Dreher/Tröndle, StGB, RN 1 vor § 331.
[211] Vgl. BVerfGE 9, 268 (286); Ule, Die Grundrechte, Band IV/2, 1962, S. 571 ff.
[212] Vgl. §§ 5 Abs. 1, 11 BDO, § 21 Abs. 1 Nr. 3 BRRG.
[213] Hierzu auch Ule, Die Grundrechte, IV/2, S. 668.
[214] § 48 SoldatenG i.d.F. vom 19.8.1975 (BGBl. I S. 2273).
[215] Dieses Beispiel führte der seinerzeitige Präsident der Bundesversicherungsanstalt für Angestellte, Kaltenbach, bei der Anhörung von Sachverständigen zur Rentenüberleitung

2. Leistungsversagung bei Rechtsmißbrauch

Von dem Grundsatz, daß strafbare Handlungen des Versicherten nicht zu sozialversicherungsrechtlichen Sanktionen führen, bestehen allerdings Ausnahmen.

So versagt § 105 SGB VI im Falle der Tötung eines Angehörigen den Anspruch auf Rente wegen Todes für diejenigen Personen, die den Tod vorsätzlich herbeigeführt haben. Ferner schließt § 103 SGB VI den Anspruch auf Rente wegen verminderter Erwerbsfähigkeit, Altersrente für Schwerbehinderte, Berufsunfähige oder Erwerbsunfähige oder große Witwenrente bzw. große Witwerrente für diejenigen Personen aus, „die die für die Rentenleistung erforderliche gesundheitliche Beeinträchtigung absichtlich herbeigeführt haben". Eine gänzliche oder teilweise Versagung dieser Renten ist gemäß § 104 Abs. 1 SGB VI möglich, „wenn die Berechtigten sich die für die Rentenleistung erforderliche gesundheitliche Beeinträchtigung bei einer Handlung zugezogen haben, die nach strafgerichtlichem Urteil ein Verbrechen oder vorsätzliches Vergehen ist"[216].

In ähnlicher Weise sieht das Krankenversicherungsrecht in § 52 SGB V Leistungsbeschränkungen vor, wenn sich Versicherte „eine Krankheit vorsätzlich oder bei einem von ihnen begangenen Verbrechen oder vorsätzlichen Vergehen zugezogen" haben.

Im Unfallversicherungsrecht schließen §§ 553 f. RVO Leistungen bei absichtlicher oder vorsätzlicher Verursachung des Arbeitsunfalls aus und gestatten die gänzliche oder teilweise Versagung, wenn der Verletzte den Arbeitsunfall beim Begehen einer Handlung erlitten hat, die nach rechtskräftigem strafgerichtlichem Urteil ein Verbrechen oder vorsätzliches Vergehen ist[217].

In der Arbeitslosenversicherung tritt gemäß § 119 Abs. 1 AFG eine Sperrzeit von acht Wochen ein, wenn der Arbeitslose vorsätzlich oder grob fahrlässig durch Lösung des Beschäftigungsverhältnisses[218] oder durch ein vertragswidriges Verhalten die Arbeitslosigkeit herbeigeführt hat.

In den aufgeführten Fällen stimmt das Sozialversicherungsrecht mit dem Privatversicherungsrecht überein[219], das den Versicherer von der Leistungs-

---

an (Sten. Prot. der 15. Sitzung des Ausschusses für Arbeit und Sozialordnung, BT, 12. WP, 15/145 f.).

[216] Der Gesetzestext ist mißraten, weil nicht die verhängte, sondern die angedrohte Strafe über die Einordnung der Straftat als Verbrechen oder Vergehen entscheidet. Vgl. § 12 StGB, hierzu auch Dreher/Tröndle, StGB § 12 RN 3.

[217] Zur Problematik einer Erstreckung des Leistungsausschlusses auf grob fahrlässiges Verhalten Krasney, Abgrenzung der Risiken in der gesetzlichen Unfallversicherung, VSSR 1993, S. 81 ff.

[218] Zur Kausalität BSG vom 28. 6. 1991, SGb. 1992, S. 357 ff. mit krit. Anmerkung von Buchner.

[219] Vgl. hierzu auch Sieg, Versicherungsschutz bei Begehung von Straftaten, SGb. 1992, S. 337 ff.

B. Die Systemwidrigkeit quasi-pönaler pauschaler Sanktionen

pflicht befreit, „wenn der Versicherungsnehmer den Versicherungsfall vorsätzlich oder durch grobe Fahrlässigkeit herbeiführt"[220] (§ 61 VVG). Dahinter steht der allgemeine Rechtsgedanke von Treu und Glauben, wie auch nach § 162 Abs. 2 BGB der Eintritt einer Bedingung als nicht erfolgt gilt, wenn er von der Partei, zu deren Vorteil er gereicht, wider Treu und Glauben herbeigeführt wird[221]. Deshalb hat das *Bundessozialgericht*[222] für § 1277 RVO, die Vorgängervorschrift des § 103 SGB VI, darauf hingewiesen, daß auch ohne ausdrückliche gesetzliche Regelung in derartigen Fällen daran zu denken wäre, den Anspruch wegen Rechtsmißbrauchs oder Verstoßes gegen den Grundsatz von Treu und Glauben auszuschließen.

Letztlich beruhen also alle Ausnahmefälle, bei denen eine Leistungsfreiheit der Sozial- oder Privatversicherung infolge strafbarer Handlungen eintritt, auf dem Verbot des Rechtsmißbrauchs als Ausprägung des Grundsatzes von Treu und Glauben[223]: Wer von einem Recht zu einem anderen Zweck Gebrauch macht, als wozu es ihm verliehen ist, handelt rechtsmißbräuchlich und rechtswidrig[224] und wird in dieser mißbräuchlichen Rechtsausübung von der Rechtsordnung nicht geschützt[225]. Im österreichischen Sozialversicherungsrecht werden die Fälle der Herbeiführung des Versicherungsfalls durch eine vorsätzliche strafbare Handlung oder die Selbstbeschädigung von Gesetzes wegen als „Verwirkung des Leistungsanspruchs" bezeichnet[226].

Die Ausnahmeregelungen sollen nur verhindern, daß jemand durch strafbare Handlungen Rechte zu Lasten des Versicherers oder der Versichertengemeinschaft erwirbt, die ihm bei gesetzmäßigem Verhalten nicht zugestanden hätten. Die Ausschluß- und Versagungsgründe sind lediglich Instrument des Selbstschutzes. Deshalb darf die gänzliche oder teilweise Versagung von Leistungen der Sozialversicherungsträger auch nicht zu Vergeltungszwecken erfolgen, sondern muß davon abhängen, ob nach den Umständen des Einzelfalls Leistungen ganz oder teilweise unbillig wären[227].

---

[220] § 61 VVG; vgl. ferner § 169.
[221] Zur Rückführung auf den allgemeinen Rechtsgedanken siehe auch Palandt/Heinrichs, BGB, 53. Auflage, 1994, § 162 RN 6; vgl. ferner aaO, § 242 RN 38 ff.
[222] Urteil vom 26. 11. 1981, SozR 2200 § 1277 RVO Nr. 3.
[223] Zum Problem der selbstgeschaffenen Gefahr vgl. Christoph Bühler, Die selbstgeschaffene Gefahr im Sozialrecht, Wege zur Sozialversicherung 1992, S. 321 ff.
[224] So Bettermann, Grenzen der Grundrechte, 1968, S. 11.
[225] BVerfGE 24, 119 (147).
[226] Vgl. Walter Schrammel, in: Theodor Tomandl (Hg.), System des österreichischen Sozialversicherungsrechts, Stand 1991, 2.1.5.2.1., S. 162 ff.
[227] Vgl. Ricke in: Kasseler Kommentar, § 554 RVO RN 6 m. w. N.

3. Ruhen der Rente bei „staatsfeindlicher" Betätigung

Während des „Dritten Reiches" wurde 1936 durch eine Ergänzung der Reichsversicherungsordnung[228] die Möglichkeit geschaffen, Renten aus der gesetzlichen Unfallversicherung und der gesetzlichen Rentenversicherung ruhen zu lassen, „wenn der Berechtigte sich nach dem 30. Januar 1933 in staatsfeindlichem Sinne betätigt" hatte[229]. Über das Vorliegen der Voraussetzungen entschied der Reichsminister des Innern im Einvernehmen mit dem Reichsarbeitsminister, wobei zur Aufklärung des Sachverhalts eidliche Vernehmungen angeordnet werden konnten.

Von der Ruhensvorschrift, die rückwirkend zum 1. Januar 1934 in Kraft trat[230], wurde nach *Bonz*[231] Gebrauch gemacht, wenn Rentenberechtigte wegen „staatsabträglicher" oder „staatsfeindlicher" Äußerungen, „heimtückischer Angriffe auf Staat und Partei", politisch motivierten groben Unfugs, Verächtlichmachung führender Persönlichkeiten, wegen Vorbereitung eines hochverräterischen Unternehmens, Hoch- oder Landesverrats oder wegen Zugehörigkeit zu den Bibelforschern strafrechtlich verurteilt oder in ein Konzentrationslager eingewiesen worden waren. Eine 1942 entworfene „Verordnung über die Behandlung von Juden und Zigeunern in der Reichsversicherung" wurde nicht erlassen[232].

4. Der Entwurf einer „lex Tiedge"

Nach Gründung der Bundesrepublik hat es Versuche gegeben, bei schweren Straftaten gegen die Bundesrepublik und in Fällen, in denen Täter ins Ausland flüchteten, gleichsam anstelle und als Ersatz für strafrechtliche Sanktionen auf die Rente zuzugreifen.

Anlaß für Reformüberlegungen war der Übertritt des ehemaligen Gruppenleiters in der für die Spionageabwehr zuständigen Abteilung IV des Bundesamtes für Verfassungsschutz, Hans-Joachim *Tiedge*[233], in die DDR im August 1985. Ihm war außer Landesverrat zur Last zu legen, daß ein von ihm entlarvter Mitarbeiter westdeutscher Geheimdienste in DDR-Haft zu Tode kam[234]. Nach

---

[228] Gesetz über die Änderung einiger Vorschriften der Reichsversicherung vom 23.12.1936 (RGBl. I S. 1128).

[229] §§ 615a, 1116 Abs. 4 und 1280 Abs. 2 RVO i. d. F. des Art. 3 des Änderungsgesetzes vom 23.12.1936.

[230] Vgl. § 21 Abs. 2 des Änderungsgesetzes vom 23.12.1936.

[231] Geplant aber nicht in Kraft gesetzt: das Sonderrecht für Juden und Zigeuner in der Sozialversicherung des nationalsozialistischen Deutschland, in: ZSR 1992, S. 148ff. (149f.).

[232] Hierzu Bonz, aaO, S. 155ff.

[233] Hierzu im einzelnen Archiv der Gegenwart 1985, S. 29109ff.

B. Die Systemwidrigkeit quasi-pönaler pauschaler Sanktionen 55

der Flucht *Tiedges* tauchten Überlegungen auf, Renten aus der gesetzlichen Rentenversicherung zu versagen, wenn der Berechtigte sich einem Strafverfahren wegen Landesverrats oder einer vergleichbaren Straftat durch einen Aufenthalt außerhalb des Gebiets der Bundesrepublik Deutschland entzieht. Als Begründung wurde angeführt, der Solidargemeinschaft sei es in diesen Fällen unzumutbar, „eine Rente zu zahlen und dadurch möglicherweise zur Vereitelung der Bestrafung" (?) beizutragen[235].

Da dieser Gesetzentwurf bei den Beratungen im zuständigen Ausschuß für Arbeit und Sozialordnung auf einhellige und massive Ablehnung aller Sachverständigen stieß[236], wurde weder ein Ausschußbericht erstellt noch der Entwurf in der folgenden Legislaturperiode erneut eingebracht. Diese Ablehnung zeigt, daß der Gesetzgeber an der „Wertneutralität"[237] festhalten wollte.

5. Nachversicherung nach Ende des Zweiten Weltkriegs

Nach dem Zusammenbruch des Nationalsozialismus wurden Personen, die z.B. wegen Verstoßes gegen die Grundsätze der Rechtsstaatlichkeit und der Menschlichkeit keine Ansprüche auf Unterbringung im öffentlichen Dienst oder Versorgung nach beamtenrechtlichen Grundsätzen hatten[238], in der Rentenversicherung gemäß § 72 G 131 nachversichert. Auf diese Weise erhielten z.B. Gestapo-Angehörige, denen keine beamtenrechtlichen Ansprüche zustanden[239], Renten aus der gesetzlichen Rentenversicherung.

Das *Bundesverwaltungsgericht*[240] hat diese Regelung für unbedenklich gehalten und darauf verwiesen, daß es nach Sinn und Zweck der Sozialversicherung unerheblich sei, „aus welchem Grunde der Betroffene die Anwartschaft auf Versorgung nach Maßgabe seiner Rechtsstellung verloren hat, ob er moralische oder strafrechtliche Schuld auf sich geladen hat oder nicht". In diesem Zusammenhang hebt das Gericht ausdrücklich das Prinzip der „wertfreien" Gestaltung des Sozialversicherungsrechts hervor, das „lediglich während der Geltung des

---

[234] Vgl. Wolfgang Schäuble, Der Vertrag, 1991, S. 270.

[235] Entwurf eines Achten Gesetzes zur Änderung von Vorschriften der gesetzlichen Rentenversicherung (Achtes Rentenversicherungs-Änderungsgesetz – 8. RVÄndG) des Abg. Dr. Miltner und Genossen, BT-Drs. 11/952 vom 14. 10. 1987.

[236] Vgl. Sten. Prot. der 28. Sitzung des Ausschusses für Arbeit und Sozialordnung am 20. 4. 1988, Protokoll Nr. 28 (752 - 2450).

[237] So auch Kaltenbach, aaO.

[238] Vgl. § 3 Satz 1 Nr. 3a des Gesetzes zur Regelung der Rechtsverhältnisse der unter Art. 131 des Grundgesetzes fallenden Personen vom 11. 5. 1951 (BGBl. I S. 307) – G 131.

[239] Hierzu BVerfGE 6, 132 (221).

[240] E 32, 74 (78ff.).

Deutschen Beamtengesetzes"[241] systemwidrig für die Nachversicherung durchbrochen worden war.

Außer dem Nationalsozialismus hatte nur das Besatzungsrecht vom Prinzip der Wertfreiheit des Sozialversicherungsrechts abgesehen. Bei der Entnazifizierung der Gruppe der Hauptschuldigen und der Belasteten konnte als Sühnemaßnahme auch der Verlust von Rechtsansprüchen auf eine aus öffentlichen Mitteln zu zahlende Pension oder Zuwendung einschließlich der Rente aus der gesetzlichen Rentenversicherung verhängt werden[242]. Dieses Entnazifizierungsrecht war jedoch oktroyiertes Recht der Siegermächte, das nicht immer rechtsstaatlichen Grundsätzen[243] entsprach und infolgedessen auch kraft ausdrücklicher Ausnahmeregelung (Art. 139 GG) nicht am Grundgesetz meßbar ist.

6. Keine Wiedergutmachungsfunktion des Sozialversicherungsrechts

Nach allem verkennt die tragende These des Anspruchs- und Anwartschaftsüberführungsgesetzes, man könne den „Opfern" nicht zumuten, daß die „Täter" eine höhere Rente als sie erhielten[244], die Funktion des Sozialversicherungsrechts und vergleicht Unvergleichliches.

Nicht einmal das Strafrecht hat die Aufgabe, den Deliktsopfern zum Ersatz oder zum Ausgleich eines durch die Tat erlittenen Schadens zu verhelfen, geschweige denn zu verhindern, daß Täter nach einer Verurteilung finanziell bessergestellt sind als ihre Opfer. „Strafrecht heilt keine vom Täter geschlagenen Wunden des Opfers"[245]. Grundlage der Strafbemessung ist gemäß § 46 Abs. 1 Satz 1 StGB der Grad der persönlichen Schuld des Täters wie auch die Schwere der Tat und ihre Bedeutung für die verletzte Rechtsordnung[246]. Die *verschuldeten*, nicht die bloß verursachten Auswirkungen der Tat und das Bemühen des Täters, den Schaden wiedergutzumachen sowie einen Ausgleich mit dem Ver-

---

[241] Vgl. § 141 Abs. 2 DBG.

[242] Abschnitt II Art. VIII Abs. II lit. d sowie Art. IX Nr. 4 der Direktive des Kontrollrats Nr. 38 vom 12.10.1946 (ABl. des Kontrollrats in Deutschland, S. 62 ff.); ferner Art. 15 Nr. 4 und Art. 16 Nr. 5 des Gesetzes der amerikanischen Militärregierung zur Befreiung von Nationalsozialismus und Militarismus vom 5.3.1946 (BayGVBl. S. 145).

[243] Zur teilweisen Unvereinbarkeit mit grundgesetzlichen Grundrechten vgl. Hermann v. Mangoldt, GG, 1953, Art. 139 Anm. 2, S. 658; Hans Peter Ipsen, VVDStRL 10, 1952, S. 81.

[244] Siehe oben S. 35 f.

[245] Günther Jakobs, Vergangenheitsbewältigung durch Strafrecht?, in: Josef Isensee (Hg.), Vergangenheitsbewältigung durch Recht, 1992, S. 37 ff. (38); ähnlich Steinmeyer, VSSR 1990, S. 83 (100).

[246] Vgl. Dreher/Tröndle, StGB, § 46 RN 4, S. 314; Stree, in: Schönke/Schröder, StGB, § 46 RN 8.

B. Die Systemwidrigkeit quasi-pönaler pauschaler Sanktionen 57

letzten zu erreichen, sind gemäß § 46 Abs. 2 StGB neben anderen Umständen lediglich Faktoren bei der Strafbemessung[247].

Den Opfern Wiedergutmachung erlittener Schäden zu verschaffen, ist grundsätzlich Aufgabe des Zivilrechts. Nur ausnahmsweise kann dem Verurteilten im Falle einer Strafaussetzung zur Bewährung gemäß § 46b Abs. 2 Nr. 1 StGB[248] strafgerichtlich auferlegt werden, nach Kräften den durrch die Tat verursachten Schaden wiedergutzumachen, wobei diese Auflage dem Verhältnismäßigkeitsgrundsatz entsprechend in Art und Höhe der Tatschuld angemessen sein muß[249].

Auch die Geldstrafe hat nicht die primäre Funktion, das Vermögen des Verurteilten zu mindern, sondern soll eine tat- und schuldangemessene Sanktion darstellen, was durch das Tagessatzsystem deutlich wird[250]. So wird der reiche Täter bei leichter Schuld zu einer geringeren Zahl von Tagessätzen verurteilt als der weniger vermögende Täter bei schwerer Schuld. Lediglich für die Bestimmung der Höhe des Tagessatzes sind die persönlichen und wirtschaftlichen Verhältnisse des Verurteilten, insbesondere sein Einkommen und sein Vermögen von Bedeutung (§ 40 Abs. 2, 3 StGB), damit die Strafe zu „gleichmäßiger Spürbarkeit bei arm und reich" führt[251]. Selbst die problematische Vermögensstrafe des § 43a StGB zielt nicht auf die Vermögenswerte als solche, sondern will sie nur als „producta sceleris" treffen und hierbei Beweisschwierigkeiten vermeiden. In keinem Fall kann und will das Strafrecht ausschließen, daß ein Täter nach Verurteilung über ein wesentlich höheres Vermögen als sein Opfer verfügt, weil es general- und spezialpräventive Zwecke verfolgt, aber aus rechtsstaatlichen Gründen nicht das Vermögen einziehen[252] noch gar umverteilen darf.

Ist schon dem Strafrecht eine Wiedergutmachung als Primärziel unbekannt, so scheidet es erst recht für das Sozialversicherungsrecht aus. Diesem sind die Kategorien „Täter" und „Opfer" fremd, weil es nur zwischen „Versicherten" und „Nichtversicherten" differenziert. Die Rente bemißt sich nach Beitragshöhe und Beitragsdauer[253], nicht aber nach Gesetzestreue oder Gesetzesfeindschaft des Versicherten. Um eine „Schlechterstellung der Gefangenen gegenüber der sonstigen arbeitenden Bevölkerung"[254] zu vermeiden, wollte man vor Jahren die Strafgefangenen sogar in die gesetzliche Rentenversicherung einbeziehen.

---

[247] Vgl. Stree, aaO, § 46 RN 19, 40; Dreher/Tröndle, aaO, § 46 RN 23, 27.
[248] Vgl. auch § 15 Abs. 1 Nr. 1 JGG; siehe auch § 10 Abs. 1 Nr. 7.
[249] Stree, in: Schönke/Schröder, StGB, § 56b RN 20.
[250] Vgl. Stree, aaO, § 40 RN 1.
[251] BGHSt 28, 360 (363).
[252] Vgl. Eser, Die strafrechtlichen Sanktionen gegen das Eigentum, S. 23.
[253] Vgl. Schulin, Sozialrecht, RN 578 ff.
[254] So die Amtliche Begründung zum Entwurf eines Ersten Gesetzes zur Fortentwicklung des Strafvollzugs (BT-Drucks. 9/566 vom 11.6.1981, S. 6 sub A 1); zur Kritik Merten, Art. Sozialrecht, Sozialpolitik, in: Benda/Maihofer/Vogel (Hg.), Handbuch des Verfassungsrechts, 1983, S. 804.

Von den aufgeführten Fällen einer Leistungsfreiheit wegen Rechtsmißbrauchs[255] abgesehen, enthalten weder Strafrecht noch Sozialversicherungsrecht die Möglichkeit einer Versagung oder Aberkennung von Sozialversicherungsrenten als Folge einer strafgerichtlichen Verurteilung. Nimmt es die Rechtsordnung aber hin, daß selbst ein verurteilter Täter eine wesentlich höhere Rente als sein Opfer bezieht, so ist das Argument erst recht untauglich, um eine Rentenkürzung bei vermuteter Täterschaft zu legitimieren.

7. Zur Systemwidrigkeit des Anspruchs- und Anwartschaftsüberführungsgesetzes

Mißt man insbesondere §§ 6, 7 AAÜG an dem Grundsatz der „Wertneutralität" des Sozialversicherungsrechts, so zeigt sich, daß der Gesetzgeber sein System nicht infolge einer Neubewertung auf Grund gewandelter Verhältnisse grundsätzlich ändert, sondern es nur für die Angehörigen der Versorgungssysteme der ehemaligen DDR durchbricht, wie auch Art. 4 RÜG keine grundsätzliche Umorientierung darstellt, sondern sich auf bestimmte „Altfälle" der ehemaligen DDR (lex Honecker) bezieht.

Zwar kann der Sozialgesetzgeber aus Gründen der Systemgerechtigkeit nicht gehalten sein, die Vergangenheit der ehemaligen DDR in gleicher Weise zu bewältigen wie die des „Dritten Reiches". Von größerer Bedeutung ist es schon, daß er noch vor wenigen Jahren den Fall *Tiedge* nicht zum Anlaß für eine grundlegende Neuorientierung des Sozialversicherungsrechts genommen hat.

Verfassungsrechtlich bedenklich ist das Gesetz jedoch nicht wegen einer Aufgabe, sondern wegen der *Durchbrechung* des Prinzips der „Wertneutralität". Denn es bleibt trotz der Sonderregelungen in Art. 3 RÜG auch in Zukunft dabei, daß wegen Mordes oder Landesverrats Verurteilte ihre rentenversicherungsrechtlichen Anwartschaften behalten, während die erworbenen Ansprüche und Anwartschaften der Versorgungsberechtigten in der ehemaligen DDR in teilweise drastischer Art reduziert werden. Läßt also grundsätzlich selbst eine rechtskräftige Verurteilung wegen schwerer Straftaten sozialversicherungsrechtliche Ansprüche und Anwartschaften unberührt, so führt die bloße Zugehörigkeit zu dem Versorgungssystem des ehemaligen Ministeriums für Staatssicherheit/Amtes für Nationale Sicherheit der DDR gemäß § 7 i. V. m. Anl. 5 AAÜG zu einer Reduzierung erworbener Versorgungsansprüche bis unter das Niveau einer Rente nach Mindesteinkommen, wobei mangels Feststellung individueller Schuld die bloße „Systemnähe" ausreicht. Da es ähnlich wie bei der Bewertung „leitender Funktionen" nach § 6 Abs. 3 AAÜG letztlich nur um politische Mißliebigkeit geht, kann unter rechtsstaatlichen Gesichtspunkten mangels Klärung in einem fairen Verfahren das Gewicht dieser Durchbrechung des Sozialversicherungssystems,

---

[255] Siehe oben S. 51 ff.

B. Die Systemwidrigkeit quasi-pönaler pauschaler Sanktionen 59

insbesondere seines Grundprinzips moralischer Indifferenz, die Schwere und Intensität der getroffenen Ausnahmeregelungen nicht rechtfertigen[256].

III. Beamtenrechtliche Prinzipien

1. Einbußen in der Besoldung oder Versorgung

Obwohl das Beamtenrecht im Unterschied zum Sozialversicherungsrecht nicht „wertneutral" ist, kennt es strafrechtliche oder strafrechtsähnliche Sanktionen mit Wirkung für Besoldung und/oder Versorgung des Beamten grundsätzlich nur im Falle einer gerichtlichen Verurteilung oder Feststellung[257].

So endet das Beamtenverhältnis ex lege, wenn der Beamte seine Beamtenrechte verliert[258]. Dieser Verlust tritt ein, wenn der Beamte in einem ordentlichen Strafverfahren durch das Urteil eines deutschen Gerichts wegen einer vorsätzlichen Tat zu einer Freiheitsstrafe von mindestens einem Jahr oder bei anderen, im einzelnen aufgeführten Straftaten zu einer Freiheitsstrafe von mindestens sechs Monaten verurteilt bzw. wenn ihm die Fähigkeit zur Bekleidung öffentlicher Ämter aberkannt wurde oder er gemäß Art. 18 GG ein Grundrecht verwirkt hat[259]. Disziplinarmaßnahmen, die sich auf das Gehalt bzw. Ruhegehalt des Beamten auswirken oder gar auf Entfernung aus dem Dienst erkennen, bedürfen, wie bereits dargestellt[260], einer (disziplinar-)gerichtlichen Entscheidung.

Lediglich gemäß § 9 BBesG[261] können ohne gerichtliches Erkenntnis durch behördliche Feststellung Bezüge abgesprochen werden, wenn Beamte (im weiteren Sinne) schuldhaft dem Dienst fernbleiben.

Dieser Besoldungs„verlust" kann nicht durch Heranziehung zivilrechtlicher Regelungen über vertragliche Schuldverhältnisse[262] als allgemeiner Rechtsgrundsätze[263] gerechtfertigt werden. Zwar sieht § 325 Abs. 1 Satz 1 BGB vor, daß der Gläubiger eines gegenseitigen Vertrages bei einem vom Schuldner zu vertretenden Unmöglichwerden Schadensersatz wegen Nichterfüllung verlangen oder vom Vertrage zurücktreten kann. Die Bestimmung ist jedoch auf das Beamtenverhältnis auch nicht entsprechend anwendbar, weil im öffentlich-recht-

---

[256] Ebenso Heinz-Dietrich Steinmeyer, Die deutsche Einigung und das Sozialrecht, VSSR 1990, S. 83 (100).
[257] Im Falle der Verwirkung eines Grundrechts (vgl. § 39 Abs. 1 BVerfGG).
[258] §§ 6 Abs. 3 Nr. 2 BBG, 21 Abs. 1 Nr. 2 BRRG; vgl. auch §§ 24 DRiG, 48 SoldatenG.
[259] §§ 24 Abs. 1 BRRG, 48 BBG; vgl. auch §§ 24 DRiG, 48 i.V.m. 38 SoldatenG.
[260] Siehe oben S. 30f.
[261] Bundesbesoldungsgesetz i.d.F. der Bekanntmachung vom 9.3.1992 (BGBl. I S. 409).
[262] Vgl. in diesem Zusammenhang Art. 202 des Entwurfs einer Verwaltungsrechtsordnung für Württemberg, 1931.
[263] Hierzu Wolff/Bachof, Verwaltungsrecht I, 9. Aufl., 1974, § 44 III, S. 350.

lichen Dienst- und Treueverhältnis die jeweilige Besoldung nicht Äquivalent für jeweils geleistete, womöglich nach Stunden abgerechnete Dienste des Beamten ist[264], so daß es insoweit an einem gegenseitigen Vertrage mangelt. Vielmehr besteht eine öffentlich-rechtliche synallagmatische Verknüpfung nur insoweit, als die Alimentationspflicht des Dienstherrn Korrelat[265] der Pflicht des Beamten ist, sich für den Dienstherrn einzusetzen und ihm grundsätzlich auf Lebenszeit seine volle Arbeitskraft zur Verfügung zu stellen[266]. Gegenseitigkeit besteht also nur zwischen der generellen Alimentationspflicht einerseits und der generellen Hingabepflicht andererseits, nicht aber zwischen konkreter Besoldung und konkreter Dienstleistung, weshalb der Besoldungsanspruch nicht entfällt oder sich mindert, wenn der Beamte z.B. infolge Krankheit oder Unfalls keine Dienste erbringt.

Die Sonderregelung des § 9 BBesG läßt sich daher nur als Ausfluß des allgemeinen Rechtsgrundsatzes von Treu und Glauben rechtfertigen, wonach eine Rechtsausübung unzulässig sein kann, wenn dem Berechtigten eine Verletzung eigener Pflichten zur Last fällt[267]. Auch § 9 BBesG setzt jedoch ein schuldhaftes Verhalten des Beamten voraus, über dessen Vorliegen der Beamte notfalls mit seinem Dienstherrn durch Anfechtung des behördlichen Feststellungsbescheids (§ 9 Satz 3 BBesG) vor Gericht streiten kann.

2. Die Sondersituation nach dem Zusammenbruch

Das beamtenrechtliche Prinzip, wonach insbesondere schwerwiegende Eingriffe in die Besoldung oder Versorgung eines Beamten nur bei schuldhaftem Verhalten auf Grund eines gerichtlichen Ausspruchs im Einzelfall zulässig sind, ist vom deutschen Recht auch nach dem Ende des „Dritten Reiches" grundsätzlich eingehalten worden.

a) Die Regelungen des Art. 131 GG und seiner Ausführungsgesetze

Insbesondere macht die grundgesetzliche Sonderregelung des Art. 131 für frühere Angehörige des öffentlichen Dienstes, die durch den Zusammenbruch der nationalsozialistischen Herrschaft und Maßnahmen der Siegermächte ihr Amt bzw. ihre Beschäftigung oder ihre Versorgungsbezüge verloren hatten, keinen Unterschied zwischen politisch „belasteten" und „unbelasteten", zwi-

---

[264] Vgl. BVerfGE 21, 329 (344); Merten, „Gekappte" Besoldungsanpassung als verkappte Besoldungsnivellierung, 1983, S. 6.
[265] So BVerfGE 39, 196 (201); vgl. auch BVerfGE 21, 329 (344).
[266] Vgl. §§ 36 BRRG, 54 BBG; BVerfGE 21, 329 (345); 39, 196 (201).
[267] Vgl. statt aller Palandt/Heinrichs, BGB, § 242 RN 46.

B. Die Systemwidrigkeit quasi-pönaler pauschaler Sanktionen

schen „systemnahen" und „systemfernen" Beamten. Ohne Rücksicht hierauf enthält die Verfassungsbestimmung zwei Gesetzgebungsaufträge.

Zum einen waren die Rechtsverhältnisse derjenigen Personen zu regeln, die am 8. Mai 1945 im öffentlichen Dienste standen, aus anderen als beamten- oder tarifrechtlichen Gründen ausgeschieden waren und anschließend nicht oder nicht ihrer früheren Stellung entsprechend verwendet wurden. Für diese Personen kam entweder eine Wiederverwendung oder, falls diese aus objektiven oder subjektiven Gründen unmöglich war, eine Versorgung in Betracht. Der zweite Auftrag betrifft Personen, die am 8. Mai 1945 bereits versorgungsberechtigt waren und aus anderen als beamten- oder tarifrechtlichen Gründen keine oder keine entsprechende Versorgung erhielten. Für diesen Personenkreis schied eine Wiederverwendung von vornherein aus, so daß allein die Versorgung zu regeln war.

In Ausführung des Verfassungsauftrags wurde das Gesetz zur Regelung der Rechtsverhältnisse der unter Art. 131 des Grundgesetzes fallenden Personen[268] (G 131) erlassen, das rückwirkend zum 1. April 1951 in Kraft gesetzt und in der Folgezeit wiederholt geändert wurde[269]. Inhaltlich ging das G 131 von den Prinzipien der Unterbringung und Versorgung aus[270]. Bei der Versorgung setzte das Gesetz die Auszahlungsquote der Pensionen auf durchschnittlich 74 v.H. fest und sah für die außer Dienst gestellten Beamten, die wegen vorgerückten Lebensalters nicht mehr voll einsatzfähig waren, ein Unterhaltsgeld von durchschnittlich 52 v.H. des erdienten Ruhegehalts vor.

In seiner Judikatur hebt das *Bundesverfassungsgericht* in Anerkennung weitgehender Freiheit der Legislative bei der Erfüllung des Verfassungsauftrags einerseits die rechtlichen Schranken und andererseits die sachlichen Richtpunkte für die Gesetzesregelung hervor. Wegen des Personenkreises, dessen wirtschaftliche Versorgung früher nach besonderen und überkommenen Regeln erfolgte, hält es das Gericht ausdrücklich für naheliegend, „auch die neue Fürsorgeregelung in Anlehnung an diese Grundsätze auszugestalten"[271]. Für die Regelung der unter Art. 131 GG fallenden Versorgungsverhältnisse hat das *Bundesverfassungsgericht*[272] sogar verlangt, Art. 33 Abs. 5 GG „in stärkerem Maße heranzuziehen".

Das G 131 klammerte kraft *pauschalierender* Regelung ohne Feststellung individuellen Fehlverhaltens von den beamtenrechtlichen Ansprüchen auf Wiederverwendung oder Versorgung nur die Beschäftigten bzw. Versorgungsberechtigten der Geheimen Staatspolizei und des Forschungsamts RLM aus (§ 3 Satz 1 Nr. 4 G 131). Das schloß jedoch nicht aus, daß auch frühere Gestapo-Beamte

---

[268] Vom 11.5.1951 (BGBl. I S. 307).

[269] Nunmehr G 131 i.d.F. der Bekanntmachung vom 13.10.1965 (BGBl. I S. 1685), zuletzt geändert durch Art. 4 Abs. 4 des Gesetzes vom 8.6.1989 (BGBl. I S. 1026).

[270] Zum Anliegen des Gesetzes auch BVerfGE 1, 167 (168 ff.).

[271] BVerfGE 3, 58 (134).

[272] E 8, 1 (20 f.).

nach Prüfung ihres Verhaltens, insbesondere nach Bewährung oder Einsicht individuell wieder in den Staatsdienst aufgenommen wurden[273].

Darüber hinaus blieben diejenigen Personen ausgenommen, deren Dienst- oder Arbeitsverhältnisse durch rechtskräftigen Kategorisierungs-(Entnazifizierungs-, Spruchkammer-)Bescheid unter Verlust ihres Versorungsanspruchs beendet wurde bzw. die ihren Versorgungsanspruch auf Grund eines solchen Bescheides verloren hatten (§ 3 Satz 1 Nr. 2 und 3 G 131). Der Ausschluß dieser Personengruppen beruhte damit auf einem individuellen Verfahren, auch wenn dieses nicht immer grundgesetzlichen Anforderungen entsprochen hatte.

Durch Gesetzesnovellierung[274] wurden später Personen ausgeschlossen, „die durch ihr Verhalten während der Herrschaft des Nationalsozialismus gegen die Grundsätze der Menschlichkeit oder Rechtsstaatlichkeit verstoßen" hatten (§ 3 Satz 1 Nr. 3 lit. a G 131), nachfolgend auch deren Hinterbliebene (§ 3 Satz 1 Nr. 3 lit. b G 131[275]). Auch diese Regelung setzte eine Prüfung im Einzelfall sowie einen individuellen Bescheid mit der Möglichkeit gerichtlicher Überprüfung voraus[276].

Zu Recht sieht es *Quaritsch*[277] als bedeutende Leistung des Gesetzes an, daß „ein möglicherweise schädliches, weil unzufriedenes Potential ehemaliger Nationalsozialisten oder belasteter Mitläufer nicht nur neutralisiert, sondern für den Aufbau des demokratischen Rechtsstaats gewonnen" wurde.

b) Die Erlöschens-These des Bundesverfassungsgerichts

Bei der Beurteilung der Gesetzesregelungen ist die beamtenrechtliche Sondersituation nach dem Zusammenbruch der nationalsozialistischen Herrschaft zu berücksichtigen. Nach der Auffassung des *Bundesverfassungsgerichts* waren alle Beamtenverhältnisse am 8. Mai 1945 erloschen[278].

Sicherlich ist diese These angreifbar und daher auch in Rechtsprechung und Schrifttum auf teilweise dezidierte Kritik gestoßen[279]. So sieht *Grawert*[280] in dem

---

[273] So ausdrücklich BVerfGE 6, 132 (221).

[274] Art. I Nr. 2 lit. a des Zweiten Gesetzes zur Änderung des Gesetzes zur Regelung der Rechtsverhältnisse der unter Artikel 131 des Grundgesetzes fallenden Personen vom 11.9.1957 (BGBl. I S. 1275).

[275] Eingefügt durch Art. I Nr. 1 des Vierten Gesetzes zur Änderung des Gesetzes zur Regelung der Rechtsverhältnisse der unter Art. 131 des Grundgesetzes fallenden Personen vom 9.9.1965 (BGBl. I S. 1203).

[276] Vgl. hierzu BVerwGE 32, 74.

[277] VVDStRL 51, 1992, S. 130 (Diskussionsbeitrag).

[278] BVerfGE 3, 58 (76ff.); für die Rechtsverhältnisse der Soldaten E 3, 288; vgl. auch E 6, 132 (218); 28, 163 (174); ebenso Hans Peters, JZ 1954, S. 589ff.

[279] Vgl. BGHZ (GrS) 13, 265 (292ff.); Forsthoff, DVBl. 1954, S. 69ff.; Bachof, DÖV 1954, S. 33ff. (35ff.); Herbert Krüger, ZBR 1954, S. 33ff.; Ernst Kern, DVBl. 1954,

B. Die Systemwidrigkeit quasi-pönaler pauschaler Sanktionen 63

Urteil einen „Akt der Verfassungsgestaltung", hat das Gericht nach *Forsthoff*[281] seinen Rechtsspruch „nicht einer Norm, sondern einer Deutung der Geschichte" entnommen, spricht nach *Kern*[282] aus dem Erkenntnis stärker „der Geist der Entnazifizierung" als „der Wille zur Gerechtigkeit". Insgesamt ist das Urteil in sich nicht schlüssig, weil es auch Beamte traf, die schon unter der nationalsozialistischen Herrschaft Versorgungsempfänger waren und gar keinen aktiven Dienst mehr geleistet hatten[283].

Weiterhin ist die Rechtsprechung deshalb nicht überzeugend, weil sie einerseits alle Beamtenverhältnisse, also auch die vor der nationalsozialistischen Machtergreifung begründeten, für erloschen hält und andererseits nicht zu erklären vermag, wie die nach dem Zusammenbruch fortgesetzten Beamtenverhältnisse rechtlich neu begründet worden sein sollten[284], da wegen der Formenstrenge des Beamtenrechts[285] kein „faktisches Beamtenverhältnis" entstehen kann. Dem versuchte das *Bundesverfassungsgericht*[286] mit dem Hinweis auszuweichen, daß die Nichtaushändigung einer Ernennungsurkunde nach dem Zusammenbruch für sich allein nicht gegen die rechtswirksame Begründung eines Beamtenverhältnisses spreche. Insbesondere wurde die Erlöschensthese brüchig, als ihr tragendes Argument eines „Zusammenbruchs des Deutschen Reiches"[287] nicht aufrechtzuerhalten war und stillschweigend modifiziert werden mußte. So weist das Gericht darauf hin, daß „das Deutsche Reich über den 8. Mai 1945 hinaus fortbestanden" habe, der „Zusammenbruch des nationalsozialistischen Systems" (!) hieran nichts geändert habe und die Bundesrepublik trotz der nur auf einen Teil des Reichsgebiets beschränkten Geltung des Grundgesetzes „identisch mit dem Deutschen Reich" sei[288].

S. 211 ff. und S. 273 ff.; ferner den Sammelband: Die Wissenschaft zum Spruch von Karlsruhe, o. J.; Maunz/Dürig, GG, Art. 131 RN 3 f.; Merten, Grundfragen des Einigungsvertrags, S. 17 ff.

[280] In: F. G. Schwegmann (Hg.), Die Wiederherstellung des Berufsbeamtentums nach 1945, 1986, S. 27 sub I.

[281] DVBl. 1954, S. 69.

[282] DVBl. 1954, S. 278.

[283] Hierzu BGHZ (GrS) 13, 265 (302); insoweit hat das Bundesverfassungsgericht sich später korrigiert, vgl. E 3, 288 (341); 8, 1 (20 f.).

[284] Kritisch auch Bachof, DÖV 1954, S. 36.

[285] Vgl. §§ 24 ff. DBG (RGBl. I 1937, S. 39 ff.); §§ 5 ff. BRRG; §§ 6 ff. BBG; auch Forsthoff, DVBl. 1954, S. 72.

[286] E 3, 255 (259).

[287] E 1, 167 (168); hierzu auch BGHZ (GrS) 13, 265 (292 ff.); Forsthoff, DVBl. 1954, S. 69 f.

[288] BVerfGE 3, 288 (316, 319 f.); 6, 309 (336, 338); vgl. auch Rolf Stödter, Deutschlands Rechtslage, insbes. S. 36 ff., 105; Ipsen, Über das Grundgesetz, S. 40; v. d. Heydte und Dürig, Der deutsche Staat im Jahre 1945 und seither, VVDStRL H. 13, 1955, S. 6 ff. und 27 ff.

Unbeschadet der Angreifbarkeit seiner Rechtsprechung ist das *Bundesverfassungsgericht* konsequent, wenn es vom Standpunkt eines Erlöschens und nicht nur einer Suspension[289] aller Beamtenverhältnisse mit Wirkung zum 8. Mai 1945 die Ausnahmeregelungen des G 131 nicht an beamtenrechtlichen Prinzipien mißt. Denn im Falle einer Beendigung dieser öffentlich-rechtlichen Dienst- und Treueverhältnisse können die Beteiligten aus diesen grundsätzlich keine weitergeltenden Rechte und Pflichten ableiten. Von diesem Standpunkt aus ist es verständlich, daß das *Bundesverfassungsgericht* den kollektiven Ausschluß von Angehörigen der Gestapo von den Ansprüchen des G 131 nicht als eine Art „Kollektivstrafe" qualifiziert[290]. Nur wenn man in Übereinstimmung mit dem Wortlaut des Art. 131 GG, der in seinem Satz 3 ausdrücklich von „Rechtsansprüchen" spricht und diese bis zum Inkrafttreten eines Bundesgesetzes suspendiert, sowie im Einklang mit der Auffassung des Berichterstatters des Hauptausschusses des Parlamentarischen Rates, Dr. *von Brentano*, davon ausgeht, daß die beamtenrechtlichen Rechte der Betroffenen nicht etwa *„endgültig beseitigt* (aufgehoben) werden", sondern nur vorübergehend außer Kraft gesetzt werden sollten[291], wären *fortbestehende* Versorgungsansprüche zu bejahen, auf die die hergebrachten Grundsätze des Berufsbeamtentums anzuwenden wären, was das *Bundesverfassungsgericht* ausdrücklich einräumt[292].

Die Erlöschens-These des *Bundesverfassungsgerichts* ist daher nicht nur von theoretischer, sondern von fundamental praktischer Bedeutung. Im Falle ihrer Verneinung sind alle Ausnahmeregelungen des G 131 an Art. 33 Abs. 5 GG zu messen und nur insoweit verfassungsgemäß, als sie mit den hergebrachten Grundsätzen des Berufsbeamtentums vereinbar sind. Im Falle ihrer Bejahung sind die Ausnahmeregelungen des G 131 dagegen nicht als Eingriff in bestehende Rechtsansprüche, sondern als „Nichtgewährung neuer Rechtsansprüche"[293] anzusehen. Ob bestimmten Beamtengruppen „neue beamtenrechtliche Rechtsansprüche gegen den Staat verliehen oder ob sie generell in irgendeine beamtenrechtliche Beziehung zum Staat gebracht oder von ihm irgendwie versorgt werden sollten"[294], ist dann nur anhand des Art. 3 Abs. 1 GG und seines Willkürverbotes zu messen, so daß der grundrechtliche Schutz wesentlich schwächer ist. Das kommt auch in der Schlußfeststellung des *Bundesverfassungsgerichts* zum Ausdruck, in der es heißt: „Da es sich im übrigen für die Gesetzgeber nicht darum handelte, Regelungen für fortbestehende Beamtenverhältnisse zu treffen, son-

---

[289] Vgl. BGHZ 2, 117 (121); 10, 30 (36 ff.); siehe auch Grawert, in: Schwegmann, Wiederherstellung des Berufsbeamtentums, S. 29 m. w. N.

[290] BVerfGE 6, 132 (221).

[291] Bericht über den Abschnitt XI Übergangs- und Schlußbestimmungen, Parlamentarischer Rat, Bonn 1948/49, S. 87 ff. (89).

[292] BVerfGE 3, 58 (160).

[293] So BVerfGE 6, 132 (221).

[294] BVerfGE aaO, S. 221 f.

B. Die Systemwidrigkeit quasi-pönaler pauschaler Sanktionen   65

dern nach dem Erlöschen der früheren Beamtenverhältnisse neue Rechte zu gewähren, so konnte die Tatsache allein, daß auch die Gestapobeamten Beamte gewesen waren, ihre Gleichstellung mit allen sonstigen früheren Beamten nicht erforderlich machen"[295].

c) Vergangenheitsbewältigung nach dem Ende des „Dritten Reiches" und der DDR

Vergleicht man die Regelungen des G 131 für politisch belastete Beamte des „Dritten Reiches" mit den Bestimmungen des Anspruchs- und Anwartschaftsüberführungsgesetzes (AAÜG) für politisch belastete Angehörige des öffentlichen Dienstes in der ehemaligen DDR, so ergeben sich bemerkenswerte Unterschiede.

Zunächst betreffen die Ausnahmeregelungen des G 131 einen wesentlich kleineren Personenkreis als die Sonderbestimmungen des AAÜG. Kollektiv sind nur die Angehörigen der Gestapo und des Forschungsamtes RLM von den Ansprüchen des G 131 ausgenommen, während das AAÜG nicht nur benachteiligende Sonderregelungen für das Versorgungssystem des ehemaligen Ministeriums für Staatssicherheit/Amtes für Nationale Sicherheit (§§ 7, 10 Abs. 2) trifft, sondern pauschal und ohne Rücksicht auf den Einzelfall mittels einer Fülle bereichs- und funktionsspezifischer Ausnahmebestimmungen[296] Personen allein wegen der Höhe ihres Arbeitsentgelts oder Arbeitseinkommens (vgl. § 6 Abs. 2 AAÜG) oder auf Grund einer sehr weitgezogenenen „Staats- und Systemnähe" schlechter stellt, so daß ein Richter oder Staatsanwalt lediglich wegen dieser Funktion ohne Feststellung eines individuellen Fehlverhaltens sozialversicherungsrechtlich zurückgesetzt wird (§ 6 Abs. 3 Nr. 7 AAÜG n. F.).

Während die von den Ansprüchen des G 131 ausgeschlossenen Personen gemäß § 72 des Gesetzes nachzuversichern waren, so daß auch Angehörige der ehemaligen Gestapo in der Folgezeit eine Sozialversicherungsrente unter Berücksichtigung der Bezüge bis zur Beitragsbemessungsgrenze erhielten, wird bei der Versorgungsrente für Angehörige des ehemaligen Ministeriums für Staatssicherheit/Amtes für Nationale Sicherheit gemäß § 7 in Verbindung mit Anl. 6 AAÜG das Arbeitsentgelt oder Arbeitseinkommen bis höchstens 70 v. H. des Durchschnittsentgelts berücksichtigt, darüber hinaus eine Rente nach Mindesteinkommen ausgeschlossen (§ 7 Abs. 1 Satz 3 AAÜG) und der Zahlbetrag zusätzlich auf DM 802,– begrenzt (§ 10 Abs. 2 Satz 1 Nr. 1 AAÜG).

Bei einem Vergleich ist zudem die nach der Rechtsprechung des *Bundesverfassungsgerichts* unterschiedliche Situation der Angehörigen des öffent-

---

[295] AaO, S. 222.
[296] Vgl. hierzu oben S. 17 ff. und 20.

5 Merten

Dienstes nach dem Zusammenbruch des „Dritten Reiches" einerseits und dem Ende der DDR andererseits zu berücksichtigen.

Die Ausnahmeregelungen des G 131 insbesondere für Angehörige der ehemaligen Gestapo waren verfassungsrechtlich dann weitgehend unbedenklich, wenn man mit dem Gericht ein Fortbestehen der Beamtenverhältnisse ausdrücklich ablehnt und eine Beendigung der öffentlich-rechtlichen Dienst- und Treueverhältnisse zum 8. Mai 1945 bejaht. Dieselbe Konsequenz hat das Gericht jedoch für die Angehörigen des öffentlichen Dienstes in der DDR nicht gezogen. Obwohl nach Auffassung der Bundesregierung die Angehörigen des öffentlichen Dienstes in dem Zeitpunkt, zu dem das Grundgesetz auf dem Gebiete der ehemaligen Deutschen Demokratischen Republik in Kraft gesetzt wurde, ihre Arbeitsplätze verloren, hat sich das *Bundesverfassungsgericht* dieser These nicht angeschlossen. Ohne Auseinandersetzung mit seiner früheren Judikatur und ohne Erwähnung des totalitären Charakters des DDR-Regimes[297] stellt es nur lapidar fest, die Arbeitsverhältnisse seien nicht „durch den Wegfall des ursprünglichen Vertragspartners, der Deutschen Demokratischen Republik, untergegangen", weil die Bundesrepublik Deutschland Rechtsnachfolgerin der ehemaligen Deutschen Demokratischen Republik geworden sei und auch der Einigungsvertrag erkennen lasse, daß Bund und Länder in die bestehenden Arbeitsverhältnisse eintreten sollten[298].

Bei fortwirkenden Rechtsverhältnissen stellt jede benachteiligende Regelung einen Eingriff dar, soweit Grundrechtsschutz besteht. Daher hat das *Bundesverfassungsgericht* in der Regelung des Einigungsvertrages, wonach Arbeitsverhältnisse von Beschäftigten bei abzuwickelnden öffentlichen Einrichtungen zum Ruhen gebracht und befristet werden, einen Eingriff in das Grundrecht auf freie Wahl des Arbeitsplatzes gesehen[299], wie es auch früher eine Berücksichtigung der hergebrachten Grundsätze des Berufsbeamtentums bei solchen Versorgungsansprüchen gefordert hat, die über den Zusammenbruch hinaus fortbestanden hatten[300].

Ist die Bundesrepublik Deutschland Rechtsnachfolgerin der DDR geworden und sind die Rechtsverhältnisse der Angehörigen des öffentlichen Dienstes der DDR nicht mit Inkrafttreten des Einigungsvertrages beendet worden, dann handelt es sich bei benachteiligenden Interventionen des Gesetzgebers nicht nur um einen Ausschluß von der konstitutiven Gewährleistung neuer Rechte, sondern um einen Eingriff in bestehende und nicht untergegangene Rechtsverhältnisse mit der Folge, daß eine Prüfung anhand der Grundrechte des Grundgesetzes

---

[297] Vgl. dazu noch BVerfGE 11, 150 (164); anders jetzt die wertneutralen Formulierungen in E 84, 90 (124).
[298] BVerfGE 84, 133 (147).
[299] BVerfGE 84, 133 (147f. sub C III 2).
[300] BVerfGE 3, 58 (160).

B. Die Systemwidrigkeit quasi-pönaler pauschaler Sanktionen

erforderlich wird. Dasselbe gilt für Versorgungsansprüche, die über den Beitritt hinaus Bestand hatten.

Für eine Grundrechtsbeschränkung durch den Gesetzgeber besteht ein weiterer Unterschied zwischen dem G 131 und dem AAÜG. Für die Beschränkung von Versorgungsansprüchen wegen Verstoßes gegen die Grundsätze der Rechtsstaatlichkeit und der Menschlichkeit[301] hat das *Bundesverfassungsgericht* eine ausdrückliche verfassungsrechtliche Rechtfertigung in Art. 131 GG gesehen[302]. Abgesehen davon, daß die davon betroffenen Personen in der Sozialversicherung nachzuversichern waren, fehlt für Eingriffe des AAÜG in die durch Art. 14 GG geschützten Rechtspositionen eine dem Art. 131 GG vergleichbare verfassungsrechtliche Ermächtigung.

---

[301] Vgl. hierzu oben S. 62.
[302] BVerfGE 22, 387 (423).

Dritter Teil

Grundrechtsschutz für erworbene Versorgungsansprüche und Versorgungsanwartschaften

A. Die Versorgung als hergebrachter beamtenrechtlicher Grundsatz (Art. 33 Abs. 5 GG)

Die Unterhaltspflicht des Dienstherrn gegenüber dem Ruhestandsbeamten sowie dessen versorgungsberechtigten Familienangehörigen ist keine Fürsorgeleistung des Staates im allgemeinen Gewaltverhältnis, wie z.B. die Sozialhilfe[303], sondern ebenso wie die Gewährung von Dienstbezügen die Gegenleistung für die Hingabepflicht des Beamten im Besonderen Gewaltverhältnis[304]. Besoldung und Versorgung sind deshalb nicht durch Art. 14 GG, sondern (in ihrem Kernbestand) durch Art. 33 Abs. 5 GG gesichert[305].

Dieser Verfassungsschutz knüpft allerdings nicht an die bloße Bezeichnung einer Staatsleistung als „Versorgung" an, so daß z.B. eine allgemeine Staatsbürger„versorgung" als Staatsbürgerrente ebensowenig von Art. 33 Abs. 5 GG erfaßt wird wie der Anspruch auf sozialrechtliche Versorgung[306], z.B. nach dem Bundesversorgungsgesetz, oder auf „Zusatzversorgung" im öffentlichen Dienst für Arbeiter und Angestellte[307]. Daher werden auch die Zusatz- und Sonderversorgungssysteme (§ 1 AAÜG) in der ehemaligen DDR nicht schon aus begrifflichen Gründen durch Art. 33 Abs. 5 GG garantiert.

Vielmehr setzt Art. 33 Abs. 5 „ein vom Staate geschaffenes, der staatlichen Gesetzgebungs- und Entscheidungsgewalt unterliegendes Rechtsverhältnis" voraus[308]. „Wohlerworbene" oder sonstige Rechte aus einem öffentlich-rechtlichen Dienstverhältnis können nicht auf überstaatlicher Rechtsgrundlage entstehen, sondern bedingen ein vom Staat geschaffenes Rechtsverhältnis[309].

---

[303] So BVerfGE 16, 94 (116); 21, 329 (344); 44, 249 (264f.).
[304] BVerfGE 21, 329 (345); 37, 167 (179); 39, 196 (201); 44, 249 (265); 55, 207 (236f.); 71, 39 (60); siehe auch E 16, 94 (114).
[305] BVerfGE 16, 94 (115); 21, 329 (344f.); 44, 249 (264f.).
[306] Vgl. hierzu Merten, Art. Sozialrecht, Sozialpolitik, in: Benda/Maihofer/H.-J. Vogel, Handbuch des Verfassungsrechts, 2. Aufl., RN 105f.
[307] Vgl. Schulin, Sozialrecht, RN 613.
[308] BVerfGE 3, 288 (321).
[309] BVerfGE aaO.

A. Die Versorgung als hergebrachter beamtenrechtlicher Grundsatz

Zwar ist nicht zu verkennen, daß insbesondere die Angehörigen der Sonderversorgungssysteme nach Anl. 2 AAÜG hoheitsrechtliche Befugnisse ausgeübt haben, die in der Bundesrepublik gemäß Art. 33 Abs. 4 GG in der Regel nur von solchen Angehörigen des öffentlichen Dienstes wahrgenommen werden dürfen, die in einem öffentlich-rechtlichen Dienst- und Treueverhältnis stehen. Da es jedoch keinen „über- oder vorstaatlichen Begriff des Berufsbeamtentums" gibt[310], müßten die entsprechenden Rechtsverhältnisse in der DDR zumindest in ihren Grundzügen auf den hergebrachten Grundsätzen des Berufsbeamtentums im Sinne des Art. 33 Abs. 5 GG beruhen, um Ansprüche aus dieser Verfassungsbestimmung gegen die Bundesrepublik Deutschland als Nachfolgerin der DDR zu begründen. Einzelheiten wie z.B. die beamtenrechtliche Formenstrenge hat das *Bundesverfassungsgericht* zumindest für die Zeit nach dem Zusammenbruch des „Dritten Reiches" als nicht essentiell angesehen[311].

Die DDR wollte jedoch keine dem Berufsbeamtentum vergleichbare Institution schaffen. Sie hat im Gegenteil bewußt „mit dem Berufsbeamtentum als wichtigem Merkmal bürgerlicher Staatlichkeit" mit der Begründung gebrochen, daß „die staatliche Macht der Arbeiterklasse ... einen dem Volk angehörenden, mit dem Volk verbundenen, für das Wohl des Volkes tätigen und daher dem Volke verantwortlichen Staatsangestellten" erfordere[312]. Deshalb hat auch der Einigungsvertrag[313] das Beamten- und Soldatenrecht im Beitrittsgebiet „eingeführt" und in der Begründung darauf hingewiesen, daß „der bisherige öffentliche Dienst in der Deutschen Demokratischen Republik ... weder in seinen rechtlichen Strukturen noch in seinem Umfang mit den Gegebenheiten in der Bundesrepublik Deutschland vergleichbar sei"[314]. Konsequenterweise wird daher im Unterschied zu den Arbeitsverhältnissen in der öffentlichen Verwaltung eine „Automatik" bei der Einführung des Berufsbeamtentums abgelehnt[315].

Nach allem können daher Versorgungsansprüche von Angehörigen des öffentlichen Dienstes der ehemaligen DDR ohne Rücksicht auf den Inhalt ihrer Tätigkeit wegen Fehlens eines öffentlich-rechtlichen Dienst- und Treueverhältnisses oder zumindest eines beamtenähnlichen Verhältnisses nicht von Art. 33 Abs. 5 GG erfaßt werden, sind doch selbst die Alimentationsansprüche der Berufssoldaten trotz ihrer Eigenschaft als Beamte im weiteren Sinne[316] nicht durch Art. 33 Abs. 5 GG, sondern allein durch Art. 14 GG gesichert[317].

---

[310] So BVerfGE 6, 132 (152f.).

[311] Vgl. BVerfGE 3, 58 (121); 255 (258f.).

[312] Marxistisch-Leninistische Staats- und Rechtstheorie, 3. Aufl., (Ost-)Berlin 1980, S. 205.

[313] Art. 20 Abs. 2 Satz 2 und Abs. 3.

[314] Abgedr. bei Stern/Schmidt-Bleibtreu, Einigungsvertrag, S. 143.

[315] AaO, S. 144 sub A.

[316] Vgl. §§ 1 ff. II 10 pr. ALR.

[317] Vgl. BVerfGE 3, 288 (334f.); 16, 94 (110f.); 31, 212 (221); Maunz/Dürig, GG, Art. 33 RN 51.

B. Die Eigentumsgarantie des Art. 14 GG

I. Der Schutz sozialversicherungsrechtlicher Positionen

„Eigentum" im Sinne von Art. 14 GG umfaßt nicht nur privatrechtliche vermögenswerte Rechte, sondern auch öffentlich-rechtliche Rechtspositionen einschließlich der Sozialversicherungsrenten und Rentenanwartschaften[318].

Allerdings genießt eine sozialversicherungsrechtliche Position den Eigentumsschutz nur, wenn „sie auf nicht unerheblichen Eigenleistungen des Versicherten beruht und zudem der Sicherung seiner Existenz dient"[319]. Die Voraussetzung der „nicht unerheblichen Eigenleistungen" darf jedoch nicht mißverstanden werden. „Eigenleistung" ist nicht identisch mit „Beitragsleistung" und schon gar nicht mit „eigener Beitragsleistung". Das *Bundesverfassungsgericht*[320] stellt auf die „persönliche Arbeitsleistung des Versicherten" ab, weshalb es auch die Arbeitgeberanteile in der gesetzlichen Sozialversicherung zu den „eigentumsrelevanten Eigenleistungen des Arbeitnehmers" rechnet. Vom Eigentumsschutz sollen nur Leistungen ausgeklammert werden, die der Staat „in Erfüllung seiner Fürsorgepflicht durch Gesetz eingeräumt hat"[321], weshalb z. B. die Beurkundungsbefugnis bischöflicher Urkundsbeamter[322] oder Ansprüche nach dem nordrhein-westfälischen Haftentschädigungsgesetz[323] von der Garantie des Art. 14 GG ausgenommen sind.

Da der (territoriale) Geltungsbereich des Grundgesetzes sich jedoch ausweislich seines Art. 23 a. F. bis zur Wiedervereinigung auf das Gebiet der alten Bundesländer beschränkte, ist Art. 14 GG auf die in der ehemaligen DDR erworbenen Rentenansprüche und Rentenanwartschaften nicht ohne weiteres anwendbar.

II. Überpositive Garantie von Rentenansprüchen?

Der positiv-verfassungsgesetzliche Geltungsbereich des Art. 14 GG wäre allerdings unbeachtlich, wenn die Eigentumsgarantie einschließlich des Schutzes öffentlich-rechtlicher Rechtspositionen vorstaatlichen Charakter hätte. Die Exi-

---

[318] BVerfGE 53, 257 (289 ff.); 55, 114 (131); 58, 81 (109); 64, 87 (97); 69, 272 (299 f.); 70, 101 (110); 71, 1 (12); 76, 220 (235 f.); 256 (293); 80, 297 (310); 87, 348 (355 f.); BVerfG (1. Kammer des Ersten Senats), Beschl. vom 29. 10. 1992, FamRZ 1993, S. 405 ff. (406).
[319] Vgl. BVerfGE 69, 272 (300); 72, 9 (19); 76, 220 (235).
[320] E 69, 272 (301 f.).
[321] BVerfGE 16, 94 (113); 18, 392 (397); 53, 257 (292); 69, 272 (302).
[322] E 18, 392.
[323] BVerfGE 2, 380 (402 f.).

stenz überpositiver Rechtsgrundsätze hat das *Bundesverfassungsgericht* in seiner früheren Rechtsprechung anerkannt[324].

So schwer es mangels positiv-rechtlichen Ansatzes ist, den Kreis vorstaatlicher Menschenrechte abzugrenzen, so wenig kann es zweifelhaft sein, daß im Falle einer Bejahung präpositiver Rechte das Eigentum eingeschlossen werden muß. Sein Schutz ist schon in den Lehren vom Herrschaftsvertrag essentieller, wenn nicht sogar primärer Staatszweck[325]. Art. 2 und 17 der französischen Menschenrechtserklärung von 1789 bezeichnen das Eigentum als ein „natürliches und unveräußerliches Menschenrecht" bzw. als ein „geheiligtes und unverletzliches Recht"[326].

„Eigentum" meint jedoch traditionell die persönliche (bewegliche und unbewegliche) Habe. Ein über die Garantie des Sacheigentums hinausgehender Schutz sozialversicherungsrechtlicher Ansprüche ist als vor-staatliches Recht kaum vorstellbar und würde das ohnehin schwer faßbare überstaatliche Recht allzu sehr strapazieren[327].

Da für das *Bundesverfassungsgericht*[328] schon hinsichtlich der Konfiskationen durch die sowjetischen Machthaber in der ehemaligen sowjetischen Besatzungszone entgegenstehende überstaatliche Rechtsgrundsätze nicht feststellbar waren, muß ein übergesetzlicher Schutz sozialrechtlicher Positionen in der ehemaligen DDR entfallen.

III. Territoriale und personale Geltung der Grundrechte

Scheidet eine Anwendung grundgesetzlichen Eigentumsschutzes auf Rentenansprüche und Rentenanwartschaften in der ehemaligen DDR mangels vorstaatlichen Rechtscharakters aus, so kann sich die Garantie des Art. 14 GG nur kraft positiv-rechtlicher Geltung entfalten. Hierbei ist sorgfältig zwischen dem territorialen und dem personalen Geltungsbereich der Grundrechte sowie zwischen der Grundrechtsberechtigung der Bürger und der Grundrechtsverpflichtung des Staates zu differenzieren.

---

[324] Vgl. BVerfGE 1, 14 (18 L. 27, 61); 208 (233); siehe auch BGHZ 6, 270 (275); 11, Anhang, S. 81* (L. 1, 84*); 16, 350 (353).
[325] John Locke, Two Treatises of Government II, §§ 123ff.; Ernst Ferdinand Klein, Grundsätze der natürlichen Rechtswissenschaft, § 485; Friedrich der Große, Politisches Testament von 1768: „Sicherheit für Vermögen und Besitzungen ist die Grundlage jeder Gesellschaft und einer guten Regierung" (abgedr. in: Richard Dietrich [Hg.], Die Politischen Testamente der Hohenzollern, 1986, S. 464f.).
[326] Ähnlich schon Abschn. 1 der Bill of Rights von Virginia von 1776 sowie die Verfassung von Pennsylvanien von 1776 (A Nr. 1).
[327] Vgl. in diesem Zusammenhang auch BVerfGE 2, 237 (253f.); 10, 59 (81).
[328] E 84, 90 (124).

3. Teil: Grundrechtsschutz der Versorgung

1. Territoriale Geltung der Grundrechte

Ein Verfassungsschutz aus Art. 14 GG für Deutsche in der DDR kann nicht mit der undifferenzierten These geleugnet werden, daß das Grundgesetz nach Art. 3 des Einigungsvertrages in den neuen Bundesländern erst mit dem Wirksamwerden des Beitritts der DDR zur Bundesrepublik Deutschland in Kraft trat. Denn Art. 3 EV betrifft nur die *territoriale* Inkraftsetzung, erstreckt die *räumliche* Geltung des Grundgesetzes auf „andere Teile Deutschlands", wie es der Verfassungsbefehl des Art. 23 Satz 2 GG a.F. vorsah. Demzufolge schützt Art. 14 GG nunmehr auch die in den neuen Bundesländern gelegenen Grundstücke sowie vermögenswerte Forderungen der Gläubiger in den neuen Bundesländern gegen die dortigen Schuldner.

Ebenso wie die Grundrechte als positive Sätze des Verfassungsrechts nicht rückwirkend für die Zeit vor Inkrafttreten des Grundgesetzes angewendet werden können[329], kann der *territoriale* Geltungsbereich der Grundrechte nicht ohne weiteres auf die neuen Bundesländer für die Zeit vor dem Beitritt der DDR zur Bundesrepublik erstreckt werden, zumal nach Art. 6 Satz 1 des Grundlagenvertrages[330] beide Teile Deutschlands von dem Grundsatz ausgegangen waren, „daß die Hoheitsgewalt jedes der beiden deutschen Staaten sich auf sein Staatsgebiet beschränkt".

2. Personale Geltung der Grundrechte

a) Die Grundrechtsträgerschaft

Schon die Gleichsetzung des territorialen Geltungsbereichs der Grundrechte mit dem Staatsgebiet ist unvollkommen, weil sie die (teilweise) Geltung deutschen Rechts und deutscher Grundrechte kraft „Flaggenhoheit"[331] nicht erfaßt, derzufolge auch Schiffe und Luftfahrzeuge, ohne zum deutschen Staatsgebiet zu gehören, der deutschen Staatsgewalt unterliegen[332].

Erst recht erschöpft sich der Geltungsbereich einer Norm nicht in einem territorialen Raum, sondern kann sich auch auf personale Beziehungen erstrecken, da dem Staat neben der Territorialhoheit auch eine Personalhoheit zusteht[333]. Die Gebietshoheit stellt keine „mystische Beziehung zwischen Staat und

---

[329] Vgl. BVerfGE 29, 166 (176); 84, 90 (122f.).

[330] Vertrag über die Grundlagen der Beziehungen zwischen der Bundesrepublik Deutschland und der Deutschen Demokratischen Republik vom 21.12.1972 (BGBl. II 1973, S. 423).

[331] Hierzu Wolfgang Graf Vitzthum, Staatsgebiet, in: HStR I, § 16 RN 15.

[332] Graf Vitzthum, aaO; Wilhelm Wengler, Völkerrecht, Bd. II, 1964, S. 1073, 1090; Helmut Quaritsch, Der grundrechtliche Status der Ausländer, in: HStR V, § 120 RN 72.

Fläche" mit der Folge dar, daß sich erst daraus akzessorisch eine Herrschaft über die auf dem Staatsgebiet befindlichen Personen ergibt[334]. So muß der Bundespräsident dem Wohl des deutschen Volkes nicht nur während seines Aufenthalts auf deutschem Staatsgebiet, sondern auch bei Auslandsreisen dienen[335]. Die Bundesregierung ist von grundgesetzlichen Bindungen nicht befreit, wenn sie Verordnungen oder Richtlinien der Europäischen Gemeinschaften zustimmt. Die aus dem Staatsangehörigkeitsverhältnis resultierende Pflicht des Staates zur Gewährung diplomatischen und konsularischen Schutzes wird gerade im Ausland aktuell[336].

Wegen der in den völkerrechtlichen Grenzen möglichen *personalen* und damit transterritorialen Geltungsanordnung von Rechtssätzen brauchte das Grundgesetz bestimmte Grundrechte nicht nur den „Bundesangehörigen" vorzubehalten, sondern konnte die Grundrechtsträgerschaft[337] auf „Deutsche" im Sinne des Art. 116 GG erstrecken. Deshalb waren die Deutschen in der sowjetischen Besatzungszone (später: DDR) und im sowjetischen Sektor Berlins „Deutsche" im Sinne des Grundgesetzes und unbeschadet der Regelung der Staatsangehörigkeit in der DDR von der Staatsgewalt der Bundesrepublik Deutschland wie Bürger der Bundesrepublik zu behandeln[338]. Sie wurden durch die Grundrechte des Grundgesetzes berechtigt und genossen insbesondere die Freizügigkeit, die sie zur Einreise in das Bundesgebiet befugte[339].

Auch wenn Deutsche außerhalb des Bundesgebietes grundgesetzliche Grundrechte fremden Staatsorganen nicht entgegenhalten können, so ist deutsche Staatsgewalt wegen Art. 1 Abs. 3 GG grundsätzlich aus diesen Grundrechten verpflichtet, selbst wenn diese außerhalb des räumlichen Geltungsbereichs des Grundgesetzes ausgeübt werden[340]. Voraussetzung ist lediglich, daß der Grundrechtstatbestand auslandsbezogene Sachverhalte umschließt[341]. Hieran fehlt es

---

[333] Vgl. Graf Vitzthum, aaO, RN 5; auch Thomas Oppermann, Transnationale Ausstrahlungen deutscher Grundrechte, in: Im Dienste Deutschlands und des Rechts, Grewe-Festschrift, 1981, S. 521 ff. (526).

[334] Karl Neumeyer, Internationales Verwaltungsrecht, Innere Verwaltung I, 1910, S. 2.

[335] Vgl. Art. 56 GG.

[336] Vgl. Karl Doehring, Die Pflicht des Staates zur Gewährung diplomatischen Schutzes, 1959; E. Klein, Diplomatischer Schutz und grundrechtliche Schutzpflicht, DÖV 1977, S. 704 ff. m. w. N.; BVerfGE 55, 349 (364 f.).

[337] BVerfGE 2, 266 (273) spricht in diesem Zusammenhang dogmatisch unschön vom „Besitz des Grundrechts".

[338] So auch BVerfGE 36, 1 (31); vgl. ebenfalls E 4, 157 (176); Oppermann, Grewe-Festschrift, S. 523 FN 5.

[339] BVerfGE 2, 266 (272, 276); Merten, Der Inhalt des Freizügigkeitsrechts, 1969, S. 87 ff.

[340] Vgl. BVerfGE 6, 290 (295); Oppermann, Grewe-Festschrift, S. 523; Meinhard Schröder, Grundrechte bei grenzüberschreitenden Sachverhalten, in: Staatsrecht – Völkerrecht – Europarecht, Schlochauer-Festschrift, 1981, S. 137 ff.

beispielsweise bei der Freizügigkeit, die sich ausweislich des Verfassungswortlauts auf den freien Zug „im ganzen Bundesgebiet" beschränkt, weshalb Wohnsitz- oder Aufenthaltsreglementierungen z.B. für deutsche Beamte im Ausland von Art. 11 GG wegen dessen begrenzter sachlicher Reichweite nicht erfaßt werden. Gewährleistet dieses Grundrecht somit keine Freizügigkeit außerhalb des Bundesgebiets, so folgt aus dem Schutz des freien Zugs *im* Bundesgebiet allerdings die Verbürgung des Zuzugs *in das* Bundesgebiet[342]. Diese Einreisefreiheit vermochten die Deutschen in der SBZ (DDR) zwar nicht gegenüber den dortigen Machthabern zu reklamieren, konnten sie jedoch, falls die Umstände dies gestatteten, gegenüber Organen der Bundesrepublik geltend machen[343].

b) Die staatliche Schutzpflicht

Zu weitergehenden transterritorialen Grundrechtsausstrahlungen kann die situationsbedingt nicht ausdrücklich geregelte, aber deutscher Verfassungstradition entsprechende und dem Staatsangehörigkeitsverhältnis immanente Schutzpflicht der Bundesrepublik[344] führen. Mangels einer bundesrepublikanischen Staatsangehörigkeit obliegt es der Bundesrepublik Deutschland, „allen Deutschen im Sinne des Art. 116 Abs. 1 GG Schutz und Fürsorge angedeihen zu lassen"[345]. Im Rahmen dieser Schutzpflicht gegenüber Deutschen außerhalb des Bundesgebiets hat die Bundesrepublik die Bedeutung der Grundrechte zu berücksichtigen, auch wenn Deutsche diese gegenüber ausländischer Hoheitsgewalt nicht geltend machen können.

Daher hat die Bundesrepublik bei ihrer Entscheidung über das „Ob" und gegebenenfalls „Wie" der Gewährung diplomatischen Schutzes fiktiv zu prüfen, ob ein Hoheitsakt fremder Staatsgewalt gegenüber einem Deutschen dessen Grundrechte verletzte, wenn er als Akt der Bundesrepublik auf deutschem Hoheitsgebiet ergangen wäre. Für die Ermessensausübung muß neben der Gesetz- und Verfassungsmäßigkeit des Aktes nach Maßgabe des Rechts des Aufenthaltsstaates die Frage bedeutsam sein, ob dieselbe Maßnahme, von deutscher Hoheitsgewalt erlassen, grundrechtskonform oder grundrechtsinkonform wäre. Denn der Deutsche im Ausland kann von der Bundesrepublik keinen diploma-

---

[341] Vgl. BVerfGE 31, 58 (77); 57, 9 (23).

[342] So BVerfGE 2, 266 (273).

[343] Vgl. auch Ulrich Scheuner, Die deutsche einheitliche Staatsangehörigkeit: ein fortdauerndes Problem der deutschen Teilung, Europa-Archiv 1979, S. 345ff. (347).

[344] Randelzhofer, in: Maunz/Dürig, GG, Art. 16 Abs. 1 RN 61; Karl Doehring (FN 336), S. 46, 89f.; Wilhelm Karl Geck, Der Anspruch des Staatsbürgers auf Schutz gegenüber dem Ausland nach deutschem Recht, ZaöRV 17, 1956/57, S. 476ff.; Eckart Klein, Diplomatischer Schutz und grundrechtliche Schutzpflicht, DÖV 1977, S. 704ff.; BVerfGE 6, 290 (299); 40, 141 (177f.); 41, 126 (182); 55, 349 (364); BVerwGE 62, 11 (14).

[345] So BVerfGE 36, 1 (31 sub V 7).

B. Die Eigentumsgarantie des Art. 14 GG

tischen Schutz gegen solche Eingriffe fremder Hoheitsgewalt verlangen, die er auch nach deutschem Recht dulden müßte. Dagegen muß die Bundesrepublik im Rahmen ihres Ermessens eine Intervention erwägen, wenn inkriminierte Maßnahmen ausländischer Staatsgewalt gegenüber Deutschen bei fiktivem Vergleich eine Grundrechtsverletzung darstellten[346]. Auf diese Weise entfalten die unmittelbar nicht anwendbaren Grundrechte des Grundgesetzes eine *mittelbare Auslandswirkung*. Sie begrenzen das Ermessen bei der Gewährung von Auslandsschutz[347] um so strikter und intensiver, je bedeutsamer das geschützte Rechtsgut für den Deutschen einerseits und je gewichtiger der Eingriff nach Art und Schwere andererseits ist.

Keine mittelbare, sondern eine *unmittelbare* Auslandswirkung deutscher Grundrechte besteht beim Abschluß völkerrechtlicher Abkommen. Weil die Bundesrepublik unmittelbar an die Grundrechte gebunden ist, darf sie im Rahmen völkerrechtlicher Verträge keine Akte fremder Staatsgewalt ermöglichen oder anerkennen, billigen oder dulden[348], die im Geltungsbereich des Grundgesetzes Grundrechtsverletzungen darstellen würden[349]. Denn für Art. 1 Abs. 3 GG ist es unbeachtlich, ob Handlungen der deutschen öffentlichen Gewalt nur im Ausland wirken und ob die Grundrechtsverletzung auf einem ausländischen Hoheitsakt beruht, dem die deutsche Staatsgewalt jedoch zugestimmt hat oder der ihr in sonstiger Weise zurechenbar ist[350].

Die Pflicht zur Respektierung deutscher Grundrechte besteht erst recht, wenn völkerrechtlich relevante Akte der Bundesrepublik nur die Vorstufe für die Anwendung fremden Rechts im Geltungsbereich des Grundgesetzes sind. Da im

---

[346] So auch Eckart Klein, DÖV 1977, S. 707 für den Fall einer entschädigungslosen Enteignung deutscher Staatsbürger durch fremde Hoheitsgewalt; vgl. in diesem Zusammenhang auch BVerfGE 6, 273 (299).

[347] Vgl. BVerfGE 55, 349 (364f.).

[348] Allerdings bezweifelt BVerfGE 6, 290 (298), ob in der Hinnahme einer „unabwendbaren Maßnahme" eine Mitwirkung zu sehen ist; ähnlich Rudolf Geiger, Grundgesetz und Völkerrecht, 1985, S. 174; Gunther Elbing, Zur Anwendbarkeit der Grundrechte bei Sachverhalten mit Auslandsbezug, 1992, S. 189f. In Wirklichkeit ist jedoch sorgfältig zu differenzieren: Bei der faktischen Hinnahme ausländischer Hoheitsakte, die für die deutsche Staatsgewalt unabänderlich sind, fehlt es schon an der Kausalität einer etwaigen Grundrechtsverletzung (vgl. auch BVerfGE 55, 349 [363]); 57, 9 [23]). In der rechtlichen Hinnahme im Rahmen einer völkerrechtlichen Vereinbarung liegt jedoch grundsätzlich ein Einverständnis. Gestattete man Ausnahmen im Falle der „unabwendbaren Maßnahmen", so liefe Art. 1 Abs. 3 GG leer, weil die „Unabwendbarkeit" zur beliebigen Schutzbehauptung für unwillige, nachlässige oder gar kollusive Verhandlungsführung geriete und verfassungsgerichtlich nicht nachprüfbar wäre. Die deutsche Ostpolitik liefert hierfür anschauliches Belegmaterial.

[349] Im Ergebnis ähnlich Albert Bleckmann, Staatsrecht II – Die Grundrechte, 3. Aufl., 1989, S. 70f.

[350] Vgl. BVerfGE 6, 290 (295); 29, 348 (361); 40, 141 (166); 55, 349 (362f.); 57, 9 (23); auch E 30, 272 (287f.); M. Schröder (FN 340), S. 146; R. Geiger (FN 348), S. 174; G. Elbing (FN 348), S. 190f.

territorialen Geltungsbereich der Grundrechte mit Hilfe deutscher Staatsgewalt keine ausländischen Urteile vollstreckt werden dürfen, die Grundrechte verletzen[351], darf sich die Bundesrepublik aus Gründen einer „Vorwirkung"[352] auch nicht in völkerrechtlichen Verträgen zu einer solchen Exekution verpflichten. In ähnlicher Weise ist die Bundesrepublik im Rat der Europäischen Gemeinschaft mangels eines generellen Vorrangs des europäischen Gemeinschaftsrechts gehindert, Akten des sekundären Gemeinschaftsrechts zuzustimmen, wenn diese ohne Freiheitsäquivalent „Rechtsprinzipien, die dem Grundrechtsteil des Grundgesetzes zugrunde liegen", insbesondere den Wesensgehalt der Grundrechte beeinträchtigen[353].

Diese Grundsätze müssen allzumal gelten, wenn die völkerrechtlichen Maßnahmen der Bundesrepublik dem Beitritt anderer Teile Deutschlands dienen. In diesem Falle war das Grundgesetz gemäß Art. 23 Satz 2 GG a.F.[354] in diesen Gebieten in Kraft zu setzen. Dieses Gebot der Verfassungserstreckung wäre unterlaufen worden, wenn die Bundesrepublik zuvor im Rahmen völkerrechtlicher Vereinbarungen Akte der fremden Hoheitsgewalt toleriert oder gar initiiert hätte, die unter der Geltung des Grundgesetzes grundrechtswidrig gewesen wären.

Da die Grundrechte zugleich Teil des objektiven Rechts sind[355] und nach Auffassung des *Bundesverfassungsgerichts* sogar ein „Wertsystem" bzw. eine „Wertordnung" bilden sollen[356], wäre es ein unzulässiges „venire contra constitutionem propriam", wenn der Staat, unter dessen Verfassung sich der beitrittswillige Teil Deutschlands stellen will und – im Falle eines Beitritts nach Art. 23 Satz 2 GG a.F. – stellen mußte, grundrechtliche Grausamkeiten duldet oder fördert, die ihm selbst kurze Zeit später nach dem Beitritt verwehrt wären. Insofern entfalten die territorial auf das Bundesgebiet beschränkten Grundrechte wegen ihrer personalen Erstreckung auf alle Deutschen eine Vorwirkung, die auch die Duldung oder Unterstützung fremder staatlicher Grundrechtsverletzung ausschließt.

---

[351] Vgl. § 328 Abs. 1 Nr. 4 ZPO in Verb. mit Art. 6 Satz 2 EGBGB, wonach der ordre public im Falle einer Unvereinbarkeit mit deutschen Grundrechten verletzt ist; hierzu BVerfGE 31, 58 (72 ff.); BGHZ 60, 68 (78 f.); 63, 219 (225). vgl. in diesem Zusammenhang auch BGHZ 20, 323 (335) zur Bedeutung rechtsstaatlicher Grundsätze, insbesondere des rechtlichen Gehörs.

[352] Vgl. in diesem Zusammenhang Michael Kloepfer, Vorwirkung von Gesetzen, 1974.

[353] Vgl. BVerfGE 73, 339 (376).

[354] Aufgehoben durch Art. 1 Satz 1 des Einigungsvertragsgesetzes vom 23.9.1990 (BGBl. II S. 885) in Verb. mit Art. 4 Nr. 2 des Einigungsvertrags vom 31.8.1990 (BGBl. II S. 889).

[355] Vgl. BVerfGE 7, 198 ; 50, 290 (337).

[356] Vgl. BVerfGE 7, 198 (215); 21, 362 (371 f.); 23, 127 (134); 49, 89 (141 f.).

IV. Grundrechtsbindung bei der Bewältigung außerordentlicher Vergangenheitssituationen

Zwar mag der Gesetzgeber nicht an die strengen Anforderungen des Art. 14 GG gebunden sein, wenn er Vergangenheitslasten (z. B. einen Staatsbankrott oder Reparationen) unter der Herrschaft des Grundgesetzes zu bewältigen hat[357]. Aber selbst dann muß er sich an den Grundentscheidungen des Grundgesetzes, z.B. dem Sozialstaatsprinzip[358] oder dem Gleichheitssatz orientieren. So hat das *Bundesverfassungsgericht*[359] aus Art. 3 Abs. 1 GG ein Verbot für den Gesetzgeber abgeleitet, bei entschädigungslosen Enteignungen auf besatzungsrechtlicher oder besatzungshoheitlicher Grundlage jegliche Wiedergutmachung auszuschließen, wenn er diese für andere entschädigungslose Enteignungen gewährt. Für sozialrechtliche Gesetze, die zwar nach Inkrafttreten des Grundgesetzes ergingen, aber an zurückliegende Verhältnisse anknüpften, hat das Gericht die Pflicht des Gesetzgebers betont, „die durch Art. 3 Abs. 2 GG gebotene Gleichbewertung der Unterhaltsleistungen der Mutter, Hausfrau und Mithelfenden" zu beachten[360].

Hat der Gesetzgeber retrospektiv eine Regelung getroffen, dann können diese „vom Gesetzgeber neu begründeten Ansprüche gegen die Bundesrepublik" „Gegenstand der Eigentumsgarantie" sein[361]. Deshalb hat das Verfassungsgericht[362] Ruhegehaltsansprüche auf Grund „der durch das G 131 bewirkten Umgestaltung" voll unter den verfassungsrechtlichen Schutz des Art. 33 Abs. 5 GG gestellt. Der Eigentumsgarantie strenge Fessel ist also für den Gesetzgeber nur *vor* und *während* der Bewältigung einer außergewöhnlichen Vergangenheitssituation gelockert. *Nach* Meisterung der Lage und *nach* Schaffung oder Anerkennung von Ansprüchen ist er im üblichen Maße der Verfassung verpflichtet, ähnlich wie die Behörde bei einer Ermessenseinbürgerung[363] vor Erlaß des Verwaltungsakts frei, danach aber an Art. 16 Abs. 1 Satz 1 GG gebunden ist.

---

[357] Vgl. BVerfGE 41, 126 (150ff.); 193 (200f.); 53, 164 (176).
[358] Vgl. BVerfGE 11, 50 (56); 27, 253 (283); 41, 126 (153f.); vgl. auch BGHZ 52, 371 (373ff.).
[359] E 84, 90 (129).
[360] BVerfGE 17, 38 (51).
[361] So ausdrücklich BVerfGE 41, 126 (150).
[362] E 8, 1 (21, 27).
[363] Vgl. § 8 Abs. 1 des Reichs- und Staatsangehörigkeitsgesetzes vom 22.7.1913 (RGBl. I S. 583).

V. Die Bedeutung des Art. 20 des Staatsvertrages

Anknüpfungspunkt für eine Anwendung des Art. 14 GG bietet erstmals der Staatsvertrag, der durch Bundesgesetz innerstaatlich transformiert wurde[364] und am 30. Juni 1990 in Kraft trat[365]. Dieser Vertrag, der sich entgegen der ursprünglichen Absicht nicht auf eine Währungs- und Wirtschaftsunion beschränkte, sondern ausweislich seines Titels auch eine Sozialunion erstrebte, bestimmt in seinem der Rentenversicherung gewidmeten Art. 20 in Absatz 2 Sätze 2 bis 4 hinsichtlich der Versorgungssysteme:

„Die bestehenden Zusatz- und Sonderversorgungssysteme werden grundsätzlich zum 1. Juli 1990 geschlossen. Bisher erworbene Ansprüche und Anwartschaften werden in die Rentenversicherung überführt, wobei Leistungen aufgrund von Sonderregelungen mit dem Ziel überprüft werden, ungerechtfertigte Leistungen abzuschaffen und überhöhte Leistungen abzubauen. Die der Rentenversicherung durch die Überführung entstehenden Mehraufwendungen werden ihr aus dem Staatshaushalt erstattet."

1. Unbeachtlichkeit wegen Untergangs der DDR?

Ein etwaiger Grundrechtsschutz aus Art. 14 GG ist keinesfalls durch den späteren Untergang der DDR als Staat entfallen. Ohnehin macht das Völkerrecht von dem Grundsatz, daß mit dem vollständigen Untergang eines Staates auch die von ihm abgeschlossenen Verträge erlöschen, dann eine Ausnahme, wenn der frühere Staat (z.B. im Falle eines Staatenzusammenschlusses) nicht vollständig seine Existenz verliert, sondern partielle Völkerrechtssubjekte (z.B. in Gestalt von Ländern) hinterläßt[366]. Das moderne Völkerrecht neigt sogar dazu, die Verträge bisheriger Staaten grundsätzlich in Kraft zu lassen[367].

Darüber hinaus gestattet der Einigungsvertrag in seinem Art. 44 den neuen Ländern die Geltendmachung von Rechten, die im Einigungsvertrag der ehemaligen DDR eingeräumt wurden. Diese sind damit aus quasi-völkerrechtlichen Gründen dem Zugriff des Bundesgesetzgebers entzogen[368].

---

[364] Gesetz zu dem Vertrag vom 18.5.1990 über die Schaffung einer Währungs-, Wirtschafts- und Sozialunion zwischen der Bundesrepublik Deutschland und der Deutschen Demokratischen Republik vom 25.6.1990 (BGBl. II S. 518).

[365] Bekanntmachung über das Inkrafttreten des Vertrags über die Schaffung einer Währungs-, Wirtschafts- und Sozialunion zwischen der Bundesrepublik Deutschland und der Deutschen Demokratischen Republik vom 17.7.1990 (BGBl. II S. 700).

[366] Vgl. Verdross/Simma, Universelles Völkerrecht, 3. Aufl., 1984, § 985, S. 615 f.; ferner BVerfGE 3, 267 (279 f.); 4, 250 (267 f.); 22, 221 (231); 34, 216 (226 f.); 38, 231 (237).

[367] Vgl. Rudolf Geiger, Grundgesetz und Völkerrecht, 1985, S. 140.

[368] Vgl. auch Eckart Klein, Der Einigungsvertrag, in: Alexander Fischer u. a. (Hg.), Auf dem Weg zur Realisierung der Einheit Deutschlands, 1992, S. 39 ff. (44).

B. Die Eigentumsgarantie des Art. 14 GG

2. Rechte der Bürger auf Grund des Staatsvertrages

Unabhängig von dem Schicksal der der ehemaligen DDR als Vertragspartner zustehenden Rechte sind diejenigen Rechte zu beurteilen, die den Deutschen in der DDR durch den Staatsvertrag verliehen wurden. Denn diese Rechte konnten und sollten nicht mit der DDR untergehen, sondern diese gerade überleben. Der Staatsvertrag wollte ausweislich seiner Präambel Vorstufe „in Richtung auf die Herstellung der staatlichen Einheit nach Art. 23 des Grundgesetzes" sein und mit seinen Regelungen die Wiedervereinigung erleichtern. Deshalb wurde im Vorgriff auf diese die Geltung grundlegender Regelungen des grundgesetzlichen Verfassungsrechts für die DDR vereinbart, und war der Staatsvertrag gleichzeitig Verfassungsvertrag[369].

Wenn der Vertrag in Art. 2 Abs. 1 Satz 2 die „Vertragsfreiheit, Gewerbe-, Niederlassungs- und Berufsfreiheit, die Freizügigkeit von Deutschen", die Koalitionsfreiheit und das Eigentum privater Investoren „zur Gewährleistung der in diesem Vertrag oder in Ausführung dieses Vertrags begründeten Rechte" garantiert, werden nicht nur die Vertragsparteien berechtigt und verpflichtet, sondern es werden auch Rechte für natürliche Personen[370] (z.B. Investoren) begründet. Diese Rechte folgen unmittelbar aus dem Vertrag, der insoweit „self-executing" ist[371].

3. Art. 20 des Staatsvertrages als Bestandsgarantie

Der Staatsvertrag wollte die Soziale Marktwirtschaft in der (damaligen) DDR einführen und „hierdurch die Lebens- und Beschäftigungsbedingungen ihrer Bevölkerung stetig ... verbessern". Die Sozialunion sollte nach Art. 1 Abs. 4 Satz 2 des Staatsvertrages durch „ein auf den Prinzipien der Leistungsgerechtigkeit und des sozialen Ausgleichs beruhendes umfassendes System der sozialen Sicherung" bestimmt sein. Da die DDR in diesem Rahmen nach Art. 20 Abs. 1 Satz 1 „ihr Rentenrecht an das auf dem Grundsatz der Lohn- und Beitragsbezogenheit beruhende Rentenversicherungsrecht der Bundesrepublik Deutschland anzugleichen" hatte, war es nur konsequent, die damals bestehenden Zusatz- und Sonderversorgungssysteme in der DDR grundsätzlich zum 1. Juli 1990 gemäß Art. 20 Abs. 2 Satz 2 zu schließen, dafür aber die bisher erworbenen Ansprüche und Anwartschaften zu garantieren.

Wenn Art. 20 Abs. 2 Satz 3 ausdrücklich „erworbene Ansprüche und Anwartschaften" aus den Zusatz- und Sonderversorgungssystemen erwähnt und deren

---

[369] So Stern in Stern/Schmidt-Bleibtreu, Staatsvertrag, S. 43.
[370] Ebenso für juristische Personen zumindest des Privatrechts.
[371] Stern, aaO, S. 44; vgl. auch Verdross/Simma, Universelles Völkerrecht, § 864, S. 550f.

„Überführung" in die Rentenversicherung statuiert, so wurden damit nicht nur Pflichten für den Vertragspartner DDR begründet, sondern sollte den Versorgungsberechtigten in einem Vorstadium der Wiedervereinigung auch die Furcht genommen werden, ihre Versorgung würde im Falle des Beitritts der DDR gemäß Art. 23 GG mangels Gleichartigkeit entsprechender Leistungen im Rentenversicherungsrecht der Bundesrepublik ersatzlos entfallen. Nach ihrem Sinn und Zweck soll die Regelung daher über die Wiedervereinigung hinaus wirken, wobei die erworbenen und in die Rentenversicherung zu überführenden Ansprüche grundsätzlich am Verfassungsschutz sozialrechtlicher Renten und Rentenanwartschaften teilnehmen.

Gerade bei fundamentalen politischen Umbrüchen ist es üblich, früher erworbene Rechte ausdrücklich zu garantieren, um einer Unzufriedenheit zuvorzukommen. So hat die Weimarer Reichsverfassung in Art. 129 Abs. 1 Satz 3 und Abs. 4 Satz 1 die Unverletzlichkeit der wohlerworbenen Rechte für Beamte und Berufssoldaten gewährleistet. Das Grundgesetz hat in Art. 131 das Problem der Angehörigen und Versorgungsberechtigten des öffentlichen Dienstes, die durch den Zusammenbruch der nationalsozialistischen Herrschaft und Maßnahmen der Siegermächte ihr Amt bzw. ihre Beschäftigung oder ihre Versorgungsbezüge verloren hatten, ausdrücklich erwähnt und die Regelung der „Rechtsansprüche" einem Bundesgesetz vorbehalten.

4. Die Doppelgarantie des Einigungsvertrags

a) Die Bekräftigung der Bestandsgarantie des Staatsvertrags

Die Bestandsgarantie in Art. 20 Abs. 2 Satz 3 des Staatsvertrages wurde durch den Einigungsvertrag bekräftigt. Gemäß Anl. II Kap. VIII Sachgebiet H Abschnitt III Nr. 9 lit.b Satz 1 EV sind die „erworbenen Ansprüche und Anwartschaften auf Leistungen wegen verminderter Erwerbsfähigkeit, Alter und Tod", soweit dies noch nicht geschehen ist, bis zum 31. Dezember 1991 in die Rentenversicherung zu überführen.

Damit schafft der Einigungsvertrag nicht erst einen Bestandsschutz, sondern baut auf der bereits in Art. 20 Abs. 2 Satz 3 des Staatsvertrags gewährleisteten Bestandsgarantie auf, wie sich auch aus den Erläuterungen ergibt. In ihnen heißt es: „Artikel 20 Abs. 2 Satz 3 des Staatsvertrages ... sieht vor, die Sonder- und Zusatzversorgungssysteme zu schließen und darin erworbene Ansprüche und Anwartschaften in die Rentenversicherung zu überführen ...". Die Maßnahmen im Einigungsvertrag „sollen sicherstellen, daß dieses Ziel auch insoweit erreicht wird, als der Staatsvertrag bisher noch nicht voll umgesetzt wurde"[372].

---
[372] Erläuterungen zum Einigungsvertrag, Anl. II Kap. VIII Sachgeb. H Abschn. III Nr. 9, auch abgedr. bei Stern/Schmidt-Bleibtreu, Einigungsvertrag, S. 790.

B. Die Eigentumsgarantie des Art. 14 GG

Wie der Staatsvertrag so enthält auch der Einigungsvertrag den Vorbehalt einer Überprüfung mit dem Ziel, „ungerechtfertigte Leistungen abzuschaffen und überhöhte Leistungen abzubauen". Neu ist der Zusatz, daß „eine Besserstellung gegenüber vergleichbaren Ansprüchen und Anwartschaften aus anderen öffentlichen Versorgungssystemen nicht erfolgen darf"[373]. Darüber hinaus ist eine Kürzung oder Aberkennung vorgesehen, „wenn der Berechtigte oder die Person, von der sich die Berechtigung ableitet, gegen die Grundsätze der Menschlichkeit oder Rechtsstaatlichkeit verstoßen oder in schwerwiegendem Maße ihre Stellung zum eigenen Vorteil oder zum Nachteil anderer mißbraucht hat"[374].

aa) Die Bestandsgarantie als Erwerbsschutz

Auch wenn man die Anforderungen der Eigentumsgarantie für den Schutz sozialversicherungsrechtlicher Positionen mangels Geltung des Art. 14 GG in der ehemaligen DDR nicht auf die erworbenen Ansprüche aus den Versorgungssystemen beziehen kann, wären diese Voraussetzungen in vielen Fällen erfüllt. So war die Zugehörigkeit zu den Sonderversorgungssystemen beitragspflichtig und belief sich der Beitragssatz auf zehn v. H. der „Besoldung", so daß er mit dem Beitragsanteil des Arbeitnehmers in der westdeutschen gesetzlichen Rentenversicherung vergleichbar ist. Auch für Zusatzversorgungssysteme war in bestimmten Fällen eine Beitragszahlung, wenn auch in reduzierter Form, vorgesehen[375].

Aber selbst bei Ermangelung von Beitragszahlungen der Versorgungsberechtigten ist das vom Bundesverfassungsgericht geforderte Merkmal der „nicht unerheblichen Eigenleistungen" erfüllt. Denn die Einbeziehung in die Zusatzversorgung war Äquivalent einer Arbeitsleistung, weshalb sie z. B. für Mitglieder der technischen und künstlerischen Intelligenz sowie Teile der wissenschaftlichen Intelligenz auf Grund einer Einzelfallentscheidung des zuständigen Ministers unter Zustimmung des Staatssekretärs für Arbeit und Löhne erfolgte[376]. Gerade dessen Beteiligung verdeutlicht, daß die Versorgungszusage nicht einen Akt der Fürsorge, sondern ein Äquivalent für „verdiente Werktätigkeit" darstellte, das auch als eine Art „Wechsel auf die Zukunft" an die Stelle einer Lohnerhöhung treten konnte[377].

In ähnlicher Weise wird in der Bundesrepublik Deutschland das betriebliche Ruhegeld nicht als Schenkung des Arbeitgebers, sondern als eine Leistung

---

[373] Anl. II Kap. VIII Sachgeb. H Abschn. III Nr. 9 lit. b Satz 3 Nr. 1 EV.

[374] Anl. II Kap. VIII Sachgeb. H Abschn. III Nr. 9 lit. b Satz 3 Nr. 2 EV.

[375] Vgl. Reimann, DAngVers. 1991, S. 281 f.

[376] Hierzu Reimann, aaO, S. 282 sub 2.2.

[377] Vgl. Ernst Bienert, Die Altersversorgung der Intelligenz in der DDR – Betrachtungen zur Entstehung und Abwicklung von Ansprüchen und Anwartschaften, in: ZSR 1993, S. 349 ff.

angesehen, die um der vom Arbeitnehmer (früher) geleisteten Dienste willen erbracht wird[378]. Diese betriebliche Altersversorgung ist in der Terminologie des Verfassungsgerichts nicht „Fürsorge", sondern „Eigenleistung", die der Gesetzgeber einem besonderen Schutze unterstellt hat[379].

Gleichermaßen ist die Alimentation der Beamten Staatsdienerbesoldung und -versorgung und nicht Staatsbürgerfürsorge. Deshalb steht dem Beamten oder Berufssoldaten „ein *durch seine Dienstleistung erworbenes Recht* in dem Sinne zu, daß der Staat es nicht ohne Kompensation entziehen kann"[380]. Dieses Recht ist Gegenstück oder Korrelat der Dienstpflichten des Beamten, der sich seinerseits für den Dienstherrn einzusetzen und ihm – grundsätzlich auf Lebenszeit – seine volle Arbeitskraft zur Verfügung zu stellen hat[381]. Alimentation ist daher nach der zutreffenden Rechtsprechung des *Bundesverfassungsgerichts*[382] keine Sozialhilfe und „etwas anderes und Eindeutigeres als staatliche Hilfe zur Erhaltung eines Mindestmaßes sozialer Sicherung und eines sozialen Standards für alle"[383]. Bei Staatsbediensteten ist es ohnehin nur eine Frage der Berechnungsmodalität, ob der Dienstherr Nettobezüge gewährt und dafür die spätere Versorgung übernimmt oder ob er Bruttobezüge auswirft und davon Beiträge für einen Versorgungsträger einbehält. In jedem Falle ist die Versorgung der Staatsbediensteten Äquivalent für früher erbrachte Dienste und keine bloße „Fürsorge".

bb) Die Bestandsgarantie als „Ergebnisschutz"[384]

Wenn Art. 20 Abs. 2 Satz 3 des Staatsvertrages die „bisher erworbenen Ansprüche und Anwartschaften" aus den Versorgungssystemen garantiert und der Einigungsvertrag dies bekräftigt, dann handelt es sich um einen *Ergebnisschutz* und nicht um einen *Erwerbsschutz*. Auf die *Art des Erwerbs* kann es nicht ankommen, und es muß insbesondere unbeachtlich sein, ob die „erworbenen" Rentenansprüche bzw. Rentenanwartschaften durch Beiträge gedeckt waren. Denn beiden Vertragsparteien war bewußt, daß sich das Sozialversicherungssystem der DDR von dem der Bundesrepublik Deutschland unterschied und daß insbesondere in den Zusatz- und Sonderversorgungssystemen Beitragszahlungen nicht immer zwingend waren[385].

---

[378] Vgl. statt aller Alfred Söllner, Grundriß des Arbeitsrechts, 10. Aufl., § 34 IV, S. 285 f.

[379] Vgl. das Gesetz zur Verbesserung der betrieblichen Altersversorgung vom 19.12.1974 (BGBl. I S. 3610).

[380] BVerfGE 16, 94 (113).

[381] Vgl. BVerfGE 39, 196 (201); auch E 21, 329 (344).

[382] E 21, 329 (344); vgl. auch Lecheler, AöR 103, 1978, S. 371.

[383] So BVerfGE 44, 249 (265).

[384] Vgl. auch Sozialgericht Potsdam, Beschl. vom 18.6.1992, SGb. 1992, S. 566 ff. (568 r. Sp. unten).

[385] Siehe oben S. 13 f.

B. Die Eigentumsgarantie des Art. 14 GG

Gerade wegen dieser Besonderheiten wurde sowohl im Staatsvertrag als auch im Einigungsvertrag vereinbart, „ungerechtfertigte Leistungen abzuschaffen und überhöhte Leistungen abzubauen"[386]. Diese Klauseln wären unnötig und unverständlich gewesen, wenn es sich bei den Versorgungssystemen um „normale" Rentenansprüche und Rentenanwartschaften aus der Sozialpflichtversicherung (einschließlich der Freiwilligen Zusatzversicherung) gehandelt hätte.

Außerdem wäre der mit Art. 20 Abs. 2 Satz 3 des Staatsvertrages offensichtlich bezweckte Befriedungseffekt nicht zu erreichen gewesen, wenn man die Garantie der nach dem Recht der damaligen DDR „erworbenen" Ansprüche auf mit Beiträgen belegte Zeiten reduziert hätte, da allein etwa 200 000 Personen Leistungen aus den verschiedenen Zusatzversorgungssystemen bezogen[387].

Auch hätte dies in deutlichem Gegensatz zu dem politischen Willen der Bundesregierung gestanden, den Bewohnern in der DDR „die Chance auf eine rasche, durchgreifende Besserung ihrer Lebensbedingungen" zu eröffnen[388]. Bei den Verhandlungen zum Einigungsvertrag war es der Bundesminister für Arbeit und Sozialordnung, *Blüm*, der „die sozialen Errungenschaften des Westens auf das Beitrittsgebiet übertragen" wollte[389].

Mit dem politischen Ziel einer Verbesserung der sozialen Lage für die Bewohner der DDR wäre ein erheblicher Eingriff in den „sozialen Besitzstand" schwer zu vereinbaren gewesen, weshalb die Garantie der „erworbenen" Ansprüche und Anwartschaften das nach DDR-Recht „Erworbene" meinen mußte, ohne Rücksicht darauf, ob der Erwerb mit der „reinen" Sozialversicherungslehre der Bundesrepublik vereinbar war.

Der im Staatsvertrag und im Einigungsvertrag garantierte „Ergebnisschutz" ist ähnlich wie die Anerkennung eines Kontokorrentsaldos (zwischen Kaufleuten)[390] zu beurteilen. Im Hinblick auf die bevorstehende Wiedervereinigung sollte Art. 20 Abs. 2 Satz 2 des Staatsvertrages durch die Schließung der bestehenden Zusatz- und Sonderversorgungssysteme einen Schlußstrich ziehen und die „erworbenen Ansprüche und Anwartschaften" gleichsam als „Sozialversicherungssaldo" – lediglich unter dem Vorbehalt des Abbaus ungerechtfertigter und überhöhter Leistungen – in ein neues System überführen. Auf Grund dieser Novation verbietet sich eine Überprüfung einzelner Faktoren der Versorgungsrenten und Versorgungsanwartschaften, weil der Bundesgesetzgeber mit der

---

[386] Art. 20 Abs. 2 Satz 3 StaatsV, Anl. II Kap. VIII Sachgeb. H Abschn. III Nr. 9 lit. b Satz 3 zum EV.
[387] Siehe oben S. 14.
[388] So die Erklärung des Bundeskanzlers Dr. Helmut Kohl anläßlich der Unterzeichnung des Staatsvertrages am 18.5.1990, abgedr. bei Stern/Schmidt-Bleibtreu, Staatsvertrag, S. 321 ff. (322).
[389] Vgl. Wolfgang Schäuble, Der Vertrag, 1991, S. 154.
[390] Vgl. BGHZ 26, 142 (150); 58, 257 (260).

Ratifizierung des Staatsvertrages die „erworbenen" Ansprüche als solche unter den Schutz der Verfassung gestellt hat. In ähnlicher Weise hat die herrschende Auffassung in der Weimarer Republik wegen der Garantie der „wohlerworbenen Rechte der Beamten" in Art. 129 Abs. 1 WRV die in den Besoldungsgesetzen vorgesehenen Diensteinkommenssätze für schlechthin unantastbar gehalten[391]. In dem so verstandenen Sinne nehmen die „bisher erworbenen Ansprüche und Anwartschaften" aus den Versorgungssystemen am Schutz des Art. 14 Abs. 1 GG teil.

b) Die „Zahlbetragsgarantie"

Außer der schon im Staatsvertrag enthaltenen Bestandsgarantie gewährleistet der Einigungsvertrag zusätzlich eine *Zahlbetragsgarantie*. Gemäß Art. 9 Abs. 2 EV i.V.m. Anl. II Kap. VIII Sachgeb. H Abschn. III Nr. 9 lit. b Satz 4 darf im Rahmen der Versorgungsüberführung „bei Personen, die am 3. Oktober 1990 leistungsberechtigt sind, ... bei der Anpassung nach Satz 3 Nr. 1 der Zahlbetrag nicht unterschritten werden, der für Juli 1990 aus der Sozialversicherung und dem Versorgungssystem zu erbringen war"[392]. In den Erläuterungen hierzu heißt es nicht wesentlich abweichend, daß „für Personen, die am 3. Oktober 1990 bereits Leistungen wegen verminderter Erwerbsfähigkeit, Alter oder Tod aus dem Versorgungssystem beziehen, ... bei der Anpassung an die allgemeinen Regelungen der Sozialversicherung der für Juli 1990 zu erbringende Rentenzahlbetrag gewährleistet bleiben" soll[393]. Nach Text und Kontext erfaßt die Garantie jede „Versorgung", nicht bloß Zusatzversorgungen. Der Einigungsvertrag trifft an dieser Stelle mit begrifflicher Sorgfalt „Regelungen für Sonder- und Zusatzversorgungssysteme (Versorgungssysteme)". Daher darf in dem Satzteil „aus der Sozialversicherung und dem Versorgungssystem" die Konjunktion „und" nicht überbewertet[394] werden, zumal Gesetze nicht immer exakt zwischen „und", „oder" sowie „und/oder" unterscheiden.

Die Zahlbetragsgarantie überlagert und ergänzt die Garantie der erworbenen Versorgung. Sie soll eine Absenkung des sozialen Besitzstandes in den Fällen vermeiden, in denen sich durch den Abbau ungerechtfertigter oder überhöhter

---

[391] Vgl. statt aller Anschütz, Die Verfassung des Deutschen Reichs, 14. Aufl., 1933, Art. 129 Anm. 4a, S. 593 f.; in diesem Zusammenhang auch BVerfGE 8, 1 (11 f.) zu Art. 33 Abs. 5 GG.

[392] Weiterhin enthält der Einigungsvertrag eine Übergangsregelung für Personen, die zwischen dem 4. Oktober 1990 und dem 30. Juni 1995 leistungsberechtigt werden. Auch bei ihnen darf der Zahlbetrag nicht unterschritten werden, der für Juli 1990 aus der Sozialversicherung und dem Versorgungssystem zu erbringen gewesen wäre, wenn der Versorgungsfall am 1. Juli 1990 eingetreten wäre; vgl. Anl. II Kap. VIII Sachgeb. H Abschn. III Nr. 9 lit. b Satz 5 EV.

[393] Abgedr. bei Stern/Schmidt-Bleibtreu, Einigungsvertrag, S. 790 f.

[394] So aber SG Berlin, SGb. 1993, S. 389 ff. (390).

B. Die Eigentumsgarantie des Art. 14 GG

Leistungen bei der Versorgungsüberführung die Summe der Sozialleistungen senkt. Die Sicherung des Zahlbetrags setzt das Versprechen um, das in der Regierungserklärung zum Staatsvertrag abgegeben wurde: „Den Deutschen in der DDR kann ich sagen, was auch Ministerpräsident *de Maizière* betont hat: Es wird niemandem schlechter gehen als zuvor – dafür vielen besser"[395].

Die öffentlich-rechtliche Zahlbetragsgarantie weist Ähnlichkeiten mit dem zivilrechtlichen abstrakten Schuldversprechen auf. Wie dieses soll es vom Rechtsgrund unabhängig und damit auch wirksam sein, wenn das zugrunde liegende kausale Geschäft Mängel aufweist. Ungeachtet dessen braucht sich der Gläubiger nur auf das abstrakte Versprechen zu berufen, ohne auf dessen Rechtsgrund eingehen zu müssen[396]. Anders als die Garantie der erworbenen Versorgungsrechte und Versorgungsanwartschaften soll das abstrakte Anerkenntnis des Zahlbetrags ohne Rücksicht darauf gelten, ob Versorgungsrechte oder -anwartschaften bei Anlegung westdeutscher Maßstäbe einen Makel aufwiesen. Der Leistungsempfänger soll sicher sein, daß der für Juli 1990 aus der Sozialversicherung der DDR und dem Versorgungssystem zu erbringende Gesamtbetrag durch die Versorgungsüberführung nicht unterschritten wird.

Wegen der Abstraktheit der Zahlbetragsgarantie ist ein Rückgriff auf die causa ausgeschlossen, so daß sich eine Prüfung verbietet, ob der im Juli 1990 zustehende Gesamtbetrag auf nicht unerheblichen Eigenleistungen des Berechtigten beruht und dessen Existenzsicherung dient. Funktion der Zahlbetragsgarantie war es nicht, Versorgungsrechte und Versorgungsanwartschaften zu schützen, wenn und soweit diese die Voraussetzungen des Art. 14 GG erfüllten, sondern unabhängig davon und gerade für die Fälle einer Gesamtbetragskürzung infolge Versorgungsreduzierung den sozialen Status quo aufrecht zu erhalten. Nur auf diese Weise kann die Zahlbetragsgarantie einen selbständigen Zweck neben der im Einigungsvertrag ohnehin enthaltenen Garantie für das „Erworbene" entfalten.

Für die Zahlbetragsgarantie ist es unbeachtlich, ob, in welcher Höhe und von welchem Zeitpunkt an Versorgungsberechtigte einen Verfassungsschutz für erworbene Rechte und Anwartschaften genießen. Wenn der Gesetzgeber in Bewältigung der außergewöhnlichen Situation infolge des Beitritts der ehemaligen DDR eine Umgestaltung vornimmt und dabei „neu begründete Ansprüche gegen die Bundesrepublik" schafft, dann müssen diese Gegenstand des Eigentumsschutzes oder eines vergleichbaren Grundrechtsschutzes[397] sein.

---

[395] Regierungserklärung des Bundeskanzlers Dr. Kohl zum Staatsvertrag anläßlich der abschließenden Beratung des Vertragsgesetzes zum Staatsvertrag zwischen der Bundesrepublik Deutschland und der DDR am 21.6.1990, abgedr. bei Stern/Schmidt-Bleibtreu, Staatsvertrag, S. 347 ff. (348).

[396] Vgl. hierzu Ludwig Enneccerus/Heinrich Lehmann, Recht der Schuldverhältnisse, 5. Aufl., 1958, § 200, S. 816 ff.

[397] BVerfGE 41, 126 (150); vgl. auch E 8, 1 (21 sub B II 8).

5. Zahlbetragsgarantie als Realwertgarantie

a) Zur Unterscheidung von Nominalwert und Tauschwert

Solange die Eigentumsgarantie im wesentlichen den Schutz des Grund- und Sacheigentums bezweckte, konnte sie sich in einer Rechts-[398] und Bestandsgarantie[399] erschöpfen. Infolge der Einbeziehung geldwerter Forderungen in den Schutzbereich des Art. 14 GG muß sie jedoch zusätzlich den Wert sichern, wie sich auch bei zulässiger Enteignung die Bestandsgarantie in eine Eigentumswertgarantie wandelt[400].

Da Kaufkraft- oder Tauschwertminderungen des Geldes als Eigentumsbeeinträchtigung wirken, ist ein Freiheitsraum für eigenverantwortliche Betätigung im vermögensrechtlichen Bereich nur effektiv verbürgt, wenn er nicht nur den Nominalwert, sondern auch den *Tausch*wert des Geldes umhegt[401]. Denn Art. 14 GG garantiert außer der Innehabung auch die Verwendung vorhandener Vermögensgüter[402] und muß daher nicht nur das Recht an einem konkreten Gegenstand, sondern auch dessen Tauschwert beschirmen[403].

b) Die Anpassungsbedürftigkeit der Altersversorgung

Diese Schutzfunktion betrifft vor allem auch die durch Art. 14 GG gesicherten sozialversicherungsrechtlichen Positionen, weil sie „ihrer Zielsetzung nach der Existenzsicherung der Berechtigten zu dienen bestimmt" sind[404]. Zu Recht weist das *Bundesverfassungsgericht*[405] darauf hin, daß eine unterlassene Rentenanpassung bei steigenden Einkommen der Versicherten in ihrer Wirkung einer Rentenkürzung gleichkommen und den für die Versichertenrente verbürgten Schutz nach Art. 14 GG in kurzer Zeit leerlaufen lassen könnte. Wenn auch nicht in ihren jeweiligen Einzelheiten, so muß die Rentenanpassung dem Grunde nach als von Art. 14 Abs. 1 GG umfaßt angesehen werden[406].

---

[398] Zur Eigentumsgarantie als Vermögensrechtsgarantie Hans-Jürgen Papier, Die Beeinträchtigung der Einkommens- und Berufsfreiheit durch Steuern vom Einkommen und Vermögen, Der Staat 11, 1972, S. 489ff.; ders., in: Maunz/Dürig, GG, Art. 14 RN 150 m.w.N.; a.A. Paul Kirchhof, Besteuerung und Eigentum, VVDStRL 39, 1981, S. 234ff.

[399] Vgl. BVerfGE 24, 367 (397, 400f.); 31, 229 (239); 35, 348 (361); 38, 175 (181); 42, 263 (294); 45, 63 (76); 46, 325 (334); 51, 193 (220); 56, 249 (260f.); 58, 300 (323).

[400] BVerfGE 24, 367 (397); 35, 348 (361); 45, 63 (76); 56, 249 (260f.); 58, 300 (323).

[401] Vgl. statt aller Papier, in: Maunz/Dürig, GG, Art. 14 RN 175ff. m.w.N.; kritisch jetzt Thomas Weikart, Geldwert und Eigentumsgarantie, 1993, S. 212ff. (224).

[402] So BVerfGE 30, 292 (335).

[403] Papier, aaO, Art. 14 RN 8.

[404] So BVerfGE 69, 272 (304).

[405] E 64, 87 (97f.).

In ähnlicher Weise können die Bezüge des Beamten wegen seines Anspruchs auf eine amtsadäquate angemessene Lebensführung nicht stagnieren[407], sondern müssen entsprechend den veränderten Umständen bemessen werden. Das *Bundesverfassungsgericht*[408] hat diesen Verfassungsauftrag präzisiert und leitsatzmäßig formuliert, woraufhin ihn die Legislative in Gesetzesform gegossen hat. § 14 BBesG ist also im Kern konkretisiertes Verfassungsrecht[409].

Auch das *Bundesarbeitsgericht*[410] hat die Notwendigkeit eines Ausgleichs der Geldentwertung gerade im Bereich der Altersversorgung betont und dem Arbeitgeber aufgegeben, gemäß § 242 BGB „die Nöte und Bedrängnisse seiner Pensionäre" gerecht mitzuberücksichtigen. In der Folgezeit hat der Gesetzgeber in § 16 BetrAVG[411] den Arbeitgeber verpflichtet, alle drei Jahre eine Anpassung der laufenden Ruhegeldleistungen zu prüfen und hierüber nach billigem Ermessen zu entscheiden[412].

c) Folgen für die Zahlbetragsgarantie

Angesichts der bei Abschluß des Einigungsvertrages voraussehbaren Entwicklung kann die Garantie des Zahlbetrages nicht als Nominalwertgarantie angesehen werden. Zum Zeitpunkt des Vertragsschlusses mußte man davon ausgehen, daß Preise und Löhne möglicherweise drastisch steigen würden, zumal viele Faktoren der Lebenshaltung (z.B. Mieten und Preise für Grundnahrungsmittel) durch eine staatliche Zwangs- und Kommandowirtschaft in der DDR bis dahin künstlich niedriggehalten worden waren.

Berücksichtigt man, daß sich in den fünf neuen Bundesländern die Kosten der Lebenshaltung tatsächlich sprunghaft erhöht haben und z.B. in der Zeit von Oktober bis Dezember 1991 jeweils um über 21 v.H. gegenüber dem Vorjahresmonat gestiegen sind[413], so wird deutlich, daß eine Zahlbetragsgarantie als Nominalwertgarantie für die Betroffenen in kurzer Zeit zu einem „nudum ius" würde.

---

[406] Vgl. hierzu auch BVerfGE 64, 87 (97 ff. mit ausführlichen Hinweisen auf das Schrifttum); grundsätzlich zur Rentenanpassung Schulin, Sozialrecht, RN 608, S. 262.

[407] Vgl. BGHZ 12, 161 (183).

[408] E 8, 1 (Leitsatz Nr. 2, S. 14 ff.); siehe auch E 16, 94 (115).

[409] Vgl. Merten, Zur Problematik der Gewährung einheitlicher Festbeträge bei Besoldungsanpassungen, in: Öffentlicher Dienst, Festschrift für Carl Hermann Ule zum 70. Geburtstag, 1977, S. 349 ff., insbes. S. 355 ff.

[410] E 25, 146 (160 ff., 165).

[411] Gesetz zur Verbesserung der betrieblichen Altersversorgung vom 19.12.1974 (BGBl. I S. 3615); hierzu BAG, Urt. vom 28.4.1992, MDR 1993, S. 208.

[412] Vgl. auch Söllner, Grundriß des Arbeitsrechts, § 34 IV, S. 286 f.

[413] Vgl. Statistisches Bundesamt, Fachserie 17, Reihe 7: Preise und Preisindizes für die Lebenshaltung, 1991, S. 260.

Da der Schutz des Zahlbetrages aus der Sozialversicherung und dem Versorgungssystem für Juli 1990 nicht eine abstrakte Summe garantieren, sondern den effektiven sozialen Status quo aufrecht erhalten sollte, muß angesichts einer Anpassungsbedürftigkeit der Altersversorgung bei steigenden Lebenshaltungskosten auch der Zahlbetrag angemessen erhöht werden, da er ersichtlich nicht den Nominalwert, sondern den Tauschwert sichern sollte.

VI. Verfassungswidrigkeit des § 10 Abs. 1 AAÜG

§ 10 Abs. 1 AAÜG ist wegen Einführung von Höchstbeträgen für die Summe der Zahlbeträge aus gleichartigen Renten der Rentenversicherung und Leistungen der Zusatzversorgungssysteme nach Anl. 1 Nr. 2, 3 oder 19 bis 27 sowie die Zahlbeträge der Leistungen der Sonderversorgungssysteme nach Anl. 2 Nr. 1 bis 3 oder der Summe der Zahlbeträge der Leistungen nach § 4 Abs. 2 Nr. 1 und 2 AAÜG verfassungswidrig.

1. Formaler Verstoß gegen den Einigungsvertrag?

Anl. II Kap. VIII Sachgebiet H Abschnitt III Nr. 9 lit. f des Einigungsvertrags ermächtigt die Bundesregierung, „durch Rechtsverordnung mit Zustimmung des Bundesrates das Nähere zu den Maßgaben nach Buchstaben a) bis e) zu bestimmen". Diese Rechtsverordnung hat die Bundesregierung nicht erlassen. Statt dessen hat der Gesetzgeber die Materie an sich gezogen und Regelungen im Renten-Überleitungsgesetz getroffen. Als Begründung hat er angeführt, daß die Einhaltung der im Einigungsvertrag vorgesehenen Maßgaben zur Überführung von Ansprüchen und Anwartschaften aus Zusatz- und Sonderversorgungssystemen in die Rentenversicherung „weder zu sachgerechten noch zu sozialpolitisch vertretbaren Ergebnissen führen würde", weshalb „die Vorgaben des Einigungsvertrages hinsichtlich einer Überführung durch Rechtsverordnung ... nicht einzuhalten" seien[414].

a) Rechtssetzungsermächtigung als bloße Befugnis

Durch den Nichterlaß der Rechtsverordnung hat die Bundesregierung nicht gegen den Einigungsvertrag verstoßen, weil dieser sie zur Rechtssetzung lediglich *ermächtigte*, nicht aber *verpflichtete*. Rechtssetzungsermächtigungen enthalten ebenso wie Gesetzgebungskompetenzen grundsätzlich nicht die Pflicht zum Gebrauch der Ermächtigung bzw. Kompetenz. Gesetzgebungskompetenzen sagen insbesondere im Bundesstaat nur etwas darüber aus, wer die Gesetze

---

[414] Amtliche Begründung zum Entwurf eines Gesetzes zur Herstellung der Rechtseinheit in der gesetzlichen Renten- und Unfallversicherung, BR-Drucks. 197/91 vom 11.4.1991, S. I.

B. Die Eigentumsgarantie des Art. 14 GG

erlassen darf, nicht aber auch darüber, ob und wie sie erlassen werden müssen[415]. Sie sind also Zuständigkeitszuweisungen, keine Handlungsanweisungen[416]. In ähnlicher Weise bedeutet die Ermächtigung zum Erlaß einer Rechtsverordnung (Art. 80 Abs. 1 GG) als solche nur die Erteilung einer Befugnis, nicht die Auferlegung einer Pflicht[417], sofern sich nicht aus dem Zusammenhang etwas anderes ergibt. Jedenfalls kann die Legislative als die für die Gesetzgebung an sich zuständige Staatsgewalt die Regelungsbefugnis revozieren und für sich reklamieren[418], wie auch eine Vollmacht gegebenenfalls sogar entgegen ihrem Wortlaut frei widerruflich ist[419]. Vermag die Legislative sogar eine ergangene Rechtsverordnung durch ein Gesetz als lex superior jederzeit zu ersetzen, so kann sie erst recht die Verordnungsermächtigung wieder entziehen.

b) Zur Rangqualität des Einigungsvertrages

Dem Bundesgesetzgeber wäre ein Selbsteintritt und ein Tätigwerden anstelle der Bundesregierung nur untersagt, wenn der Einigungsvertrag insoweit ranghöheres Recht darstellte. Daran fehlt es jedoch. Zwar wurde dem Einigungsvertrag einschließlich des Protokolls und der Anl. I und III sowie der in Bonn und Berlin am 18. 9. 1990 unterzeichneten Vereinbarung gemäß Art. 1 Satz 1 des Einigungsvertragsgesetzes[420] in der Weise zugestimmt, daß das Gesetz ausweislich der Eingangsformel mit Zustimmung des Bundesrates und unter Einhaltung des Art. 79 Abs. 2 GG beschlossen wurde. Trotz der Mehrheit von zwei Dritteln der Mitglieder des Bundestages und zwei Dritteln der Stimmen des Bundesrates haben Einigungsvertragsgesetz und Einigungsvertrag insgesamt jedoch keinen Verfassungsrang erhalten[421].

---

[415] H. M. Vgl. Maunz/Dürig, GG, Art. 70 RN 14f.; von Mangoldt/Klein, Das Bonner Grundgesetz, Bd. II, 2. Aufl., 1964, Vorbem. II 7 a vor Art. 70ff.; Stern, Staatsrecht, Bd. II, 1980, § 37 II 5c, S. 609; für das österreichische Verfassungsrecht Karl Korinek, Die verfassungsrechtliche Grundlegung der österreichischen Sozial- und Wirtschaftsordnung, in: Mock/Schambeck (Hg.), Verantwortung in Staat und Gesellschaft, 1977, S. 252; a. A. Günther Winkler, Studien zum Verfassungsrecht, 1991, S. 27: „die als Staatszielbestimmungen zu deutenden Aufgabenregelungen in Kompetenztatbeständen nach den Art. 10 bis 15 B-VG".

[416] Ebenso Hans-Werner Rengeling, Art. Gesetzgebungszuständigkeit, in: Isensee/Kirchhof (Hg.), Handbuch des Staatsrechts, Bd. IV, 1990, § 100 RN 10 und 67; vgl. auch Merten, Landesgesetzgebungspflichten kraft Bundesrahmenrechts?, in: Festschrift zum 125jährigen Bestehen der Juristischen Gesellschaft zu Berlin, 1984, S. 431 ff. (450f.); dens., Über Staatsziele, DÖV 1993, S. 368ff. (370f.).

[417] Herzog, in: Maunz/Dürig, GG, Art. 80 RN 19.

[418] Vgl. Herzog, aaO, FN 23.

[419] Bei Fehlen einer Kausalvereinbarung, vgl. BGHZ 110, 363 (367).

[420] Vom 23. 9. 1990 (BGBl. II S. 885).

[421] Vgl. hierzu im einzelnen Merten, Grundfragen des Einigungsvertrages unter Berücksichtigung beamtenrechtlicher Probleme, 1991, S. 50ff.

Denn das Grundgesetz kann gemäß Art. 79 Abs. 1 Satz 1 nur durch ein Gesetz geändert werden, das den Wortlaut des Grundgesetzes ausdrücklich ändert oder ergänzt. Diesem Gebot der Verfassungs*text*änderung hat der Einigungsvertrag lediglich in seinem Art. 4 in Verbindung mit Art. 1 Satz 1 des Einigungsvertragsgesetzes Rechnung getragen. Deshalb genießt er auch nur insoweit Verfassungsrang, während er im übrigen, wie auch sein Art. 45 Abs. 2 ausweist, einfaches Bundesrecht ist.

Daran vermag auch der Umstand nichts zu ändern, daß der Einigungsvertrag sein zweites Kapitel mit „Grundgesetz" überschreibt. Denn der Gesetzgeber kann das grundgesetzliche Gebot der Verfassungstextänderung nicht dadurch unterlaufen, daß er Normen als Grundgesetzänderungen oder -zusätze tituliert. Vielmehr muß er diese (mit der erforderlichen Mehrheit nach Art. 79 Abs. 2 GG) in den Grundgesetztext selbst inkorporieren. Im übrigen mangelt der Kapitelüberschrift des Einigungsvertrages die Eindeutigkeit. Aus ihr ist nicht zu entnehmen, daß alle Bestimmungen in Kapitel II EV Verfassungsqualität haben sollen, sondern sie kann auch dahin verstanden werden, daß die Bestimmungen lediglich einen thematischen Bezug zum Grundgesetz aufweisen. Für diese Interpretation spricht insbesondere Art. 5 EV, der Empfehlungen für künftige Verfassungsänderungen enthält und schon deshalb keine verfassungsrechtliche Norm, sondern lediglich verfassungspolitische Erwägung sein kann. Verfassungsqualität hat daher weder Kapitel II EV noch gar der Einigungsvertrag insgesamt, sondern lediglich Art. 4 EV. Folgerichtig heißt es daher auch in der Begründung zum Einigungsvertragsgesetz[422], daß die Zustimmung zum Einigungsvertrag mit qualifizierter Mehrheit erforderlich sei, weil der Vertrag in Art. 4 Änderungen des Grundgesetzes enthalte.

c) Zur Abänderbarkeit des bundesrechtlich geltenden Einigungsvertrages

aa) Der Doppelcharakter des Einigungsvertrages

Durch das Einigungsvertragsgesetz[423] ist der quasi-völkerrechtliche Einigungsvertrag zwischen der Bundesrepublik Deutschland und der Deutschen Demokratischen Republik transformiert und dem Vertragsinhalt die Geltung als innerstaatliches deutsches Recht verliehen worden[424]. Damit hat der Einigungsvertrag mit Ausnahme seines Art. 4 ebenso wie das Einigungsvertragsgesetz den Rang eines einfachen (förmlichen) Bundesgesetzes[425]. Der als Bundesrecht

---

[422] BT-Drucks. 11/7760, S. V ff.

[423] Vom 23. 9. 1990 (BGBl. II S. 885); auch abgedr. bei Stern/Schmidt-Bleibtreu, Einigungsvertrag, S. 185 ff.

[424] Vgl. BVerfGE 1, 396 (411); BVerwGE 35, 262 (265 f.); Klaus Stern, Das Staatsrecht der Bundesrepublik Deutschland, Bd. I, 2. Aufl., 1984, S. 505 f. Wilhelm G. Grewe, HStR III, 1988, § 77 RN 60.

geltende Einigungsvertrag ist im Verhältnis zum Renten-Überleitungsgesetz nicht lex superior und nicht gegen Änderungen durch Bundesgesetz gefeit, sondern unterliegt wie anderes Bundesrecht der lex posterior-Regel[426].

Dieser Doppelcharakter wird teilweise in der sozialgerichtlichen Rechtsprechung verkannt. Nach Auffassung des *Sozialgerichts Berlin*[427] und des *Sozialgerichts Cottbus*[428] ist es dem Bundesgesetzgeber nicht gestattet, „vom Einigungsvertrag schlichtweg *abzuweichen*, ohne diesen Vertrag ausdrücklich zu *ändern*". Zwar ist dieser Rechtsprechung zuzugeben, daß der innerstaatliche Gesetzgeber einen völkerrechtlichen oder quasi-völkerrechtlichen Vertrag nicht einseitig abändern kann. Da jedoch völkerrechtliches Vertragsrecht im Außenverhältnis und innerstaatliches Recht im Innenverhältnis strikt auseinander zu halten sind[429], ist der innerstaatliche Gesetzgeber *formal* nicht gehindert, in Bundesrecht transformiertes völkerrechtliches Vertragsrecht zu modifizieren. Dadurch wird der völkerrechtliche oder quasi-völkerrechtliche Vertrag *unmittelbar* ebensowenig angetastet wie durch eine verfassungsgerichtliche Nichtigerklärung des Zustimmungsgesetzes[430].

bb) Die Derogationsbefugnis des Gesetzgebers

Entgegen der sozialgerichtlichen Rechtsprechung enthält der zum (einfachen) Bundesrecht gewordene Einigungsvertrag keine Derogationsbeschränkungen und durfte sie auch nicht enthalten. Art. 45 Abs. 2 EV stellt lediglich deklaratorisch klar, daß der Vertrag „nach Wirksamwerden des Beitritts als Bundesrecht geltendes Recht" bleibt. Damit soll offensichtlich nur der These vorgebeugt werden, daß der Einigungsvertrag nach der Wiedervereinigung wegen Zweckerreichung gegenstandslos sei.

Dieses Argument wäre allerdings ohnehin nicht schlüssig, da der Einigungsvertrag nicht nur die Wiedervereinigung Deutschlands bewirken, sondern auch die Übernahme des Bundesrechts sowie die Fortgeltung des Rechts der ehemaligen DDR einschließlich von Übergangsregelungen und Übergangsfristen regeln soll, weshalb der Vertragszweck vorläufig noch nicht erreicht sein kann. Im übrigen ist die Geltung der Rechtsregel „cessante ratione legis cessat ipsa lex"

---

[425] Vgl. statt aller Stern, aaO, S. 506 m.w.N.
[426] Deshalb kann Art. 40 § 4 des Gesetzes zur Umsetzung des Föderalen Konsolidierungsprogramms – FKPG – vom 23.6.1993 (BGBl. I S. 944) als einfaches Bundesrecht die Nichtanwendung bestimmter Vorschriften des Einigungsvertrages anordnen.
[427] Urt. vom 4.3.1992 (S 8 Z-An 135/91), SGb. 1992, S. 521 ff.
[428] Urt. vom 13.4.1992 (S 3 An 10/92); vgl. hierzu den Bericht von Michael Mutz und Ralf-Peter Stephan, Aktuelle Probleme des AAÜG, DA 1992, S. 281 ff. (288).
[429] Vgl. in diesem Zusammenhang auch Merten, Grundfragen des Einigungsvertrages unter Berücksichtigung beamtenrechtlicher Probleme, 1991, S. 49.
[430] Vgl. auch BVerfGE 29, 348 (358 f.).

wegen der rechtsstaatlichen Prinzipien der Rechtssicherheit und Vorhersehbarkeit ohnehin fragwürdig[431].

Nach der von beiden Vertragsparteien gebilligten Begründung zum Einigungsvertrag[432] soll Art. 45 Abs. 2 EV klarstellen, „daß das hierdurch geschaffene Bundesrecht durch den Bundesgesetzgeber geändert werden kann". Soweit dabei dem künftigen Gesetzgeber aufgegeben wird, die im Vertrag vorgesehenen Regelungen zu beachten, durch die besondere Rechte auf Dauer garantiert werden oder durch die besondere Fristen vereinbart worden sind, findet sich hierfür im Vertragswortlaut kein Anhaltspunkt. Mag auch anders als bei der Gesetzesinterpretation, die einen im Gesetzeswortlaut „objektivierten" Niederschlag des gesetzgeberischen Willens verlangt[433], im Völkerrecht der subjektive Wille der Vertragsparteien, sofern er im Zusammenhang mit dem Vertragstext zum Ausdruck kommt[434], stärker zu berücksichtigen sein[435], so kann er doch innerstaatlich grundgesetzlich verankerte Derogationsregeln nicht außer Kraft setzen oder durchbrechen.

Da nach Art. 20 Abs. 3 GG nur die gesetzesanwendenden Staatsgewalten an „Gesetz und Recht", die Gesetzgebung aber lediglich an die verfassungsmäßige Ordnung gebunden ist, hat die lex-posterior-Regel Verfassungsrang. Hätten die Vertragsparteien die Abänderbarkeit des Einigungsvertrages mit innerstaatlicher Wirkung beschränken wollen, so hätten sie zusätzliche Bestimmungen in Verfassungsrang erheben oder die legislatorische Derogationsbefugnis hinsichtlich des Einigungsvertrages gegebenenfalls im Wege einer verfassungsgesetzlichen Übergangsregelung limitieren müssen. Ohne eine derartige Vorkehrung mag der Wille der Vertragsparteien zwar für den quasi-völkerrechtlichen Vertrag von Bedeutung sein, hat jedoch für den Vertrag als transformiertes innerdeutsches Recht keine rechtsverbindliche Wirkung, sondern nur den Charakter eines politischen Appells an den Gesetzgeber. Dieser mag wegen der politischen Bedeutung des Einigungsvertrages oder um eine Diskrepanz zwischen innerstaatlichem Recht und quasi-völkerrechtlichen Pflichten zu vermeiden, von späteren Modifikationen absehen, ohne hierzu innerstaatlich verpflichtet zu sein.

Kein einfaches Gesetz kann sich wegen der in Art. 20 Abs. 3 GG verankerten Derogationsbefugnis des Gesetzgebers pro futuro die Wirkung beilegen, daß spätere Gesetze nicht von ihm abweichen dürfen. Deshalb ist die These des *Sozialgerichts Berlin*[436], der Bundesgesetzgeber dürfe ohne ausdrückliche Än-

---

[431] Hierzu Merten, Grundfragen des Einigungsvertrages, S. 13 m. w. N.

[432] Vgl. Denkschrift zum Einigungsvertrag, BT-Drucks. 11/7760, S. 355 ff.; auch abgedr. bei Stern/Schmidt-Bleibtreu, Einigungsvertrag, S. 119 ff.

[433] Vgl. BVerfGE 1, 299 (312); 10, 234 (244); st. Rspr.

[434] Vgl. Art. 31 der Wiener Vertragsrechtskonvention.

[435] Hierzu Alfred Verdross/Bruno Simma, Universelles Völkerrecht, 3. Aufl., 1984, § 777, S. 492.

[436] SGb. 1992, S. 521 ff. (523).

B. Die Eigentumsgarantie des Art. 14 GG

derung des Einigungsvertrages von diesem nicht schlicht abweichen, weil dies nach der Denkschrift weder vom Wortlaut noch von der systematischen Stellung oder dem Sinn und Zweck der Regelungen gedeckt sei, mit der Verfassung nicht vereinbar.

Solange die rechtsstaatliche Berechenbarkeit des Rechts[437] nicht leidet, ist der Gesetzgeber grundsätzlich nicht gehalten, jede materielle Derogation auch formell oder explizit auszuweisen. Eine verfassungsgesetzliche Ausnahme besteht nach Art. 79 Abs. 1 Satz 1 GG für die Verfassung, die wegen des Gebots der Verfassungstextänderung nicht implizit geändert oder ergänzt werden darf. In diesen Zusammenhang gehört auch das Zitiergebot des Art. 19 Abs. 1 Satz 2 GG, wonach bei gesetzlichen Grundrechtseinschränkungen das Grundrecht unter Angabe des Artikels genannt werden muß.

Die grundsätzliche Freiheit des Gesetzgebers zu impliziter Derogation ist lediglich dann eingeschränkt, wenn ein Gesetz spätere Anpassungs- oder Ausführungsregelungen vorsieht und wegen der politischen Bedeutung dafür nicht die Verordnungs-, sondern die Gesetzesform wählt, wie dies bei der Besoldungsanpassung und früher bei der Rentenanpassung[438] geschehen ist. In diesem Falle muß sich der Gesetzgeber, solange er sich als Anpassungs- oder Ausführungsgesetzgeber geriert, an das vorgegebene System halten und darf es nicht durchbrechen. Soll das System aufgegeben oder modifiziert werden, muß die Legislative schon wegen der rechtsstaatlichen Postulate der Gesetzeswahrheit und Titelklarheit[439] sowie der demokratischen Erfordernisse der Willensbildungstransparenz und Parlamentsverantwortlichkeit die Rolle des Anpassers aufgeben und ihren plein pouvoir reklamieren, aber auch demonstrieren[440]. Eine explizite Änderung des früheren Gesetzes ist jedoch auch dann nicht erforderlich, so daß eine implizite Modifikation reicht.

d) Formelle und materielle Abänderbarkeit von Gesetzen

Die formelle Abänderbarkeit von Gesetzen besagt als solche nichts über die materielle Abänderbarkeit, so daß die lex-posterior-Regel dem späteren Gesetzgeber nicht auch inhaltliche Gestaltungsfreiheit einräumt. Wenn Art. 20 Abs. 3 GG den Gesetzgeber auf die verfassungsmäßige Ordnung verpflichtet, so folgt daraus zwar die formelle Änderungsbefugnis, aber auch eine materielle Bindung, wie sie durch Verfassungsstrukturprinzipien und Grundrechte bewirkt wird.

---

[437] Hierzu auch Hans Schneider, Gesetzgebung, 2. Aufl., 1991, RN 555.
[438] Vgl. § 1272 Abs. 1 RVO; jetzt §§ 65, 69 Abs. 1 SGB VI.
[439] Hierzu Merten, in: Freiheit und Verantwortung im Verfassungsstaat, Festgabe zum zehnjährigen Jubiläum der Gesellschaft für Rechtspolitik, 1984, S. 295 ff.
[440] Zum Verhältnis von Auftrags- und Ausführungsgesetz Merten, in: Öffentlicher Dienst, Ule-Festschrift, 1977, S. 367 ff.

Soweit im Einigungsvertrag der ehemaligen DDR oder ihren Bewohnern Rechte eingeräumt wurden, kann der Bundesgesetzgeber *inhaltlich* insbesondere aus Gründen rechtsstaatlichen Vertrauensschutzes oder grundrechtlicher Freiheitsgarantie gehindert sein, sich darüber hinwegzusetzen. Neben diese verfassungsrechtliche Schranke tritt die völkervertragsrechtliche Regel der Vertragstreue, die allerdings unter dem Vorbehalt der clausula rebus sic stantibus steht[441].

Durch die vorgesehene Rechtsverordnung sollte jedoch ersichtlich kein Recht auf diese Rechtsquellenstufe begründet werden. Deshalb wird der Einigungsvertrag infolge der Auswechslung der Rechtsverordnung durch ein Bundesgesetz nicht verletzt, und ist auch die sonstige Abweichung des Renten-Überleitungsgesetzes vom Einigungsvertrag nicht aus *formellen* Gründen verfassungswidrig.

2. Unvereinbarkeit des § 10 Abs. 1 AAÜG mit Art. 14 GG

§ 10 Abs. 1 AAÜG ist inhaltlich mit Art. 14 GG unvereinbar.

a) Die Modifizierung der Zahlbetragsgarantie durch eine Zahlbetragsbegrenzung

§ 10 Abs. 1 AAÜG [442] limitiert die Summe der Zahlbeträge aus gleichartigen Renten der Rentenversicherung und Leistungen der Versorgungssysteme je nach Zugehörigkeit zu den unterschiedlichen Versorgungssystemen für Versichertenrenten auf DM 2010,– bzw. DM 2700,–[443]. Soweit die bisherigen individuellen Zahlbeträge die pauschal-kollektiven Höchstbeträge übersteigen, werden sie gekappt.

Im Unterschied zu der insoweit irreführenden Paragraphenüberschrift[444] ist die Begrenzung keine „vorläufige", die nur eingeführt wurde, „um eine Überzahlung bei Renten zu vermeiden"[445]. Die Regelung bewirkt vielmehr, worauf auch das *Bundessozialgericht*[446] hinweist, für die davon Betroffenen eine endgültige (Teil-)Entziehung des Anspruchs, weil spätere Nachzahlungen weder vorgesehen noch zugelassen sind. § 10 Abs. 1 AAÜG führt dazu, daß der durch

---

[441] Vgl. BVerfGE 34, 216 (230); E. Klein, in: Fischer/Haendcke-Hoppe-Arndt, Auf dem Weg zur Realisierung der Einheit Deutschlands, 1992, S. 44 f.

[442] I.d.F. des Art. 3 Nr. 6 Rü-ErgG vom 24.6.1993 (BGBl. I S. 1038); siehe hierzu im einzelnen oben S. 22 f.

[443] Für Witwen-, Witwer- und Waisenrenten sind teilweise besondere Höchstbeträge vorgesehen; vgl. hierzu auch oben FN 47, 48, 50.

[444] Sie rügt auch das BSG, E 72, 50 (58 f.).

[445] So irrig der Abg. Kauder (CDU/CSU) in der 156. Sitzung des 12. Deutschen Bundestages vom 30.4.1993, Plenarprotokoll 12/156, S. 13321 (B).

[446] AaO.

B. Die Eigentumsgarantie des Art. 14 GG

die Zahlbetragsgarantie gesicherte individuelle soziale Status quo teilweise erheblich geschmälert wird. Dabei werden diejenigen Versorgungsberechtigten systemnotwendig am härtesten betroffen, für die die individuelle Zahlbetragsgarantie am bedeutsamsten war, weil ihre Versorgungsrechte und -anwartschaften infolge der Versorgungsüberführung gekürzt wurden. Dieser Personenkreis wird von der Kappung des § 10 Abs. 1 AAÜG erst dann nicht mehr berührt, wenn die neu berechneten Renten infolge laufender Rentenanpassungen die Höchstbeträge übersteigen, was um so länger dauern muß, je stärker der im Einigungsvertrag garantierte Zahlbetrag und die Versichertenrenten nach Neuberechnung und Umwertung der Versorgungsleistungen auseinanderklaffen.

b) Zulässigkeit der Höchstbetragsregelung infolge Kürzungsvorbehalts?

Da der Einigungsvertrag nur gewährleistete, daß „bei der Anpassung nach Satz 3 Nr. 1 der Zahlbetrag" für Juli 1990 nicht unterschritten werden durfte, schützte die Zahlbetragsgarantie von vornherein nicht vor einer Kürzung oder Aberkennung von Leistungen, „wenn der Berechtigte oder die Person, von der sich die Berechtigung ableitet, gegen die Grundsätze der Menschlichkeit oder Rechtsstaatlichkeit verstoßen oder in schwerwiegendem Maße ihre Stellung zum eigenen Vorteil oder zum Nachteil anderer mißbraucht" hatte[447].

Dieser Vorbehalt rechtfertigt jedoch nicht die Höchstbetragsregelung des § 10 Abs. 1 AAÜG. Schon der Wortlaut des Einigungsvertrags legt nahe, daß die Kürzung oder Aberkennung jeweils einen einzelnen Berechtigten bzw. eine Person, von der sich die Berechtigung ableitet, treffen soll. Unbeschadet dessen bedürfte sie wegen des intensiven Freiheitseingriffs aus rechtsstaatlichen Gründen der Feststellung individueller Schuld in einem Verfahren mit rechtsstaatlichen Kautelen[448].

So ist auch in anderen Gesetzen, die Sanktionen an einen Verstoß gegen die Grundsätze der Menschlichkeit oder der Rechtsstaatlichkeit sowie an einen schwerwiegenden Funktionsmißbrauch knüpfen, eine Prüfung im Einzelfall und die Aufrechterhaltung gerichtlichen Rechtsschutzes vorgesehen. Entschädigungsrenten können gemäß § 5 des Gesetzes über Entschädigung für Opfer des Nationalsozialismus im Beitrittsgebiet[449] versagt, gekürzt oder aberkannt werden, wenn der jeweilige Berechtigte derartige Verstöße begangen hat, worüber in einem individuellen Verfahren entschieden wird. Wegen Verstoßes gegen Grundsätze der Menschlichkeit oder der Rechtsstaatlichkeit können ehrenamtliche Richter von ihrem Amt abberufen werden. Unter denselben Voraussetzungen können Notare ihres Amtes enthoben werden, wenn der Verstoß „im Zusammen-

---

[447] Anl. II Kap. VIII Sachgeb. H Abschn. III Nr. 9 lit. b Satz 3 Nr. 2 EV.
[448] Hierzu oben S. 33 ff.
[449] Vom 22. 4. 1992 (BGBl. I S. 906).

hang mit einer Tätigkeit als hauptamtlicher oder inoffizieller Mitarbeiter des Staatssicherheitsdienstes" erfolgte. Unter ähnlichen Voraussetzungen ist die Zulassung eines Rechtsanwalts zu widerrufen oder zurückzunehmen, wenn dieser sich eines derartigen Verhaltens schuldig gemacht hat[450].

Nach § 26 Abs. 6 des Thüringer Jagdgesetzes[451] ist Personen, die gegen die Grundsätze der Menschlichkeit oder Rechtsstaatlichkeit verstoßen haben, der Jagdschein zu versagen bzw. nach vorheriger Einzelfallprüfung der Jagdschein zu entziehen[452]. In beiden Fällen steht den Betroffenen der verwaltungsgerichtliche Rechtsschutz zu. Schließlich setzt auch das Ruhen von Ansprüchen aus Sonder- und Zusatzversorgungssystemen gemäß §§ 2ff. VersRG[453] ein individuelles Verfahren voraus. Für Streitigkeiten steht der sozialgerichtliche Rechtsweg offen.

Unbeschadet fehlender Schuldfeststellung in einem rechtsstaatlichen Verfahren kann der Kürzungsvorbehalt des Einigungsvertrages § 10 Abs. 1 AAÜG nicht rechtfertigen, weil dieser alle Versorgungsberechtigten betrifft, sofern deren garantierte Zahlbeträge die Höchstbeträge der Gesetzesbestimmung überschreiten. Eine Kollektivdiskriminierung aller Versorgungsberechtigten wäre aber rechtsstaatlich evident unzulässig, worauf das *Bundessozialgericht*[454] hinweist, zumal etwa zwei Drittel der in Zusatzversorgungen erfaßten Beschäftigungen keine spezifische Regimenähe aufwiesen[455].

Um der Qualifizierung des § 10 AAÜG als eines „blanken politischen Machtspruchs im Sinne einer Kollektivbestrafung, Kollektivdisziplinierung oder gar der politischen Rache"[456] zu entgehen, hat das *Bundessozialgericht* § 10 Abs. 1 AAÜG in einer seiner Auffassung nach erforderlichen verfassungs- und gesetzeskonformen Interpretation dahin umgedeutet, daß die Begrenzung von Zahlbeträgen nicht für alle Versorgungsberechtigten, sondern nur für die von § 6 Abs. 2 und 3 AAÜG Betroffenen gelten soll. Ob diese wortlautübersteigende Restriktion gerechtfertigt war, kann dahingestellt bleiben, da der Gesetzgeber in Kenntnis dieser Rechtsprechung und in Auseinandersetzung mit ihr der Auffassung des *Bundessozialgerichts* nicht gefolgt ist, sondern die vom Gericht als

---

[450] Vgl. §§ 10, 8, 1 ff. des Gesetzes zur Prüfung von Rechtsanwaltszulassungen, Notarbestellungen und Berufungen ehrenamtlicher Richter vom 24. 7. 1992 (BGBl. I S. 1386); vgl. auch Herbert Bültmann, Stasi-Verbindungen als Grund für den Widerruf der Bestellung zum Steuerberater, DStR 1993, S. 1383 ff.

[451] Vom 11. 11. 1991 (GVBl. S. 571).

[452] Vgl. in diesem Zusammenhang auch den Entwurf eines Gesetzes zur Änderung des Waffengesetzes und des Bundesjagdgesetzes (BT-Drucks. 12/1171) sowie den Beschluß des OVG Berlin vom 23. 12. 1992 (OVG 1 S 106/92).

[453] Vgl. hierzu oben S. 23 f.

[454] E 72 50 (74) = SGb. 1993, S. 435 ff. (444 r. Sp. unten).

[455] BSGE, aaO.

[456] So BSGE 72, 50 (75).

B. Die Eigentumsgarantie des Art. 14 GG

„rechtsstaatlich evident unzulässige Kollektivdiskriminierung" im Rentenüberleitungs-Ergänzungsgesetz fortgesetzt hat.

Zwar hat dieses Gesetz den bisherigen Höchstbetrag von DM 2010,- um einen weiteren von DM 2700,- für Zahlbeträge aus Sozialversicherungsrenten und Leistungen aus den Zusatzversorgungssystemen nach Anl. 1 Nr. 1 oder 4 bis 18 AAÜG ergänzt. Es hat jedoch die Ansicht des *Bundessozialgerichts* nicht geteilt, daß aus verfassungsrechtlichen Gründen Höchstbeträge nur für solche Versorgungsansprüche zulässig sind, die auf politischer Begünstigung beruhen, also politische Privilegien sind[457].

Da § 10 Abs. 1 AAÜG (i.V.m. Abs. 2) nach wie vor dem Grunde nach alle Versorgungsansprüche ohne Rücksicht darauf erfaßt, ob die Berechtigten gegen die Grundsätze der Menschlichkeit oder Rechtsstaatlichkeit verstoßen haben oder zumindest eine Vermutung hierfür besteht, kann er in seiner Allgemeinheit nicht vom Kürzungsvorbehalt des Einigungsvertrages gedeckt sein.

c) Beschränkungsmöglichkeiten nach Art. 14 GG

aa) Kürzungen zum „Zweck des Gemeinwohls"?

Da die Zahlbetragsgarantie als abstraktes Versprechen den Schutz des Art. 14 Abs. 1 Satz 1 GG genießt und damit von den zugrunde liegenden Versorgungsansprüchen und -anwartschaften losgelöst ist, kann es auf die Eigenleistung der Berechtigten nicht ankommen. Dennoch sind öffentlich-rechtliche Vermögensansprüche nicht unantastbar, weil auch ihr Inhalt und ihre Schranken durch die Gesetze bestimmt werden können (Art. 14 Abs. 1 Satz 2 GG).

Für die gesetzliche Rentenversicherung hat das *Bundesverfassungsgericht*[458] Eingriffe zur Bewahrung, Verbesserung oder Veränderung der Funktions- und Leistungsfähigkeit des Systems im Interesse aller zugelassen. Ob diese Rechtsprechung auf eine Beschränkung der Zahlbetragsgarantie ohne weiteres übertragbar ist, kann dahinstehen, weil die vom Gericht genannten Voraussetzungen für einen derartigen Eingriff fehlen. Die Höchstbetragsregelung kann die Funktions- und Leistungsfähigkeit der gesetzlichen Rentenversicherung nicht erhalten oder verbessern, weil nach Art. 20 Abs. 2 Satz 4 des Staatsvertrages den Rentenversicherungsträgern die durch die Ansprüche und Anwartschaften aus den Versorgungssystemen entstehenden Mehraufwendungen durch den Staatshaushalt erstattet werden[459].

Zwar hat das *Bundesverfassungsgericht*[460] Leistungskürzungen auch für zulässig erklärt, sofern sie einem „Zweck des Gemeinwohls" dienen und dem

---
[457] BSGE 72, 50 (64); BSG Urt. vom 23. 3. 1993 (4 RA 26/92), BB 1994, S. 508.
[458] E 53, 257 (293).
[459] Vgl. auch Anl. II Kap. VIII Sachgeb. H Abschn. 3 Nr. 9 lit.d Satz 2 EV.

Verhältnismäßigkeitsprinzip entsprechen. Sachgerechte, insbesondere rational nachvollziehbare Gründe des Gemeinwohls, die die teilweise drastische Reduzierung der Zahlbetragsgarantie rechtfertigen, hat jedoch weder der Sozialgesetzgeber angeführt, noch sind sie sonst ersichtlich.

So weist die Amtliche Begründung zu § 10 AAÜG lediglich darauf hin, daß die neuen Regelungen „die bisherigen Besitzschutzregelungen des Einigungsvertrags" ablösen, „nach denen Personen, die am 3. Oktober 1990 leistungsberechtigt waren oder bis zum 30. Juni 1995 leistungsberechtigt werden, der für Juli 1990 zu zahlende Betrag geschützt wurde"[461]. Es fehlt jedoch an dieser Stelle jeder Hinweis darauf, aus welchen Gründen die Besitzschutzregelung nicht nur abgelöst, sondern erheblich eingeschränkt wird.

Im Allgemeinen Teil der Begründung heißt es, „daß die Einhaltung der Vorgaben des Einigungsvertrages zu nicht sachgerechten und zu nicht nur sozialpolitisch unvertretbaren Ergebnissen führen müßte"[462]. Die Beibehaltung der Besitzschutzregelung wird als „völlig unvertretbar" bezeichnet, weil sie die „Weiterzahlung und Neubewilligung von Leistungen bis zum Mehrfachen der Höchstrente aus der Rentenversicherung" zur Folge hätte und dies vor allem auch Personen beträfe, „die unter den politischen Rahmenbedingungen der ehemaligen DDR in hohe und höchste Funktionen aufsteigen konnten und deren Versorgungsansprüche sich teilweise ausschließlich auf Ministerratsbeschlüsse – ohne Rechtsgrundlage in der jeweiligen Versorgungsordnung – stützen"[463].

In diesem Zusammenhang bleibt unerwähnt, daß schon durch § 23 Abs. 2 des DDR-Rentenangleichungsgesetzes[464] zusätzliche Versorgungen aus bestimmten Versorgungssystemen (für hauptamtliche Mitarbeiter von Parteien, gesellschaftlichen Organisationen, der Gesellschaft für Sport und Technik, für Mitarbeiter des Staatsapparates, Generaldirektoren der zentral geleiteten Kombinate und gleichgestellter zentral geleiteter Wirtschaftsorgane) sowie Versorgungsbezüge aus den Sonderversorgungssystemen des ehemaligen Ministeriums für nationale Verteidigung ab 1. Juli 1990 nur maximal in Höhe von DM 1500,- gezahlt wurden[465]. Da dieses Gesetz nicht an den Grundrechten des Grundgesetzes gemessen werden kann, wirkt es sich unmittelbar auf die Zahlbetragsgarantie aus, da der Einigungsvertrag auf den Betrag abstellt, „der für Juli 1990 aus der Sozialversicherung und dem Versorgungssystem zu erbringen war".

---

[460] BVerfGE, aaO.

[461] BR-Drucks. 197/91, S. 148 zu § 10.

[462] AaO, S. 113.

[463] AaO.

[464] Gesetz zur Angleichung der Bestandsrenten an das Nettorentenniveau der Bundesrepublik Deutschland und zu weiteren rentenrechtlichen Regelungen vom 28.6.1990 (GBl. S. 495).

[465] Siehe hierzu auch Bienert, ZSR 1993, S. 356f.

B. Die Eigentumsgarantie des Art. 14 GG

Darüber hinaus war gerade für Personen „in hohen und höchsten Funktionen" zusätzlich ein Aberkennungs- und Kürzungsvorbehalt in den Einigungsvertrag aufgenommen worden, um bei Verstößen gegen die Grundsätze der Menschlichkeit oder Rechtsstaatlichkeit sowie bei einem Funktionsmißbrauch trotz der Zahlbetragsgarantie Sanktionen zu ermöglichen. Wenn die Bundesrepublik Deutschland dennoch in Kenntnis der im Einigungsvertrag ausdrücklich erwähnten „ungerechtfertigten" und „überhöhten" Leistungen, die zu einer Versorgungsreduzierung führen sollen, eine zusätzliche Zahlbetragsgarantie vereinbart hat, kann sie dieses vom Eigentumsschutz erfaßte abstrakte Versprechen nicht ohne weiteres in sozialpolitischer Vordergründigkeit widerrufen.

Das von der Amtlichen Begründung benutzte Menetekel des Parteifunktionärs in höchster Stellung mit einem Mehrfachen der Höchstrente aus der Rentenversicherung ist einseitig und überzeichnet. Zum einen ist die Versorgung dieses Personenkreises in der Regel schon von der DDR drastisch reduziert worden. Zum anderen betreffen gerade die höchsten Versorgungsleistungen, die nur in 15 Fällen mehr als DM 5000,- im Monat betragen, die wissenschaftliche und künstlerische Intelligenz, die mit diesen „Bleibeprämien" bei Auslandsberufungen in der DDR gehalten werden sollte[466].

Als eingriffslegitimierender Zweck des Gemeinwohls verbleibt allein die Entlastung des mit Steuermitteln zu finanzierenden Staatshaushalts. Nun ließe sich mit dem Argument, daß eine Kürzung staatlicher Ausgaben dem Staatshaushalt zugutekomme, jede Grundrechtsbeschränkung legitimieren, wobei die Entlastung um so effektiver wäre, je rigoroser und drastischer sich der Eingriff gestaltet. Um einer aus diesem Grunde drohenden Eigentumsgefährdung zu begegnen, hat das *Bundesverfassungsgericht*[467] Beschränkungen von Rentenansprüchen und -anwartschaften zusätzlich und kumulativ an die Schrankenschranke der Verhältnismäßigkeit gebunden.

bb) Die Schrankenschranke der Verhältnismäßigkeit

Gerade für Art. 14 GG und den Schutz sozialrechtlicher Positionen ist das den Grundrechten immanente, nach herrschender Auffassung auch im Rechtsstaatsgrundsatz verankerte Verhältnismäßigkeitsprinzip beachtlich[468]. Das ihm innewohnende „Gebot des Interventionsminimums" verbietet Eingriffe, wenn derselbe Erfolg mit einer weniger schweren Maßnahme zu erzielen wäre[469]. Deshalb muß der Gesetzgeber trotz des ihm zustehenden weiten Gestaltungsspielraums[470]

---

[466] So Franz Ruland, DRV 1991, S. 518 ff. (530).
[467] E 53, 257 (293).
[468] Vgl. BVerfGE 70, 101 (111).
[469] BVerfGE 81, 156 (192 f.).
[470] Vgl. BVerfGE 81, 156 (192 f.); 77, 84 (106); 53, 135 (145).

sorgfältig die jeweils vorhandene Eingriffsskala[471] im Auge haben, unnötige Schärfen vermeiden und die schonendste Beschränkung wählen[472].

aaa) Das Erforderlichkeitsprinzip

Schon die Erforderlichkeit der Höchstbetragsbegrenzung erscheint zweifelhaft. Im Unterschied zu der Vielzahl der Versicherten in der gesetzlichen Rentenversicherung ist der Kreis der Versorgungsberechtigten deutlich kleiner. So gab es in der ehemaligen DDR weniger als 400 000 Personen, die Leistungen aus Zusatz- oder Sonderversorgungssystemen bezogen[473]. Da die Zusatzversorgungsrenten zum Zeitpunkt der Umstellung in etwa der Hälfte der Fälle nicht mehr als 200,- M betrugen[474], sind nur wenige Versorgungsberechtigte von der Höchstbetragsregelung betroffen. So bezogen nach einer jüngeren Statistik nur 8000 Versicherte eine Rente mit Zusatzversorgung über DM 1600,-[475]. Angesichts der Gesamtausgaben für Sozialversicherungsrenten sind die durch § 10 Abs. 1 AAÜG bewirkten Einsparungen daher marginal.

Zudem ist die Entlastung in vielen Fällen nur scheinbar und nicht effektiv. Da sich durch die Rentenerhöhungen infolge der Rentenanpassungen die Differenz zwischen Rentenbetrag und Zahlbetrag verringert, müssen sich mit jeder Rentenanpassung systemnotwendig die Ausgaben infolge der Zahlbetragsgarantie verringern, so daß die finanzielle Entlastung durch § 10 Abs. 1 AAÜG immer geringer wird. So hat bei den 8000 Versicherten, die Renten mit Zusatzversorgung von über DM 1600,- bezogen, die Rentenanpassung zum 1.7.1993 in 95 v.H. aller Fälle nicht zu einer Erhöhung des Zahlbetrages geführt. Deswegen erscheint die Erforderlichkeit des § 10 Abs. 1 AAÜG fragwürdig, weil es sich bei der Zahlbetragsgarantie um eine ihrer Natur nach vorübergehende und sich mit jeder Rentenanpassung insgesamt verringernde Ausgleichsmaßnahme handelt.

bbb) Proportionalität und Zumutbarkeit

Die für den Staatshaushalt insgesamt bedeutungslose Entlastung geht mit einem schwerwiegenden Eingriff für den betroffenen Versorgungsberechtigten einher. Dabei bewirkt § 10 Abs. 1 AAÜG nicht nur eine einmalige Absenkung des individuell garantierten Zahlbetrages auf die gesetzlichen Höchstbeträge,

---

[471] Vgl. hierzu auch BVerfGE 66, 337 (354f.).
[472] Vgl. BVerfGE 63, 88 (115ff.).
[473] Vgl. hierzu oben S. 13ff.
[474] Vgl. oben S. 14.
[475] Nachweise bei Sabine Ohsmann/Ulrich Stolz, Zusatzversorgungssysteme, DAngVers. 1993, S. 162ff. (166 Tabelle 2).

sondern verringert kontinuierlich den Tauschwert der Sozialleistung im Gleichklang mit der Geldentwertung, weil die laufenden Rentenanpassungen nicht auch die Höchstbeträge erhöhen, sondern die Differenz zwischen der umgewerteten Rente und dem Zahlbetrag abschmelzen. Damit steht aber der Nutzen des Eingriffs für den Staat außer Verhältnis zu der damit verbundenen Belastung für den Bürger[476]. Die von der Zahlbetragsgarantie begünstigten Versorgungsberechtigten werden übermäßig und unzumutbar belastet[477].

cc) Unvereinbarkeit mit der Eigentumsgarantie

Die Gestaltungsfreiheit des Sozialgesetzgebers verengt sich nach Auffassung des *Bundesverfassungsgerichts*[478] zusätzlich in dem Maße, in dem Ansprüche „durch den personalen Bezug des Anteils eigener Leistung des Versicherten geprägt sind". Diese These bezieht sich auf die Änderung sozialversicherungsrechtlicher Faktoren, für deren Eigentumsschutz die „nicht unerhebliche Eigenleistung" essentiell ist[479]. Die These ist aber nicht ohne weiteres auf die von Art. 14 GG geschützte Zahlbetragsgarantie zu übertragen, die losgelöst von den ebenfalls durch den Einigungsvertrag geschützten Versorgungsansprüchen und -anwartschaften und für den Fall etwaiger Versorgungsreduzierungen den bisherigen sozialen Status quo aufrecht erhalten sollte.

Es liegt im Sinne einer abstrakten Garantie, daß sie nicht nachträglich unter Hinweis auf eine angeblich mangelhafte causa widerrufen werden kann. Im übrigen waren Versorgungszusagen in der ehemaligen DDR oft auch Surrogat für Lohnerhöhungen, weil die Bezüge nichtproduktiv Tätiger im „sozialistischen Staat der Arbeiter und Bauern"[480] aus ideologischen Gründen niedrig gehalten werden mußten[481]. Ob auf Grund der Rechtsprechung des *Bundesverfassungsgerichts* eine nachträgliche Beschränkung der Zahlbetragsgarantie in den Fällen möglich wäre, in denen die Versorgung nicht Äquivalent für eine Leistung, sondern für politische Willfährigkeit war, braucht nicht entschieden zu werden. Denn § 10 Abs. 1 AAÜG ordnet pauschal und ohne Nachprüfbarkeit im Einzelfall mittels der insbesondere der Finanzpolitik eigentümlichen „Rasenmähermethode" eine einheitliche Nivellierung an, wobei er lediglich zwischen den Höchstbeträgen von DM 2010,- und DM 2700,- differenziert.

---

[476] Vgl. hierzu BVerfGE 81, 156 (194); 44, 353 (373).

[477] Zur Zumutbarkeit vgl. BVerfGE 77, 1 (44); 74, 203 (214f.); 76, 220 (238); 67, 157 (178); 32, 54 (72); 13, 97 (113); ferner Fritz Ossenbühl, Zumutbarkeit als Verfassungsmaßstab, in: Freiheit und Verantwortung im Verfassungsstaat, Festgabe zum 10jährigen Jubiläum der Gesellschaft für Rechtspolitik, 1984, S. 316ff.

[478] E 53, 257 (293).

[479] Vgl. hierzu oben S. 70.

[480] Art. 1 Abs. 1 der DDR-Verfassung vom 9.4.1968 i.d.F. vom 7.10.1974.

[481] Vgl. Heinrich Seickert, DA 1992, S. 306ff. (307).

Diese Regelung verstößt insoweit gegen Art. 14 Abs. 1 Satz 1 GG, als sie die im Einigungsvertrag normierte und durch die Eigentumsfreiheit geschützte individuelle Zahlbetragsgarantie je nach Zugehörigkeit zu dem einzelnen Versorgungssystem generell auf DM 2700,- bzw. DM 2010,- begrenzt, ohne daß dies durch den Kürzungsvorbehalt im Einigungsvertrag für die Fälle eines Verstoßes gegen die Grundsätze der Menschlichkeit oder der Rechtsstaatlichkeit oder des Funktionsmißbrauchs gerechtfertigt ist oder von dem Schrankenvorbehalt des Art. 14 Abs. 1 Satz 2 GG gedeckt ist, der allenfalls einen erforderlichen, proportionalen und zumutbaren Eingriff unter Würdigung des personalen Bezugs bei der betroffenen öffentlich-rechtlichen Rechtsposition zuließe.[481a]

Zusätzlich verstößt § 10 Abs. 1 AAÜG gegen Art. 14 Abs. 1 GG, weil er keine Anpassung der einmal festgesetzten Höchstbeträge an die gestiegenen Lebenshaltungskosten vorsieht und damit dem Charakter der Zahlbetragsgarantie als einer Tauschwertgarantie nicht gerecht wird. Auch § 23 Abs. 5 des DDR-Rentenangleichungsgesetzes[482] hatte im Zusammenhang mit einer erheblichen Reduzierung vorgesehen, daß Rentenerhöhungen nur zur Hälfte auf den geschützten Zahlbetrag angerechnet werden sollten.

d) Abweichung von Grundrechten nach Art. 143 Abs. 1 GG n. F.

Zwar darf gemäß Art. 143 Abs. 1 GG n. F. Recht für das Beitrittsgebiet bis zum 31. Dezember 1992 von den Grundrechten des Grundgesetzes abweichen. Dies ist jedoch nur „soweit und solange" zulässig, wie infolge der unterschiedlichen Verhältnisse die völlige Anpassung an die grundgesetzliche Ordnung noch nicht erreicht werden kann. Die Ermächtigung mag für die Rentenversicherung von Bedeutung sein, wenn infolge des Arbeitsanfalls endgültige Bescheide noch nicht erteilt werden können oder der Rechtsschutz eingeschränkt werden muß. Im vorliegenden Fall ergibt sich die Abweichung vom Grundgesetz jedoch nicht als Folge unterschiedlicher Verhältnisse in beiden Teilen Deutschlands[483], sondern hat ihre Ursache in einer unverhältnismäßigen und übermäßigen Beschränkung durch den Gesetzgeber, obwohl dieser auf Grund der Regelungen im Staatsvertrag und im Einigungsvertrag angemessene und den spezifischen Verhältnissen in den neuen Bundesländern adäquate Regelungen hätte treffen können.

[481a] Einen Verfassungsverstoß bejaht auch das LSG Berlin (Vorlagebeschluß vom 14. 12. 1993, SGb. 1994, S. 180f.) für den Höchstbetrag von DM 2700,-, wenn das Arbeitsentgelt gemäß §6 Abs. 1 AAÜG zu berücksichtigen ist.
[482] Vom 28. 6. 1990 (GBl. I S. 495).
[483] Vgl. auch BVerfGE 84, 133 (145 sub C II, 156).

B. Die Eigentumsgarantie des Art. 14 GG

VII. Verfassungswidrigkeit des § 10 Abs. 2 AAÜG

Die für die Verfassungswidrigkeit des § 10 Abs. 1 AAÜG angeführten Gründe führen auch zur Unvereinbarkeit des § 10 Abs. 2 AAÜG mit Art. 14 GG.

Die Versorgungen des ehemaligen Ministeriums für Staatssicherheit/Amtes für Nationale Sicherheit waren schon durch § 2 des Gesetzes über die Aufhebung der Versorgungsordnung des ehemaligen Ministeriums für Staatssicherheit/Amtes für Nationale Sicherheit[484] der damaligen DDR gekürzt worden. Alters- und Invalidenrenten durften danach vorläufig den Höchstbetrag von DM 990,- nicht überschreiten. § 10 Abs. 2 AAÜG reduziert diese Höchstbeträge nochmals um 20 v.H. und begrenzt sie für Versichertenrenten auf DM 802,-.

Dieser starre und pauschale Höchstbetrag erreicht bei einem Zwei-Personen-Haushalt noch nicht einmal die Regelsätze der Sozialhilfe, die für einen Haushaltsvorstand und einen weiteren (erwachsenen) Haushaltsangehörigen in Rheinland-Pfalz ab 1. Juli 1994 DM 949,- betragen[485]. Die unterschiedlichen Lebenshaltungskosten in den alten und neuen Bundesländern sprechen nicht gegen diesen Vergleich, da die Höchstbeträge nach § 10 AAÜG auch dann nicht überschritten werden dürfen, wenn die Versorgungsberechtigten ihren Wohnsitz in die alten Bundesländer verlegen.

§ 10 Abs. 2 AAÜG verstößt gegen das im Staatsvertrag und im Einigungsvertrag verankerte Grundanliegen, die in den Versorgungssystemen erworbenen Ansprüche und Anwartschaften in die Rentenversicherung zu überführen. Denn diese Überführung ist dann eine lediglich formale und scheinbare, wenn die Leistungen selbst im Falle eines Berufslebens von üblicher Dauer und mit durchschnittlichen Verdiensten insbesondere bei weiterhin drastisch steigenden Lebenshaltungskosten zur Inanspruchnahme von Sozialhilfe nötigen.

Insbesondere ist die nochmalige Senkung des Höchstbetrages in § 10 Abs. 2 AAÜG mit dem Eigentumsschutz für die Zahlbetragsgarantie im Einigungsvertrag nicht vereinbar. Er ist in seiner Pauschalität und Rigorosität auch nicht durch den Kürzungsvorbehalt im Einigungsvertrag gerechtfertigt. Zwar wird die Anzahl von Verstößen gegen die Grundsätze der Menschlichkeit oder der Rechtsstaatlichkeit sowie des Amtsmißbrauchs im Ministerium für Staatssicherheit/ Amt für Nationale Sicherheit sicherlich höher gewesen sein als in anderen Bereichen, die für das Unrechtssystem weniger prägend waren. Dennoch kann angesichts von rd. 100 000 hauptamtlichen Mitarbeitern und der Funktionsbreite der einzelnen Abteilungen, die auch mit für dieses Ministerium unspezifischen Aufgaben (medizinischer oder technisch-organisatorischer Art) betraut waren[486],

---

[484] Vom 29.6.1990 (GBl. I S. 501).
[485] Vgl. Landesverordnung zur Festsetzung der Regelsätze nach dem Bundessozialhilfegesetz vom 7.9.1993 (GVBl. Rh.-Pf. 1993, S. 476).
[486] Hierzu unten S. 135 ff.

nicht davon ausgegangen werden, daß jedem Berechtigten aus dem Versorgungssystem nach Anl. 2 Nr. 4 AAÜG unvermeidlich ein Verhalten zur Last fallen muß, das zur Aberkennung oder Kürzung seiner Versorgung, aber auch zu Eingriffen in die Zahlbetragsgarantie legitimiert. Mögen auch die beim Ministerium für Staatssicherheit beschäftigten Hilfskräfte wie Küchenhilfen, Krankenschwestern, Verkäuferinnen, Kraftfahrer als Teile eines Überwachungs- und Bespitzelungsapparates im Einzelfall rechtsstaatswidrig oder unmenschlich gehandelt haben, so war dies jedenfalls mit ihrer Funktion nicht zwingend verbunden. Deshalb kann auch für § 10 Abs. 2 AAÜG aus rechtsstaatlichen Gründen auf eine individuelle Nachprüfung nicht verzichtet werden.

Von einer unvermeidbaren Koinzidenz zwischen Verstößen gegen die Grundsätze der Menschlichkeit oder der Rechtsstaatlichkeit einerseits und einer Tätigkeit im oder für das Ministerium für Staatssicherheit andererseits geht der Gesetzgeber auch in anderen Fällen nicht aus. So reicht die Tätigkeit als hauptamtlicher oder inoffizieller Mitarbeiter dieses Ministeriums allein für den Widerruf oder die Rücknahme einer Rechtsanwaltszulassung oder die Amtsenthebung eines Notars nicht aus. Vielmehr setzen die Sanktionen im Einzelfall einen Verstoß „gegen die Grundsätze der Menschlichkeit oder der Rechtsstaatlichkeit insbesondere im Zusammenhang mit einer Tätigkeit als ... Mitarbeiter des Staatssicherheitsdienstes" voraus[487].

Soll außer in Fällen eines tatbestandlich genau umschriebenen individuellen Fehlverhaltens nach dem eindeutigen Wortlaut des Einigungsvertrages in die von ihm abgegebene Zahlbetragsgarantie nicht eingegriffen werden, so kann die nach Auffassung des Sozialgesetzgebers politisch mißliebige oder anrüchige Zugehörigkeit zum Versorgungssystem nach Anl. 2 Nr. 4 AAÜG kein legitimer Beschränkungszweck im Sinne des Art. 14 Abs. 1 Satz 2 GG sein, weil die des Eigentumsschutzes teilhaftige Zahlbetragsgarantie auch derartige Fälle umfassen sollte. Daher kommt auch für § 10 Abs. 2 AAÜG als legitimierender Zweck des Gemeinwohls lediglich die finanzielle Entlastung des öffentlichen Haushalts in Betracht. Stärker noch als in den Fällen des § 10 Abs. 1 AAÜG mangeln der Regelung jedoch Proportionalität und Zumutbarkeit.

Da die Versorgung des in Betracht kommenden Personenkreises schon von der ehemaligen DDR erheblich gekürzt und die Alters- oder Invalidenrente auf einen Höchstbetrag von DM 990,- gesenkt worden war, hatten die Versorgungsberechtigten schon vor Inkrafttreten des § 10 Abs. 1 AAÜG erhebliche Einbußen erlitten. Durch die erneute Absenkung erreicht der Höchstbetrag noch nicht einmal die Regelsätze der Sozialhilfe für die alten Bundesländer. Da § 10 Abs. 2 AAÜG keine Anpassungen vorsieht, wird sich die wirtschaftliche Situation der

---

[487] Vgl. Gesetz zur Prüfung von Rechtsanwaltszulassungen, Notarbestellungen und Berufungen ehrenamtlicher Richter vom 24. 7. 1992 (BGBl. I S. 1386).

B. Die Eigentumsgarantie des Art. 14 GG

Betroffenen mit steigenden Lebenshaltungskosten künftig noch weiter verschlechtern.

Angesichts der Zahl der Versorgungsberechtigten sowie der Höhe des Kürzungsbetrages sind die eingesparten Haushaltsmittel nicht beträchtlich. Der einzelne kann durch den Eingriff jedoch je nach Familienstand und wirtschaftlicher Entwicklung in seinem finanziellen Existenzminimum betroffen sein. Bei einer Abwägung zwischen den Interessen der Allgemeinheit an einer Ausgabensenkung einerseits und der schwerwiegenden Belastung für die Betroffenen stellt § 10 Abs. 2 AAÜG eine übermäßige und unzumutbare Belastung dar. Müssen die Versorgungsberechtigten Sozialhilfe in Anspruch nehmen, so wird überdies die Geeignetheit des Eingriffsmittels[488] fraglich. Denn im Ergebnis tritt keine Entlastung für die öffentlichen Haushalte insgesamt ein, wenn die als Rentenzahlung eingesparten Mittel sogleich als Sozialhilfe wieder ausgegeben werden müssen. Zu Recht ist das Bunndessozialgericht von der Verfassungswidrigkeit der Vorschrift überzeugt, weil in eigentumsrechtlich geschützte Ansprüche unter Verstoß gegen Rechtsstaatsprinzipien eingegriffen wird[488a].

VIII. Verfassungswidrigkeit des § 6 Abs. 1 i. V. m. Anl. 3 AAÜG

§ 6 Abs. 1 AAÜG legt als Verdienst im Sinne von § 256a Abs. 2 SGB VI das von den Versorgungsberechtigten erzielte Arbeitsentgelt oder Arbeitseinkommen „höchstens bis zu dem jeweiligen Betrag der Anlage 3" zugrunde. Die zitierte Anl. 3 AAÜG setzt für die Kalenderjahre von 1950 bis zum 30. Juni 1990 sowohl in der Rentenversicherung der Arbeiter und Angestellten als auch in der Knappschaftlichen Rentenversicherung Jahreshöchstverdienste fest. Diese entsprechen bei einer Umrechnung auf westdeutsche Verhältnisse der Beitragsbemessungsgrenze, wie sie nunmehr in § 159 SGV VI umschrieben ist. Damit werden, ohne daß das Gesetz dies ausdrücklich ausweist, allein durch das Tabellenwerk Ansprüche und Anwartschaften derjenigen Versorgungsberechtigten reduziert, deren Arbeitsgelte oder Arbeitseinkommen in den jeweiligen Kalenderjahren über den normierten Grenzen lagen und die gegebenenfalls auch Beiträge für diesen grenzüberschreitenden Verdienst entrichteten.

1. Zweck der Beitragsbemessungsgrenze

Der Zweck der Beitragsbemessungsgrenze liegt in der *Mindestsicherung*, die die gesetzliche Rentenversicherung als Zwangsversicherung garantieren, auf die sie sich aber auch beschränken soll[489].

---

[488] Vgl. BVerfGE 17, 306 (314); 81, 156 (192).
[488a] Vorlagebeschluß vom 30. 3. 1994 (4 RA 33/92).
[489] Vgl. statt aller Schulin, Sozialrecht, RN 484.

Bei der staatlichen Altersvorsorge muß von Verfassungs wegen im Interesse individueller Freiheit Raum für eigene Initiative und eigene Entscheidung bleiben. Im freiheitlich-sozialen Staat darf auch die Zwangssicherung vor Lebensrisiken den einzelnen nicht zu einem bloß „betreuten" oder „verwalteten" Leistungsempfänger degradieren[490]. Individuelle Freiheit meint vor allem die Möglichkeit, „das eigene Leben nach eigenen Entwürfen zu gestalten"[491], weshalb Eigenverantwortung Vorrang vor Fremdfürsorge haben muß. Jede Zwangssicherung muß daher verhältnismäßig und darf nicht übermäßig sein.

Die Beitragsbemessungsgrenze läßt, wie das *Bundesverfassungsgericht*[492] formuliert, „dem Einzelnen, je höher sein Einkommen wächst, um so mehr wirtschaftlichen Spielraum, sich anderer Formen der Alterssicherung noch neben der Sozialversicherung zu bedienen". Der abhängig Beschäftigte kann somit während seines Arbeitslebens entweder das frei verfügbare Einkommen konsumieren und sich im Alter mit einer Mindestsicherung begnügen oder durch Konsumverzicht zusätzliche Altersvorsorge auf privatrechtlicher Grundlage schaffen. Durch die Beitragsbemessungsgrenze wird individuelle Freiheit zwar sozial gebunden, jedoch gleichzeitig ein totaler Versorgungsstaat mit dem Verlust von Individualität, Eigenständigkeit und Selbstverantwortung verhindert. Da die *Beiträge* zur gesetzlichen Rentenversicherung, wie schon der Name besagt, nur bis zur Beitragsbemessungsgrenze erhoben werden, ist es äquivalent, daß sich auch die Sozialversicherungs*leistungen* an dieser Grenze orientieren.

Gleichzeitig wird deutlich, daß die durch die Beitragsbemessungsgrenze bewirkte Balance zwischen individueller Freiheit und sozialstaatlicher Mindestsicherung nur *für die Zukunft*, niemals aber rückwirkend für die Vergangenheit effektiv sein kann. Denn nur wer um die Mindestsicherung weiß und die Möglichkeit privater Vorsorge hat, kann zwischen Konsum oder Konsumverzicht während seiner Berufstätigkeit und zwischen Genügsamkeit oder Wohlstand im Alter wählen.

Übertrüge man dagegen die Beitragsbemessungsgrenze nachträglich auf die Beamtenversorgung oder auf die Gesamtversorgung der Arbeiter und Angestellten (Sozialversicherungsrente und Zusatzversorgung bzw. Sozialversicherungsrente und Betriebsrente), so träten je nach individuellem Einkommen teilweise erhebliche Versorgungslücken auf, die nachträglich nicht mehr zu schließen wären. Gerade dieses Defizit ist für die Versorgungsberechtigten der ehemaligen DDR Konsequenz der Regelungen des § 6 Abs. 1 i.V.m. Anl. 3 AAÜG.

---

[490] Vgl. Herzog, in: Maunz/Dürig, GG, Art. 20, VIII, RN 62; Merten, Art. Sozialrecht, Sozialpolitik, in: Benda/Maihofer/Vogel, Handbuch des Verfassungsrechts, 2. Aufl., 1994, RN 58 ff.

[491] BVerfGE 60, 253 (268).

[492] E 29, 221 (242 f.).

2. *Regelungen im Staatsvertrag und Einigungsvertrag*

Für die teilweise erheblichen Kürzungen der Ansprüche und Anwartschaften der Versorgungsberechtigten mangelt es an Beschränkungsermächtigungen im Staatsvertrag und im Einigungsvertrag.

a) Die „Überführung" von Ansprüchen und Anwartschaften

Wenn Art. 20 Abs. 2 Satz 3 StaatsV und wörtlich fast gleichlautend der Einigungsvertrag[493] vorsehen, daß „bisher erworbene Ansprüche und Anwartschaften ... in die Rentenversicherung überführt" werden, so gestatten die Verträge damit keine Eingriffe in das „Erworbene".

aa) *Der Begriff in der Gesetzessprache*

Umgangssprachlich meint „überführen", daß etwas von einem Ort an einen anderen geschafft oder von einem Zustand in einen anderen gebracht wird[494]. In diesem Sinne hat das Wort auch Eingang in die Gesetzessprache gefunden.

So werden als „Überführungsfahrten" solche Fahrten umschrieben, „die in der Hauptsache der Überführung eines Fahrzeugs an einen anderen Ort dienen"[495]. Das Grundgesetz erwähnt den Begriff zum einen in Art. 15, 74 Nr. 15, in denen es die „Überführung" von Grund und Boden, von Naturschätzen und Produktionsmitteln in Gemeineigentum oder andere Formen der Gemeinwirtschaft regelt. Dabei wird mit Überführung in Gemeinwirtschaft der Träger, die Organisationsform und das wirtschaftliche Gebahren der Gemeinwirtschaft angesprochen[496], während offenkundig die Substanz von Grund und Boden, von Naturschätzen und Produktionsmitteln als solche durch die Vergesellschaftung nicht angetastet wird. Zum anderen spricht das Grundgesetz von „Überführung" in Art. 130 Abs. 1 Satz 2, wonach die Bundesregierung mit Zustimmung des Bundesrates die Überführung, Auflösung oder Abwicklung der nicht auf Landesrecht oder Staatsverträgen zwischen den Ländern beruhenden Verwaltungsorganen und juristischen Personen des öffentlichen Rechts regelt. Wie die Entstehungsgeschichte deutlich macht[497], sollte dadurch der Bundesregierung die Kompetenz verliehen werden, alle bisherigen bizonalen und zonalen Behörden zu liquidieren oder in die neue Bundesverwaltung zu überführen. Den Ausdruck

---
[493] Anl. II Kap. VIII Sachgeb. H Abschn. III Nr. 9 lit. b Satz 1 und 2 EV.
[494] Vgl. Duden, Das große Wörterbuch der deutschen Sprache, Bd. 6, 1981, S. 2652 r. Sp.
[495] §§ 28 Abs. 1 Satz 1, 29g Satz 1 der Straßenverkehrs-Zulassungs-Ordnung i. d. F. vom 18.9.1988 (BGBl. I S. 1792).
[496] Maunz/Dürig, GG, Art. 15 RN 20.
[497] Vgl. Klaus-Berto v. Doemming, in: JöR NF, Bd. 1, 1951, S. 855.

„überführen" wollte man ursprünglich vermeiden, um keine Rechte der vorhandenen Behörden und Beamten auf Übernahme zu konstituieren. Gerade diese Erwägung zeigt, daß der Begriff „überführen" nur den Wechsel des Organisationsträgers im Auge hat[498], während die in der Übergangsvorschrift ebenfalls erwähnte Befugnis zur „Auflösung oder Abwicklung" Eingriffe in die Substanz bis zur Behördenliquidierung gestattet.

In vergleichbarer Weise bestimmt Art. 36 Abs. 6 Satz 1 des Einigungsvertrags für die vorgesehene staatsunabhängige Einrichtung als Nachfolgerin des DDR-Rundfunks und -Fernsehens, daß diese „nach Maßgabe der föderalen Struktur des Rundfunks durch gemeinsamen Staatsvertrag der in Artikel 1 genannten Länder aufzulösen oder in Anstalten des öffentlichen Rechts einzelner oder mehrerer Länder überzuführen" ist. Der Sinnzusammenhang verdeutlicht, daß „Überführung" die Überleitung auf einen anderen Träger meint, während „Auflösung" auf eine Beschränkung, Teilung oder gar Liquidierung zielt.

bb) Die Versorgungs„überführung"

Entsprechend dem juristischen Sprachgebrauch kann die „Überführung" von Ansprüchen und Anwartschaften der Versorgungsberechtigten in die gesetzliche Rentenversicherung nur zur Änderung von Organisation und Verfahren der Versorgung, nicht aber zu Eingriffen in die Versorgungsleistungen ermächtigen[499].

Art. 20 Abs. 2 Satz 3, 1. Satzteil des Staatsvertrags regelt die Modalität der Versorgungszahlungen und sieht nur in dem folgenden Relativsatz eine Überprüfung von Leistungen mit dem Ziel vor, „ungerechtfertigte Leistungen abzuschaffen und überhöhte Leistungen abzubauen". Da die Versorgungslasten ohnehin vom Staat und nicht von der Versichertengemeinschaft aufgebracht werden sollen[500], stellt die Rentenversicherung gleichsam die organisatorische Abwicklungsstelle dar, weil für die Versorgungsberechtigten keine beamtenähnliche Lösung mit möglichen politischen Implikationen gewollt war.

Nach dem Einigungsvertrag sind Ansprüche und Anwartschaften aus den Versorgungssystemen „nach Art, Grund und Umfang" den Ansprüchen und Anwartschaften nach den allgemeinen Regelungen der Sozialversicherung in dem Beitrittsgebiet unter Berücksichtigung der jeweiligen Beitragszahlungen anzupassen"[501]. Damit geht der Einigungsvertrag (vorbehaltlich spezieller Ein-

---

[498] Demzufolge regelt auch die Verordnung zur Überführung der Verwaltungen des Post- und Fernmeldewesens vom 31.3.1950 (BGBl. I S. 94) lediglich die Eingliederung bestimmter Postverwaltungen in die Verwaltung des Bundes (§ 1) sowie die Behördenbezeichnung (§ 2).

[499] Vgl. auch Bienert, ZSR 1993, S. 353.

[500] Arg. Art. 20 Abs. 2 Satz 2 des Staatsvertrags.

griffsmöglichkeiten) ebenfalls von der Garantie der Ansprüche und Anwartschaften nach „Art, Grund und Umfang" aus. Die Versorgungsleistungen sollen lediglich, wie schon im Staatsvertrag vorgesehen, „überführt", d.h. auf ein anderes System umgestellt werden. Wie sich bei einer musikalischen Transposition Instrumentation, Tonhöhe oder Klangfarbe ändern können, so darf auch eine *Versorgungstransposition* Modalitäten (Auszahlungsstelle, Versorgungsart oder Versorgungsbezeichnung) ändern, nicht jedoch ein vorgegebenes Gefüge mit vorgezeichneten Abständen und Werten antasten. Transposition oder Transformation haben sich am Vorgegebenen zu orientieren und möglichst werkgetreu umzusetzen, müssen jedoch das Original soweit wie möglich erhalten und dürfen es nicht verfälschen.

Zu einem anderen Ergebnis kann man auch nicht dadurch gelangen, daß man die im Staatsvertrag und im Einigungsvertrag vorgesehene Überführung der Versorgungsansprüche und -anwartschaften in die Rentenversicherung als „Systementscheidung"[502] qualifiziert. Denn die Entscheidung für das Sozialversicherungssystem bedeutet zunächst nur die Absage an besondere Versorgungsträger[503] oder an eine quasi-beamtenrechtliche Lösung. Aus ihr folgt weiterhin, daß die überführten Versorgungsansprüche und -anwartschaften in der Zukunft systemkonform wie sozialversicherungsrechtliche Ansprüche und Anwartschaften zu behandeln sind, d.h. daß sie beispielsweise der Rentenanpassung teilhaftig werden müssen. Dagegen besagt eine „Systementscheidung" als solche nicht, daß das (westdeutsche!) Sozialversicherungssystem nachträglich für die Art und den Umfang des Erwerbs von Versorgungsansprüchen ausschlaggebend sein soll. Denn ausweislich des Vertragstextes sollen die (nach dem Recht der ehemaligen DDR) erworbenen Ansprüche und Anwartschaften infolge der Wiedervereinigung in die (ehemals westdeutsche und nunmehr gesamtdeutsche) Rentenversicherung überführt werden. Dabei ist eine möglichst weitgehende Entsprechung anzustreben, wie auch bei einer Umstellung der Währung vom Duodezimalsystem auf ein Dezimalsystem keine Vermögensverluste auftreten, sondern die vorhandenen Werte entsprechend umzurechnen sind. Im übrigen dürfen aus einem im Gesetzestext nicht enthaltenen, sondern ihm nachträglich übergestülpten Begriff keine begriffsimmanenten Folgerungen gezogen werden, für die der Wortlaut der Norm keine Anhaltspunkte gibt.

---

[501] Anl. II Kap. VIII Sachgeb. H Abschn. III Nr. 9 lit. b Satz 3 EV.

[502] So BSGE 72, 50 (65, 67).

[503] Diese Entscheidung ist durch das Rentenüberleitungs-Ergänzungsgesetz vom 24.6.1993 (BGBl. I S. 1038) nachträglich durchbrochen worden. Nach Art. 3 Nr. 5 lit. b) bb) des Gesetzes wurde die „Partei des demokratischen Sozialismus (PDS)" zum Versorgungsträger für das Zusatzversorgungssystem der Anl. 1 Nr. 27 AAÜG gemacht, d.h. für hauptamtliche Mitarbeiter der SED/PDS.

Den Besonderheiten der Versorgungssysteme in der ehemaligen DDR ist der Gesetzgeber beispielsweise dadurch gerecht geworden, daß er die Versorgungsberechtigten nicht in das starre westdeutsche Organisationsschema mit strikter Trennung von Angestellten- und Arbeiterrentenversicherung gepreßt, sondern gemäß § 8 Abs. 5 Satz 1 AAÜG grundsätzlich die Bundesversicherungsanstalt für Angestellte zur Erfüllung der Aufgaben für zuständig erklärt hat[504]. In gleicher Weise wäre es Aufgabe des Überleitungsgesetzgebers gewesen, *inhaltlich* nach einer passenden Umsetzung und Berücksichtigung der aus dem individuellen Arbeitsentgelt folgenden Versorgungsberechtigung zu suchen.

Ein starres Festhalten an der für nachträgliche Versorgungsumstellungen ungeeigneten Beitragsbemessungsgrenze war um so weniger erforderlich, als diese nicht die „Bundeslade der Sozialversicherung" darstellt, weder vorgegeben noch gottgegeben ist, sondern nur eine für bestimmte Zwecke taugliche rententechnische Funktion erfüllt. Bei abgeschlossenen Versicherungsverläufen hätte sich ein Abgehen von der Beitragsbemessungsgrenze auf die Grundlagen der Sozialversicherung in der Zukunft nicht ausgewirkt. Eine Abweichung hätte um so näher gelegen, als auch schon früher für zurückliegende Zeiten Ausnahmen gemacht wurden.

So hat der Gesetzgeber 1956 nachträglich die Höchstbeiträge für vergangene Versicherungsperioden anders als für gegenwärtige und zukünftige bewertet. Auf diese Weise konnten z.B. für die Zeit von 1934 bis 1942 bei Beiträgen der Höchstbeitragsklasse K Werteinheiten[505] in Höhe von jährlich 522,84 erzielt werden, während seit 1956 für die höchsten Entgelte nur noch rund 180 Werteinheiten zu erreichen sind[506]. Auch nach der Rückgliederung des Saarlandes wurde der besonderen Situation durch eine Privilegierung „saarländischer Beiträge"[507] Rechnung getragen. Wurden im Jahre 1956 im übrigen Bundesgebiet in der Angestelltenrentenversicherung mit den Höchstbeiträgen der Beitragsklasse XI nur 170,28 Werteinheiten (jetzt 1,7028 Entgeltpunkte) gutgeschrieben, so waren es im Saarland mit den Höchstbeiträgen der Beitragsklasse M (12) 297,84 Werteinheiten (jetzt 2,9784 Entgeltpunkte)[508]. Damit lagen die für „saarländische Beiträge" angerechneten Werteinheiten (bzw. Entgeltpunkte) nicht nur um rd. 75 v.H. höher als im übrigen Bundesgebiet, sondern überstiegen auch die im übrigen Bundesgebiet aus der Beitragsbemessungsgrenze resultierende Höchstgrenze von ca. 180 Werteinheiten erheblich.

---

[504] Vgl. aber auch § 8 Abs. 6 bis 8 AAÜG, eingefügt durch Art. 3 Nr. 5 lit. c Rü-ErgG.

[505] An die Stelle der früheren Werteinheiten sind im Verhältnis 100:1 Entgeltpunkte getreten (vgl. §§ 63 ff. SGB VI); vgl. zu den Einzelheiten der Rentenformel statt aller Schulin, Sozialrecht, RN 578 ff.

[506] Vgl. SGB VI Anl. 3.

[507] So die sprachlich ungenaue Gesetzesterminologie; vgl. SGB VI Anl. 7.

[508] Vgl. SGB VI Anl. 3 Nr. 2 und Anl. 7 Nr. 2.

B. Die Eigentumsgarantie des Art. 14 GG

Angesichts dieser für das Saarland in Kauf genommenen bewußten Systemwidrigkeit hätte eine Ausnahmeregelung für die ehemalige DDR nahegelegen, da die Beitragsbemessungsgrenze kein unantastbares sozialversicherungsrechtliches Tabu ist. Bei einem Verzicht auf Jahreshöchstverdienstgrenzen in Anl. 3 AAÜG wäre der Überleitungsgesetzgeber zu besseren und angemesseneren Ergebnissen gelangt, ohne die Rentenformel ändern zu müssen, obwohl auch dies in der Vergangenheit schon geschehen ist.

b) Spezielle Beschränkungsermächtigungen

Die Einführung der Jahreshöchstverdienstgrenze findet in den Beschränkungsmöglichkeiten nach dem Staatsvertrag und dem Einigungsvertrag keinen Rückhalt.

Art. 20 Abs. 2 Satz 3 des Staatsvertrags gestattet nicht schlechthin die Überprüfung von Leistungen aus den Sonder- und Zusatzversorgungssystemen nach Grund und Höhe, wie die Begründung irrig meint[509], sondern beschränkt die Revisionsmöglichkeit nach seinem eindeutigen Wortlaut auf „Leistungen aufgrund von Sonderregelungen". Auch diese sollen nur mit dem Ziel überprüft werden, „ungerechtfertigte Leistungen abzuschaffen und überhöhte Leistungen abzubauen". Nach dem Einigungsvertrag sollen bei der Rentenüberleitung nur „ungerechtfertigte Leistungen" abgeschafft, „überhöhte Leistungen" abgebaut und Besserstellungen „gegenüber vergleichbaren Ansprüchen und Anwartschaften aus anderen öffentlichen Versorgungssystemen" vermieden werden[510].

aa) Zur Abschaffung „ungerechtfertigter" Leistungen

Da Staatsvertrag und Einigungsvertrag die Abschaffung „ungerechtfertigter" Leistungen und den Abbau „überhöhter" Leistungen nebeneinander stellen, muß „ungerechtfertigt" etwas anderes und mehr als „überhöht" meinen.

Ungerechtfertigte Leistungen können zum einen vorliegen, wenn Versorgungen durch Individualakt ohne gesetzliche Ermächtigung oder in Durchbrechung der in der ehemaligen DDR geltenden Gesetze zugesagt oder gewährt wurden. Des weiteren können als „ungerechtfertigt" Leistungen bezeichnet werden, die in der ehemaligen DDR gewährt wurden, dem westdeutschen Sozialversicherungsrecht aber nicht bekannt sind und zwecks Überleitung des Sozialrechts beseitigt werden sollen. So ist z. B. durch § 26 Abs. 1 des Rentenangleichungsgesetzes der DDR[511] die Versorgung wegen Teilberufsunfähigkeit und die Ver-

---

[509] Abgedr. in: Stern/Schmidt-Bleibtreu, Staatsvertrag, S. 128.
[510] Anl. II Kap. VIII Sachgeb. H Abschn. III Nr. 9 lit. b Nr. 1 EV. Zu pauschal daher Andreas Marschner (Urteilsanm., in: SGb. 1993, S. 146f. [147], der ohne Begründung Zusatzversorgungsleistungen über 2010,– DM schlechthin für überhöht hält. Hiergegen schon Ralf Kreikebohm, Urteilsanm., in: SGb. 1993, S. 445ff. [447]).

sorgung erwerbsfähiger Witwen und Witwer als „ungerechtfertigte Leistung" abgeschafft worden.

bb) Abbau „überhöhter" Leistungen

„Überhöht" können Leistungen sein, wenn sie zwar gesetzlich vorgesehen sind, im Einzelfall aber aus sachwidrigen Erwägungen, insbesondere aus Gründen politischer Bevorzugung gewährt werden. Um „überhöhte" Leistungen kann es sich ferner handeln, wenn bei bestimmten Behörden, z. B. dem Ministerium für Staatssicherheit, oder in bestimmten Einrichtungen, z. B. der Nationalen Volksarmee, Vergütungen gezahlt wurden, die wesentlich über dem Entgelt für vergleichbare Tätigkeiten in der DDR lagen. Signifikant ist die Entlohnung einer Küchenhilfe im Ministerium für Staatssicherheit mit 135 v. H. des Durchschnittsentgelts[512].

Eine Überhöhung kann sich schließlich durch Vergleich mit westdeutschen Verhältnissen ergeben, wenn bestimmte Funktionen zu hoch eingruppiert und daher auch in der Besoldung „überhöht" waren, wofür das übersetzte Offizierskorps der Nationalen Volksarmee ein Beispiel ist. In derartigen Fällen kann der Abbau der Überhöhung durch eine prozentuale, den überhöhten Anteil betreffende Kürzung der Versorgung erreicht werden. Deshalb gestattet der Einigungsvertrag die Vermeidung von Besserstellungen „gegenüber vergleichbaren Ansprüchen und Anwartschaften aus anderen öffentlichen Versorgungssystemen", was schon das Rentenangleichungsgesetz der DDR vorgesehen hatte. Gemäß § 24 Abs. 3 lit. b führte das Gesetz im Rahmen einer Besitzstandsregelung eine Kürzung auf 90 v. H. des Nettoverdienstes ein, soweit Versorgungsregelungen einen Gesamtbetrag von über 90 v. H. des Nettoverdienstes zuließen.

Da der Einigungsvertrag aber nur Beschränkungen unter gewissen Voraussetzungen und/oder für bestimmte Gruppen („ungerechtfertigte Leistungen", „überhöhte Leistungen", Verbot einer „Besserstellung gegenüber vergleichbaren Ansprüchen") gestattet, darf der Gesetzgeber nicht ohne jede nähere Untersuchung, Darlegung und Begründung in die Rechte aller in Betracht kommenden Anspruchsinhaber eingreifen, auch wenn er aus logischen Gründen dabei zugleich die mehr oder weniger große Gruppe derjenigen trifft, bei denen ein Eingriff verfassungsrechtlich zulässig ist.

cc) Die Nivellierung des § 6 Abs. 1 AAÜG

§ 6 Abs. 1 i. V. m. Anl. 3 AAÜG baut keine „überhöhten" Leistungen ab, sondern nivelliert lediglich. Insbesondere dient er nicht der Vermeidung einer

---
[511] Vom 28. 6. 1990 (GBl. I S. 495).
[512] Vgl. LAG Berlin, NJ 1992, S. 226 f.

Besserstellung „gegenüber vergleichbaren Ansprüchen und Anwartschaften aus anderen öffentlichen Versorgungssystemen". Denn das Gesetz stellt nicht auf vergleichbare Beamtenversorgungs- oder Sozialversicherungsleistungen bei entsprechender Tätigkeit in den alten Bundesländern ab, sondern kappt alle Versorgungsansprüche und -anwartschaften durch nachträgliche Einführung der sozialversicherungsrechtlichen Beitragsbemessungsgrenze. Übertrüge man diese Kappungsgrenze auf die Beamtenversorgung, so würden etwa vom Regierungsdirektor (A 15) an aufwärts alle Beamten die gleichen Versorgungsbezüge wie dieser erhalten, was evident unangemessen wäre.

Die Limitierung der Versorgungsansprüche und -anwartschaften ist auch nicht bei einem Vergleich der Altersruhegelder für Angestellte im öffentlichen Dienst oder in der Privatwirtschaft gerechtfertigt. Denn hierbei darf nicht isoliert auf die Leistungen der gesetzlichen Sozialversicherung, sondern muß auf die Gesamtversorgung abgestellt werden, so daß die Zusatzversorgung für Angestellte im öffentlichen Dienst, die betriebliche Altersversorgung für sonstige Angestellte und die Möglichkeit privater Vorsorge durch den Abschluß von Lebensversicherungen zu berücksichtigen sind. Dies gebietet auch der Wortlaut des Einigungsvertrags, der zum Vergleich nicht die Leistungen aus der gesetzlichen Rentenversicherung, sondern „aus anderen öffentlichen Versorgungssystemen" heranzieht. Durch die Rentenüberleitung soll nur eine Besserstellung vermieden, nicht aber eine Schlechterstellung herbeigeführt werden.

c) Der Schutz des Art. 14 Abs. 1 GG

Da die erworbenen Ansprüche und Anwartschaften aus den Versorgungssystemen den Schutz der Eigentumsgarantie genießen[513], sind sie im Hinblick auf die in Art. 20 Abs. 2 Satz 3 StaatsV enthaltene Bestandsgarantie grundsätzlich unantastbar. Selbst wenn man dem Gesetzgeber auch insoweit eine Inhalts- und Schrankenbestimmung nach Art. 14 Abs. 1 Satz 2 GG zubilligte, wäre zu berücksichtigen, daß die erworbenen Versorgungsansprüche „auf nicht unerheblichen Eigenleistungen des Versicherten" beruhen und „zudem der Sicherung seiner Existenz" dienen[514].

Entrichteten die Versorgungsberechtigten insbesondere in den Sonderversorgungssystemen Beiträge vom gesamten Arbeitsentgelt und nicht nur bis zu einer bestimmten Höhe[515], so werden infolge der nachträglichen Einführung einer Beitragsbemessungsgrenze durch Beiträge belegte Anwartschaften aberkannt. Aber auch bei fehlender Beitragspflicht beruhen die Ansprüche und Anwartschaften auf einer „Eigenleistung", nämlich der Arbeitsleistung der Versorgungs-

---

[513] Siehe hierzu oben S. 77, 79 ff.
[514] BVerfGE 69, 272 (300); 72, 9 (19); 76, 220 (235).
[515] Siehe oben S. 15.

berechtigten und stellen deshalb keine bloße „Fürsorge" dar. Ohnehin darf die Beitragszahlung nicht überbewertet werden, da infolge des für die gesetzliche Rentenversicherung geltenden Umlageverfahrens[516] anders als in der Privatversicherung die laufenden Renten aus den zeitgleich eingehenden Beiträgen der Versicherten und nicht aus den früheren Beiträgen der jetzigen Rentner finanziert werden. Der Beitrag ist demzufolge nur noch Indiz dafür, daß die der Eigentumsgarantie unterliegenden sozialrechtlichen Anwartschaften vom Versicherten erworben und ihm nicht bloß zuerkannt wurden.

Gerade bei Rentenansprüchen und Rentenanwartschaften, die durch den personalen Bezug des Anteils eigener Leistung geprägt sind[517], ist der Gesetzgeber in seiner Gestaltungsfreiheit beschränkt, wobei für Versorgungsempfänger der ehemaligen DDR zu bedenken ist, daß sie wegen ihres abgeschlossenen Arbeitslebens den Verlust von Anwartschaften oder die Kürzung ihrer Rente nicht mehr durch andere Dispositionen ausgleichen können, wie dies für erwerbstätige Versicherte möglich sein mag.

Aus diesem Grunde ist die nachträgliche Einführung einer Beitragsbemessungsgrenze disproportional, weil der erhebliche Eingriff in verfassungsrechtlich geschützte Rechte in keinem angemessenen Verhältnis zu der damit bewirkten Einsparung steht und außerdem für die Betroffenen unzumutbar ist[518].

IX. Verfassungswidrigkeit der §§ 6 Abs. 2 und 3, 7 i. V. m. Anl. 4 bis 6 AAÜG

Die Gründe des Eigentumsschutzes, aus denen die Verfassungswidrigkeit des § 6 Abs. 1 AAÜG resultiert, begründen auch die Verfassungswidrigkeit der §§ 6 Abs. 2 und 3, 7 i. V. m. Anl. 4 bis 6, 8 AAÜG.

Nach diesen Bestimmungen ist für die Rentenberechnung nicht das effektiv erzielte Arbeitsentgelt oder Arbeitseinkommen, sondern unter bestimmten, im einzelnen näher angeführten Voraussetzungen das Arbeitsentgelt nur bis zu den in den Anl. 5 und 6 AAÜG für die jeweiligen Kalenderjahre festgelegten Jahreshöchstverdiensten zu berücksichtigen. Dabei sind die erworbenen Versorgungsansprüche und -anwartschaften dadurch geprägt, daß sie auf der eigenen Leistung der Versorgungsberechtigten beruhen, die hierfür Beiträge entrichtet und/oder ihre Arbeitsleistung erbracht haben.

---

[516] Vgl. § 153 Abs. 1 SGB VI; auch Schulin, Sozialrecht, RN 477f.
[517] BVerfGE 53, 257 (293).
[518] Vgl. statt aller BVerfGE 81, 156 (194); 44, 353 (373).

B. Die Eigentumsgarantie des Art. 14 GG 115

1. Die Regelung des § 7 AAÜG

Die Regelungen des AAÜG sind nicht als Abbau „überhöhter Leistungen" gerechtfertigt. Das wird besonders deutlich bei dem nach § 7 AAÜG zu berücksichtigenden Entgelt während der Zugehörigkeit zu dem Versorgungssystem des ehemaligen Ministeriums für Staatssicherheit/Amtes für Nationale Sicherheit. Hierfür sieht Anl. 6 AAÜG Jahreshöchstverdienste für die einzelnen Kalenderjahre vor, die nur 70 v.H. des in Anl. 5 ausgewiesenen Durchschnittsentgelts betragen. Daraus folgt, daß alle Mitarbeiter der betroffenen Behörde ohne Rücksicht auf ihre individuelle Funktion oder ihr effektiv erzieltes Entgelt gleichmäßig maximal mit einem Verdienst berücksichtigt werden, der noch 5 v.H. unter dem sog. Mindesteinkommen liegt. Denn für die Rente nach Mindesteinkommen wird von einem Mindestjahresarbeitsentgelt ausgegangen, das einem Betrag von bis zu 75 v.H. des Durchschnittsverdienstes aller Versicherten entspricht[519]. Selbst diese Rente nach Mindesteinkommen soll gemäß § 7 Abs. 1 Satz 3 AAÜG[520] den Versorgungsberechtigten nicht gewährt werden, weil die Vorschriften über Mindestentgeltpunkte bei geringem Arbeitsentgelt für nicht anwendbar erklärt werden.

Daß um des Abbaus überhöhter Leistungen willen nicht alle Arbeitsentgelte pauschal und einheitlich auf 70 v.H. des Durchschnittsentgeltes und damit noch unter das Mindesteinkommen gesenkt werden können, ist offensichtlich. Mit dieser Kürzung wird auch keine Besserstellung gegenüber vergleichbaren Ansprüchen und Anwartschaften aus anderen öffentlichen Versorgungssystemen vermieden. Darüber hinaus läßt sich die drastische Kappung auch nicht auf die im Einigungsvertrag vorgegebene Kürzung oder Aberkennung von Versorgungsrechten stützen, „wenn der Berechtigte ... gegen die Grundsätze der Menschlichkeit oder Rechtsstaatlichkeit verstoßen" oder in schwerwiegendem Maße seine Stellung zum eigenen Vorteil oder zum Nachteil anderer mißbraucht hat.

Als ausdrückliche Eingriffsvoraussetzung normiert der Einigungsvertrag, daß dem „Berechtigten" ein Verstoß gegen die Grundsätze der Menschlichkeit oder Rechtsstaatlichkeit oder ein Funktionsmißbrauch zur Last fällt. Aus Gründen der Rechtsstaatlichkeit muß dieses Fehlverhalten individuell nachweisbar sein, so daß bloßer Verdacht oder reine Vermutung nicht ausreichen. Gleichfalls genügt es nicht, daß Behörden oder Organisationen gegen die Grundsätze der Menschlichkeit oder Rechtsstaatlichkeit verstoßen haben, da es zum einen für diese Feststellung an einem geeigneten Verfahren mangelt[521] und zum anderen der

---
[519] Vgl. Schulin, Sozialrecht, RN 588.
[520] I.d.F. des Art. 1 Nr. 3 lit.b RÜG-ÄndG.
[521] Nach Art. 9 Abs. 1 des Statuts für den Internationalen Militärgerichtshof in Nürnberg vom 8.8.1945 (abgedr. bei Ingo von Münch [Hg.], Dokumente des geteilten Deutschland, Bd. 1, 1968, S. 45ff.) konnte das Tribunal unter bestimmten Voraussetzungen Gruppen oder Organisationen für verbrecherisch erklären. Diese Feststellung traf der Gerichtshof in

einschneidende Eingriff bis hin zur Aberkennung von Versorgungsrechten individuelle Schuld voraussetzt, wofür auch die Tatbestandsvoraussetzung eines Mißbrauchs der Stellung „zum eigenen Vorteil oder zum Nachteil anderer" spricht.

Die „Systemstützung" ist kein taugliches Abgrenzungskriterium, da ein inoffizieller Mitarbeiter (IM) im gesellschaftlichen Bereich für die „Staatssicherheit" dienlicher gewesen sein kann[522] als ein unbedeutender hauptamtlicher Mitarbeiter des gleichnamigen Ministeriums. Die „Systemnähe", insbesondere die Tätigkeit im Ministerium für Staatssicherheit, mag zwar im allgemeinen den Verdacht oder gar die Vermutung für Verstöße gegen die Grundsätze der Menschlichkeit oder Rechtsstaatlichkeit nahelegen, rechtfertigt jedoch die schwerwiegenden Eingriffe in individuelle Versorgungsrechte oder Versorgungsanwartschaften jedenfalls dann nicht, wenn den Betroffenen nicht einmal rechtliches Gehör gewährt wird und der Gesetzeseingriff pauschal alle Bediensteten ohne Rücksicht auf ihre Funktion trifft.

2. Die Regelungen in § 6 Abs. 2 und 3 AAÜG

Dieselben Erwägungen führen zur Verfassungswidrigkeit der Regelungen in § 6 Abs. 2 und 3 AAÜG, wonach das erzielte Arbeitsentgelt oder Arbeitseinkommen von Versorgungsberechtigten bestimmter Versorgungssysteme oder in bestimmten Funktionen allein deswegen nur bis zu den Beträgen nach Anl. 4 AAÜG, d.h. bis zu 140 v.H. des Durchschnittsentgelts berücksichtigt wird.

Die bloße Ausübung der vom Gesetz im einzelnen aufgeführten Funktionen rechtfertigt allein keine Kürzungen zwecks Abbaus „überhöhter Leistungen" oder zur Verhinderung einer Besserstellung gegenüber vergleichbaren Leistungen aus anderen öffentlichen Versorgungssystemen. Das macht die Tätigkeit als „Richter oder Staatsanwalt" (§ 6 Abs. 2 Nr. 7 AAÜG) deutlich. Versorgungsleistungen auf Grund eines 140 v.H. des Durchschnittsentgelts übersteigenden Einkommens müssen für Richter oder Staatsanwälte[523] keinesfalls überhöht und im Vergleich mit der Versorgung in den alten Bundesländern unangemessen sein. Die Richter in der ehemaligen DDR waren nicht mehr bloße „Volksrichter",

---

seinem Urteil vom 1.10.1946 hinsichtlich der SS sowie weiter Gruppen der Gestapo und des SD (Nr. 9 des Urteils).

[522] Vgl. hierzu Nr. 1.1 der „Richtlinie Nr. 1/79 für die Arbeit mit Inoffiziellen Mitarbeitern (IM) und Gesellschaftlichen Mitarbeitern für Sicherheit (GMS)-GVS MfS 0008-1/79 -" (abgedr. bei David Gill/Ulrich Schröter, Das Ministerium für Staatssicherheit, 1991, S. 414 ff., 418). „Das Hauptanliegen der Arbeit mit den IM hat die zielgerichtete konspirative Gewinnung von Informationen mit hoher Qualität und Aussagekraft zur Bekämpfung aller subversiven Angriffe des Feindes zu sein."

[523] Zur strikten Ausrichtung der Staatsanwälte auf die Politik der SED Reuter, NJ 1990, S. 322.

sondern verfügten über eine zwar nach anderen Prinzipien und mit anderen Zielen durchgeführte, mit westdeutschen Maßstäben aber dem Grunde nach vergleichbare Juristenausbildung. Nur deshalb konnte der akademische Grad eines „Diplom-Juristen"[524] in der ehemaligen DDR im Einigungsvertrag[525] anerkannt werden, und können Berufsrichter der ehemaligen DDR nach Maßgabe des Einigungsvertrages[526] Richter im Sinne des Deutschen Richtergesetzes[527] werden.

Wäre die Besoldung und damit auch die Versorgung in bestimmten Bereichen der Exekutive der ehemaligen DDR, z. B. im Bereich der Nationalen Volksarmee oder der Deutschen Volkspolizei (Anl. 2 Nr. 1 und 2 AAÜG), verglichen mit den Verhältnissen in der Bundesrepublik vor der Wiedervereinigung überhöht gewesen, dann hätte der Gesetzgeber die Versorgung z. B. für das nach westdeutschen Maßstäben übersetzte Offizierskorps der Nationalen Volksarmee unter Ausrichtung an entsprechenden Stellenkegeln reduzieren können. Derartige Abweichungen hätten jedoch einer Begründung und vor allem einer Differenzierung bedurft. Überhöhte Bezüge können nicht pauschal, z. B. für sämtliche „hauptamtlichen Mitarbeiter des Staatsapparates" (Anl. 1 Nr. 19 AAÜG) unterstellt werden.

Da nicht dargetan ist, daß überhöhte Leistungen aus den Versorgungssystemen nur zu vermeiden sind, wenn für die höhere Führungsebene der ehemaligen DDR nur das Durchschnittsentgelt, für die mittlere Führungsebene dagegen 140 v. H. davon zugrunde gelegt werden, wogegen auch jede Lebenserfahrung spricht, sind die angegriffenen Regelungen wegen Verstoßes gegen Art. 14 Abs. 1 GG verfassungswidrig.

---

[524] Er befähigt nach Art. 112 Abs. 2 brandenb. Verf. auch zur Mitgliedschaft im Landesverfassungsgericht.
[525] Vgl. Anl. I Kap. III Sachgeb. A Abschn. III Nr. 8 lit. y EV sowie die Begründung, abgedr. bei Stern/Schmidt-Bleibtreu, Einigungsvertrag, S. 274 ff.
[526] Anl. I Kap. III Sachgeb. A Abschn. III Nr. 8 EV; hierzu auch BVerfG (1. Kammer des Ersten Senats), Beschl. vom 26.6.1991, DtZ 1991, S. 408 f.
[527] I.d.F. vom 19.4.1972 (BGBl. I S. 713).

Vierter Teil

Nivellierungen und Differenzierungen bei der Versorgungsüberleitung

A. Der Gleichheitssatz des Art. 3 Abs. 1 GG

I. Willkürverbot und Sachlichkeitsgebot

Als Rechtssetzungsgleichheit verpflichtet Art. 3 Abs. 1 GG den Gesetzgeber, Gleiches gleich, Ungleiches seiner Eigenart entsprechend verschieden zu behandeln[528]. Das Gleichbehandlungsgebot schließt insbesondere willkürliche Regelungen und Exzesse des Gesetzgebers[529] aus. Willkürlich ist eine Bestimmung dann, „wenn sich ein vernünftiger, sich aus der Natur der Sache ergebender oder sonstwie sachlich einleuchtender Grund für die gesetzliche Differenzierung oder Gleichbehandlung nicht finden läßt"[530]. Zur Kehrseite des Willkürverbots wird daher das Gebot der Sachgerechtigkeit, zu dem sich das Gebot der Systemgerechtigkeit gesellt[531].

Sähe man den Gleichbehandlungssatz als bloße Schranke für Willkür und Exzesse, so wären „Selbstherrlichkeit des Gesetzgebers"[532] und „Gesetzesabsolutismus"[533] nur unzulänglich zurückzudrängen, und liefe Art. 3 Abs. 1 GG weitgehend leer. Denn der Ausschluß lediglich unbegründbarer oder schlechthin unvernünftiger[534] Regelungen hielte nur Elementarunrecht fern[535], weil sich irgendein nicht offensichtlich uneinsichtiger Grund für Gleichbehandlungen oder Differenzierungen (nachträglich) immer finden läßt[536].

---

[528] Vgl. BVerfGE 3, 58 (135); 4, 143 (155); 42, 64 (72), st. Rspr.

[529] Vgl. hierzu Karl Korinek, Gedanken zur Bindung des Gesetzgebers an den Gleichheitsgrundsatz nach der Judikatur des Verfassungsgerichtshofes, in: Im Dienst an Staat und Recht – Melichar-Festschrift, 1983, S. 39 ff. (52 ff.); dens., Entwicklungstendenzen in der Grundrechtsjudikatur des Verfassungsgerichtshofs, 1992, S. 9.

[530] BVerfGE 1, 14 (52); st. Rspr.

[531] Vgl. hierzu oben S. 49.

[532] So RGZ 118, 325 (327); 139, 177 (189).

[533] Heinrich Triepel, Goldbilanzenverordnung und Vorzugsaktien, 1924, S. 28.

[534] Vgl. BVerfGE 4, 1 (7).

[535] Vgl. P. Kirchhof, Der allgemeine Gleichheitssatz, HStR V, § 124, insbes. RN 91 f., 236 ff.

[536] Vgl. auch Korinek, aaO (Melichar-Festschrift), S. 54.

Nur wenn man Willkürverbot und Sachlichkeitsgebot kombiniert, wenn man auf die konkrete Relation zwischen Regelungsinhalt und Regelungsziel abstellt[537], ergeben sich schärfere Konturen, weil nunmehr aus dem Gesetzesziel als dem tertium comparationis der Vergleichsmaßstab zu gewinnen ist. Entscheidend ist, ob eine Differenzierung im Hinblick auf das vom Gesetzgeber verfolgte verfassungslegitime Ziel[538] in der Sache gerechtfertigt ist[539]. Dabei muß eine Ungleichbehandlung ebenso durch sachliche Unterschiede gestützt sein, wie eine Gleichbehandlung tatsächliche Unterschiede nicht sachwidrig negieren darf[540]. Wie beim Verhältnismäßigkeitsprinzip Eingriffsziel und Eingriffsmittel proportional und adäquat sein müssen[541], verlangt der Gleichbehandlungssatz, daß eine differenzierende oder nicht differenzierende Gesetzesregelung im Hinblick auf ein konkretes verfassungskonformes Gesetzesziel sachgerecht ist.

Es geht bei Art. 3 Abs. 1 GG nicht um abstrakte Egalität und Vernünftigkeit, sondern um konkrete Sachgerechtigkeit und Gleichheitskonformität im Verhältnis von Gesetzeszweck und Rechtsfolge. So ist die „Systemnähe" eines hauptamtlichen Mitarbeiters des Staatsapparates der ehemaligen DDR ein weder schlechthin zulässiges noch schlechthin unzulässiges Differenzierungskriterium. Die Sachgerechtigkeit einer nach diesem Merkmal differenzierenden Gesetzesregelung kann vielmehr nur anhand eines konkreten Gesetzesziels beurteilt werden. Die Antwort wird unterschiedlich ausfallen, je nach dem, ob der Gesetzgeber Einstellungsvoraussetzungen für den öffentlichen Dienst oder Bedürftigkeitsvoraussetzungen für die Sozialhilfe normiert.

II. Das Postulat der Gruppengerechtigkeit

Das dem Gleichbehandlungssatz immanente Prinzip der Sachgerechtigkeit erfährt durch das Postulat der *Gruppengerechtigkeit* eine Nuancierung[542] und Konkretisierung. Bei feststehendem Gesetzesziel läßt sich Gleichheitskonformität für tatbestandliche Gruppierungen anhand der Ähnlichkeit oder Unterschied-

---

[537] Hierzu auch P. Kirchhof, HStR V, § 124 RN 32 ff.; Michael Holoubek, Die Sachlichkeitsprüfung des allgemeinen Gleichheitsgrundsatzes, ÖZW 1991, S. 72 ff., insbes. 76 ff.

[538] Zur Verfassungsillegitimität von Gesetzeszielen auch P. Kirchhof, HStR V, § 124 RN 32; vgl. in diesem Zusammenhang auch BVerfGE 22, 180 (219f.); 78, 77 (85 sub C 2a); 80, 1 (30); 81, 156 (191 f.).

[539] Vgl. auch Triepel, aaO, S. 31 unter Hinweis auf die Rechtsprechung des Schweizerischen Bundesgerichts.

[540] Vgl. BVerfGE 87, 1 (36); Klaus Stern, in: Dürig-Festschrift, 1990, S. 207 ff. (212 ff.).

[541] Vgl. BVerfGE 81, 156 (194).

[542] So Dietrich Katzenstein, Aktuelle verfassungsrechtliche Fragen des Sozialrechts und der Sozialpolitik, DRV 1983, S. 337 ff. (344).

lichkeit der Adressatengruppen leichter beurteilen[543]. Personen oder Gruppen dürfen durch Gesetzesvorschriften nicht ohne sachlich vertretbaren, d.h. ohne rechtlich zureichenden Grund schlechter gestellt werden als andere, die man ihnen als vergleichbar gegenüberstellt[544].

Demgemäß ist Art. 3 Abs. 1 GG vor allem dann verletzt, „wenn eine Gruppe von Normadressaten im Vergleich zu anderen Normadressaten anders behandelt wird, obwohl zwischen beiden Gruppen keine Unterschiede von solcher Art und solchem Gewicht bestehen, daß sie die ungleiche Behandlung rechtfertigen könnten"[545]. Umgekehrt können Gruppen durch „übereinstimmende Eigenschaften oder Merkmale geprägt und gekennzeichnet" sein, die eine unterschiedliche Behandlung ausschließen[546].

Differenzierung und Differenzierungsgrund müssen in einem angemessenen Verhältnis zueinander stehen[547]. Dieser Adäquanz kommt besondere Bedeutung zu, wenn eine Gleichbehandlung oder Ungleichbehandlung Auswirkungen auf Grundrechte hat[548].

Härten und Ungerechtigkeiten infolge generalisierender, typisierender und pauschalierender Regelungen, wie sie für die Massenverfahren in der Sozialversicherungsverwaltung unerläßlich sind, sind nicht schlechthin vom Prüfungsmaßstab des Art. 3 Abs. 1 GG ausgenommen. Sie werden vom *Bundesverfassungsgericht*[549] lediglich unter der Voraussetzung hingenommen, daß diese „nur eine verhältnismässig kleine Zahl von Personen treffen und ... der Verstoß gegen den Gleichheitssatz nicht sehr intensiv ist", wobei auch diese Tolerierung im Falle der Vermeidbarkeit ausscheiden muß[550].

---

[543] Vgl. auch P. Kirchhof, Die Vereinheitlichung der Rechtsordnung durch den Gleichheitssatz, in: Reinhard Mußgnug (Hg.), Rechtsentwicklung unter dem Bonner Grundgesetz, 1990, S. 33ff. (45ff.); dens., HStR V, § 124 RN 39.

[544] BVerfGE 22, 415; ebenso E 52, 277 (280 sub II 1); vgl. auch E 17, 354.

[545] BVerfGE 55, 72 (88 sub II 1); 58, 369 (373f.); 60, 123 (133f.); 329 (346 sub II 1); 62, 256 (274); 64, 229 (239); 65, 104 (112f.); 67, 231 (236); 70, 230 (239f.); 71, 146 (154f.); 72, 141 (150); 74, 9 (24); 79, 87, (98); 106 (122); 82, 126 (146); 84, 133 (157 sub C V); 85, 360 (383); 87, 1, 36; 234 (255); BVerfG, Beschl. vom 26. 1. 1993, EuGRZ 1993, S. 100ff. (103); BVerfG (3. Kammer des Ersten Senats), Beschl. vom 13. 12. 1990, NJW 1991, S. 3269f.; siehe auch schon E 17, 354 und E 22, 415.

[546] BVerfG (3. Kammer des Ersten Senats), Beschl. vom 13. 12. 1990, NJW 1991, S. 3269f.

[547] Vgl. BVerfGE 55, 72 (88); 58, 369 (373f.); 60, 123 (133f.); 329 (346); 62, 256 (274); 72, 141 (150); 82, 126 (146).

[548] Vgl. BVerfGE 60, 123 (134); 62, 256 (274); 82, 126 (146); 87, 234 (256); BVerfG, Beschl. vom 26. 1. 1993, EuGRZ 1993, S. 100ff. (103) = NJW 1993, S. 1517; Beschl. vom 8. 6. 1993, BB 1993, S. 1415ff. (1416).

[549] E 63, 119 (128); 79, 87 (100); 26, 265 (275f.).

[550] BVerfGE 87, 234 (255f.); 63, 119 (128ff.); 45, 376 (390).

B. §§ 6, 7 AAÜG auf dem Prüfstand des Gleichheitssatzes

I. Unvereinbarkeit des § 6 Abs. 1 i. V. m. Anl. 3 AAÜG mit Art. 3 Abs. 1 GG

§ 6 Abs. 1 i. V. m. Anl. 3 AAÜG begrenzt das anrechenbare Arbeitsentgelt oder Arbeitseinkommen ohne Rücksicht auf die individuell erzielten Einkünfte im Ergebnis auf die Beitragsbemessungsgrenze[551]. Dadurch entstehen innerhalb des Kreises der Versorgungsberechtigten zwei Gruppen: Wessen Bezüge die Beitragsbemessungsgrenze nicht überstiegen, dessen Rente bemißt sich nach dem *tatsächlich* erzielten Arbeitsentgelt oder Arbeitseinkommen, da dieses in *voller* Höhe berücksichtigt wird. Wessen Bezüge jedoch die Beitragsbemessungsgrenze überstiegen, dessen Rente gründet auf einem *fiktiven* und nicht auf dem tatsächlich erzielten Arbeitsentgelt oder Arbeitseinkommen, weil dieses nicht in voller, sondern gegebenenfalls in erheblich niedrigerer Höhe der Rente zugrunde gelegt wird. Anhand des Gesetzesziels, die Versorgungssysteme in die gesetzliche Rentenversicherung zu überführen, muß die ungleiche Behandlung beider Gruppen überprüft werden. Dabei ist sowohl ein Vergleich innerhalb des Kreises der Versorgungsberechtigten (Binnenvergleich) als auch ein Vergleich mit den entsprechenden Gruppen von Rentenberechtigten in der gesetzlichen Rentenversicherung (Außenvergleich) geboten.

1. Der Außenvergleich

Vergleicht man Versorgungsberechtigte mit Einkünften bis zur Höhe der Beitragsbemessungsgrenze einerseits und solche mit grenzübersteigenden Einkünften andererseits mit den entsprechenden Gruppen von Rentenberechtigten im alten Bundesgebiet, so scheinen auf den ersten Blick keine Unterschiede zu bestehen. Denn in beiden Fällen werden bei einem Arbeitsentgelt bis zur Höhe der Beitragsbemessungsgrenze (letztlich) die individuellen Entgelte für die Rentenberechnung zugrunde gelegt, während bei Einkünften oberhalb der Beitragsbemessungsgrenze der grenzüberschreitende Teil bei der Rentenberechnung nicht mehr berücksichtigt wird. Diese scheinbare Gleichbehandlung hat offenbar auch der Bundesminister für Arbeit und Sozialordnung, Dr. *Blüm*, vor Augen, wenn er darauf verweist, daß Gleichheit zwei Seiten habe, nach Westen wie nach Osten, und daß auch „im Westen die höchste Rente bei DM 3200,-" liege[552].

Bei genauerer Betrachtung ist die Gleichbehandlung jedoch trügerisch. Der vordergründige Vergleich übersieht, daß die Altersrente der gesetzlichen Rentenversicherung jedenfalls für die Bezieher höherer Einkünfte nur die Aufgabe einer

---
[551] Vgl. oben S. 17.
[552] In der 156. Sitzung des 12. Deutschen Bundestages vom 30. 4. 1993, Plenarprotokoll 12/156, S. 13326 (B), (C).

Mindestsicherung[553], nicht aber eine Lohnersatzfunktion[554] hat, weshalb die Höchstrente auch nur bei ca. DM 3200,–[555] liegt. Da eine Beitragspflicht nur bis zur Beitragsbemessungsgrenze besteht, haben Höherverdienende die Möglichkeit, aber auch die Last, nach freier Entscheidung und eigener Wahl für eine einkommensadäquate Alterssicherung zu sorgen, falls ihnen keine zusätzlichen Leistungen z.B. aus der Zusatzversorgung für den öffentlichen Dienst oder aus der betrieblichen Altersversorgung zustehen.

Von der Mindestsicherungsfunktion der gesetzlichen Rentenversicherung unterscheiden sich die Aufgaben der Zusatz- und der Sonderversorgung in der ehemaligen DDR grundsätzlich. Die Sonderversorgung erstrebte ähnlich wie die Beamtenversorgung keine Mindest-, sondern eine Vollsicherung, weshalb die Versorgungsberechtigten 10 v.H. ihrer vollen Bezüge ohne jede Bemessungsgrenze als Beiträge zu entrichten hatten und die Versorgungsrenten grundsätzlich 90 v.H. der jeweiligen Nettobesoldung vor dem Ausscheiden aus dem Dienstverhältnis ausmachten[556]. Sinn der Zusatzversorgung war es, wie schon der Name besagt, den Berechtigten über die Mindestsicherung in der Sozialpflichtversicherung hinaus durch zusätzliche Leistungen einen prozentualen Teil ihres letzten Erwerbseinkommens (in der Regel 90 v.H. des Nettolohns) zu sichern. Hierfür waren ab 1971 Beiträge ohne eine Bemessungsgrenze zu entrichten, wobei die Beitragshöhe allerdings anstelle des üblichen Satzes von 10 v.H. oftmals nur 5 oder 3 v.H. betrug[557]. Daher ist die Zusatzversorgung in der ehemaligen DDR der Zusatzversorgung für Arbeiter und Angestellte des öffentlichen Dienstes oder der betrieblichen Altersversorgung in den alten Bundesländern vergleichbar.

Die unterschiedlichen Funktionen der einzelnen Alterssicherungssysteme machen deutlich, daß die Leistungen für Versorgungsberechtigte nicht mit den Altersrenten der gesetzlichen Rentenversicherung, sondern mit Versorgungsbezügen vergleichbarer Beamten bzw. mit den *Gesamtbezügen* (Altersrente zuzüglich von Zusatzrenten der Versorgungsanstalt oder der betrieblichen Altersversorgung) der Angestellten im öffentlichen Dienst oder in der Privatwirtschaft in Beziehung zu setzen sind. Nur auf diese Weise läßt sich ein aussagekräftiger Vergleich gewinnen, weil bei Höherverdienenden die Altersrente der gesetzlichen Rentenversicherung nur einen Teil ihrer Alterseinkünfte ausmacht und sie durch Zusatzversorgungsleistungen in gleicher Weise aufgestockt wird, wie dies die Zusatzversorgungssysteme in der ehemaligen DDR bezweckten.

---

[553] Vgl. hierzu Schulin, Sozialrecht, RN 484.
[554] Zu pauschal daher BVerfGE 87, 1 (5).
[555] Vgl. die Ausführungen des Bundesministers Dr. Blüm, aaO.
[556] Vgl. auch oben S. 15.
[557] Hierzu oben S. 14.

Für die Richtigkeit dieses Vergleichs streitet auch der Einigungsvertrag. Er ordnet einerseits die Überführung der erworbenen Versorgungsansprüche und -anwartschaften in die Rentenversicherung an, wobei diese nach Art, Grund und Umfang den Ansprüchen und Anwartschaften nach den allgemeinen Regelungen der Sozialversicherung anzupassen sind. Andererseits bestimmt er, daß eine Besserstellung „gegenüber vergleichbaren Ansprüchen und Anwartschaften aus anderen öffentlichen Versorgungssystemen nicht erfolgen darf"[558]. Damit differenziert der Einigungsvertrag ausdrücklich zwischen der Rentenversicherung als Teil der Sozial*versicherung* und öffentlichen *Versorgungs*systemen, wie auch Gesetzgebung und Literatur traditionell vom Gegensatz zwischen Versicherung und Versorgung ausgehen. So weist das Grundgesetz dem Bund in Art. 74 Nr. 12 die konkurrierende Gesetzgebungskompetenz für die Sozialversicherung einschließlich der Arbeitslosenversicherung, in Art. 74 Nr. 10 dagegen die Kompetenz für die Versorgung der Kriegsbeschädigten und Kriegshinterbliebenen und in Art. 74a Abs. 1 die Gesetzgebungsbefugnis für die Versorgung der Angehörigen des öffentlichen Dienstes zu. Dementsprechend hat der Gesetzgeber einerseits „gemeinsame Vorschriften für die Sozialversicherung"[559] und andererseits das „Bundesversorgungsgesetz"[560] sowie das „Beamtenversorgungsgesetz"[561] erlassen. Da auch das Schrifttum in weitgehender Übereinstimmung das Sozialrecht in Versicherung, Fürsorge und Versorgung gliedert[562], fehlt es an jedem Anhaltspunkt dafür, daß die Gegenüberstellung von „Sozialversicherung" und „öffentlichen Versorgungssystemen" im Einigungsvertrag zufällig und ungewollt ist. Vielmehr hat der Gesetzgeber in sachgerechter Weise die Leistungen der Zusatz- und Sonderversorgungssysteme der ehemaligen DDR an vergleichbaren „anderen öffentlichen Versorgungssystemen", insbesondere der Beamtenversorgung sowie der Alters-Gesamtversorgung für Angestellte im öffentlichen Dienst, bestehend aus der Altersrente der gesetzlichen Rentenversicherung und der Zusatzversorgung der Versorgungsanstalt, messen wollen. Insoweit sollte eine Besserstellung vermieden, jedoch keine Schlechterstellung herbeigeführt werden.

Führt man den vom Einigungsvertrag vorgegebenen Vergleich mit den öffentlichen Versorgungssystemen der alten Bundesländer durch, so zeigt sich, daß alle

---

[558] Vgl. Anl. II Kap. VIII Sachgeb. H Abschn. III Nr. 9 lit. b EV.
[559] Sozialgesetzbuch (SGB – Gemeinsame Vorschriftem für die Sozialversicherung – vom 23.12.1976 (BGBl. I S. 3845).
[560] Gesetz über die Versorgung der Opfer des Krieges vom 20.12.1950 (BGBl. I S. 791).
[561] Gesetz über die Versorgung der Beamten und Richter in Bund und Ländern i.d.F. vom 24.10.1990 (BGBl. I S. 2298).
[562] Vgl. Georg Wannagat, Lehrbuch des Sozialversicherungsrechts, 1965, § 1, S. 1 ff.; Bley/Kreikebohm, Sozialrecht, 7. Aufl., 1993, S. 7f.; Schulin, Sozialrecht, RN 34f.; Wolfgang Rüfner, Einführung in das Sozialrecht, 2. Aufl., 1991, S. 17; Merten, Art. Sozialrecht, Sozialpolitik, in: Benda/Maihofer/Vogel, Handbuch des Verfassungsrechts, 2. Aufl., 1994, RN 87.

Versorgungsberechtigten im Beitrittsgebiet schlechtergestellt werden als vergleichbare Beamte oder Angestellte in Westdeutschland. Anders als diese erhalten die Versorgungsberechtigten der ehemaligen DDR keine Zusatzversorgungsleistungen oder eine beamtenähnliche Versorgung, sondern sind allein auf die Leistungen der gesetzlichen Rentenversicherung als Mindest- oder Sockelsicherung verwiesen. Diese macht günstigstenfalls ähnlich wie bei westdeutschen Altersrentnern 72,4 v. H. (bei 45 anrechenbaren Versicherungsjahren) bzw. 64,3 v. H. (bei 40 anrechenbaren Versicherungsjahren) des Nettoentgelts eines vergleichbaren Beschäftigten aus[563]. Bis auf weiteres ist das Rentenniveau sogar noch niedriger, weil der die Rentenhöhe mitentscheidende *aktuelle Rentenwert*[564] ab 1. Juli 1993 für Ostrenten 32,17, für Westrenten dagegen 44,49 beträgt[565], so daß Ostrenten zur Zeit nur rd. 72 v.H. der vergleichbaren Westrenten erreichen, *effektiv* also nur 52,3 v. H. bzw. 46,5 v. H. des Nettoeinkommens eines vergleichbaren westdeutschen Beschäftigten erzielt werden, während die Zusatz- und Sonderversorgung in der ehemaligen DDR eine Alterssicherung in Höhe von 90 v.H. des Nettoeinkommens garantierte.

2. Der Binnenvergleich

Die Ungleichbehandlung wird noch augenfälliger, wenn man die Gruppe der Versorgungsberechtigten mit grenz*wahrenden* Einkünften und diejenige mit grenz*übersteigenden* Einkünften miteinander vergleicht. Versorgungsberechtigte mit *grenzwahrendem* Einkommen verlieren infolge der Überführung in die gesetzliche Rentenversicherung zwar ihre Alterssicherung in Höhe von 90 v.H. des Nettoeinkommens und erhalten im Unterschied zu vergleichbaren Beamten oder Angestellten keine beamtenähnliche Versorgung bzw. keine Zusatzversorgung (der Versorgungsanstalt des Bundes und der Länder bzw. der betrieblichen Altersversorgung). Sie werden aber unbeschadet eines vorübergehend geringeren aktuellen Rentenwerts letztlich wie vergleichbare westdeutsche Versicherte behandelt, weil sie je nach Anzahl der Versicherungsjahre bis zu 64,3 v.H. bzw. 72,4 v.H. eines vergleichbaren westdeutschen Nettoeinkommens dem Grunde nach erhalten. Bei Versorgungsberechtigten mit *grenzüberschreitenden* Einkünften sinkt dieser Prozentsatz jedoch drastisch, und zwar um so stärker, je höher das Individualeinkommen über der Beitragsbemessungsgrenze lag. Ein Versorgungsberechtigter, dessen Einkünfte die Beitragsbemessungsgrenze um 50 v.H. übertrafen, kann nunmehr auch im günstigsten Falle nur ein Altersruhe-

---

[563] Berechnet auf der Grundlage von 45 anrechnungsfähigen Versicherungsjahren. Bei 40 Versicherungsjahren sinkt der Satz auf 64 v.H. Vgl. Sozialbericht 1990, BT-Drucks. 11/7527, S. 151, Nr. 72.

[564] Hierzu Schulin, Sozialrecht, RN 576, 582.

[565] Vgl. § 1 Abs. 1 und 2 der Rentenanpassungsverordnung 1993 (RAV 1993) vom 9.6.1993 (BGBl. I S. 917).

B. §§ 6, 7 AAÜG auf dem Prüfstand des Gleichheitssatzes

geld in Höhe von 48,3 v.H. (bei 45 anrechnungsfähigen Versicherungsjahren) bzw. von 42,9 v.H. (bei 40 anrechnungsfähigen Versicherungsjahren) eines vergleichbaren Nettoeinkommens erzielen, wobei im Falle höherer Qualifikation die Zahl der anrechenbaren Versicherungsjahre und damit der Prozentsatz eher sinken dürfte.

Die Rentenüberleitung nach § 6 Abs. 1 i.V.m. Anl. 3 AAÜG bewirkt im Ergebnis, daß alle die Beitragsbemessungsgrenze übersteigenden individuellen Einkünfte fallbeilartig gekappt und die Gruppe mit grenzübersteigenden Einkünften der Gruppe mit grenzwahrenden Einkünften gleichgestellt wird. Auf die Beamtenversorgung übertragen, ergäbe sich die Versorgungsgleichung: Staatssekretär = Regierungsdirektor, d.h. alle Beamten mit Bezügen über A 16 würden in ihrer Versorgung dem Regierungsdirektor gleichgestellt werden. Der Kappungs- oder Gleichmacher-Effekt tritt ein, obwohl die Versorgungssysteme der ehemaligen DDR jeweils 90% des individuellen Nettoeinkommens garantieren sollten und die Versorgungsberechtigten anders als in der westdeutschen Rentenversicherung Beiträge von ihren gesamten Einkünften ohne Limitierung durch eine Beitragsbemessungsgrenze gezahlt hatten.

Die evidente Ungleichbehandlung innerhalb des Kreises der Versorgungsberechtigten ist weder durch das Institut der Beitragsbemessungsgrenze noch durch eine erforderliche Gleichbehandlung mit westdeutschen Zwangsversicherten gerechtfertigt. Die Beitragsbemessungsgrenze ist, wie bereits ausgeführt[566], weder eine vorgegebene noch eine unabänderliche Größe, so daß der Gesetzgeber ohne Beeinflussung des westdeutschen Versicherungssystems lediglich das Tabellenwerk der Anl. 3 AAÜG anders hätte fassen müssen, um sachgerechte Ergebnisse zu erreichen. Dadurch wäre auch keine unzulässige Ungleichbehandlung mit den Zwangsversicherten in den alten Bundesländern entstanden, weil diese anders als die Versorgungsberechtigten Beiträge nur bis zur Beitragsbemessungsgrenze geleistet hatten und für sie bei grenzüberschreitenden Einkünften anders als in der ehemaligen DDR sowohl die Möglichkeit als auch die Notwendigkeit bestanden hatte, im Falle des Fehlens von Zusatzversorgungsleistungen durch privatrechtliche Versicherungsverträge oder in sonstiger Form Vorsorge für eine einkommensadäquate Alterssicherung zu treffen.

Nach allem ist daher § 6 Abs. 1 i.V.m. Anl. 3 AAÜG wegen Verstoßes gegen Art. 3 Abs. 1 GG insoweit verfassungswidrig, als er Versorgungsberechtigte mit Einkünften, die oberhalb der Beitragsbemessungsgrenze lagen, rigoros denjenigen Versorgungsberechtigten gleichstellt, die Einkünfte in Höhe der Beitragsbemessungsgrenze bezogen.

---

[566] Vgl. oben S. 109f.

II. Unvereinbarkeit des § 6 Abs. 2 und 3
i. V. m. Anl. 4, 5 und 8 AAÜG mit Art. 3 Abs. 1 GG

1. Der Degressionseffekt bei der Einkommensanrechnung

Gegen Art. 3 Abs. 1 GG, insbesondere das Gebot der Gruppengerechtigkeit, verstoßen auch die Regelungen des § 6 Abs. 2 und 3 i. V. m. Anl. 4, 5 und 8 AAÜG[567]. Sie behandeln Personen für Zeiten der Zugehörigkeit zu bestimmten Versorgungssystemen oder in bestimmten Funktionen in erheblicher Weise unterschiedlich je nach dem, ob deren individuelles Arbeitsentgelt oder Arbeitseinkommen bis zu 140 v. H., zwischen 140 und 160 v. H. oder über 160 v. H. des Durchschnittsentgelts betrug[568]. Verdiente beispielsweise ein Versorgungsberechtigter in einem Zusatzversorgungssystem nach Anl. 1 Nr. 19 AAÜG im Kalenderjahr 1986 15 554,00 M, so erhält er gemäß § 6 Abs. 2 AAÜG Pflichtbeitragszeiten in dieser Höhe gutgeschrieben. Wer diesen Betrag um bis zu 2222,00 M jährlich überschritt, erhält kein höheres, sondern nur dasselbe Entgelt angerechnet. Verdiente ein vergleichbarer Versorgungsberechtigter 18 554,00 M, so werden ihm nur noch 13 989,00 M gutgeschrieben. Bei einem Entgelt in Höhe der Beitragsbemessungsgrenze (20 383,40 M) wird er sogar auf das Durchschnittsentgelt in Höhe von 11 110,00 M zurückgestuft. Demzufolge lassen sich folgende Versorgungsgleichungen aufstellen:

Individualentgelt bis 140 v. H. des Durchschnittsentgelts = bis 140 v. H.

Individualentgelt zwischen 140 bis 160 v. H. des Durchschnittsentgelts = 140 v. H.

Individualentgelt von 165 v. H. des Durchschnittsentgelts = 130 v. H.

Individualentgelt von 170 v. H. des Durchschnittsentgelts = 120 v. H.

Individualentgelt von 175 v. H. des Durchschnittsentgelts = 110 v. H.

Individualentgelt von 180 v. H. des Durchschnittsentgelts und darüber = 100 v. H.

Dieselbe Degression greift ungeachtet des jeweiligen Versorgungssystems auch ein, wenn ein Versorgungsberechtigter bestimmte, in § 6 Abs. 3 Nr. 1 bis 8 AAÜG enumerativ aufgeführte Beschäftigungen oder Tätigkeiten (z. B. als Betriebsdirektor oder Fachdirektor) ausgeübt hat[569]. Wer in diesen Funktionen 140 bis 160 v. H. des Durchschnittsentgelts erzielte, wird auf 140 v. H. zurückgestuft. Bei darüber hinausgehenden Einkünften erfolgt obiger Versorgungsgleichung entsprechend eine Degression bis zur Höhe des Durchschnittsentgelts. Daher kann ein Betriebsdirektor oder ein Richter im Ergebnis wie ein Durchschnittsverdiener behandelt werden, während das Entgelt seiner Hilfskräfte,

---
[567] I. d. F. des Art. 3 Nr. 3 und 14 Rü-ErgG vom 24. 6. 1993 (BGBl. I S. 1038).
[568] Vgl. hierzu im einzelnen oben S. 19.
[569] Vgl. hierzu im einzelnen oben S. 20.

B. §§ 6, 7 AAÜG auf dem Prüfstand des Gleichheitssatzes 127

sofern es die Beitragsbemessungsgrenze nicht übersteigt, voll berücksichtigt wird.

Sicherlich ist durch die Gesetzesnovellierung die frühere abrupte Fallbeil-Automatik abgemildert worden. Hatte doch das Überschreiten der Grenze von 140 v.H. des Durchschnittsentgelts um nur einen Pfennig jährlich dazu geführt, daß der Versorgungsberechtigte auf das Durchschnittsentgelt zurückgestuft wurde. In ähnlicher Weise wurde ein Schuldirektor allein wegen dieser Funktion gemäß § 6 Abs. 3 Satz 3 Nr. 6 AAÜG a.F. als Durchschnittsverdiener behandelt, während ein Lehrer derselben Schule, der möglicherweise sogar „systemtreuer" war, Versorgungsleistungen nach seinem tatsächlich erzielten Arbeitsentgelt erhielt. Trotz der Beseitigung grober Willkürlichkeiten sind die Regelungen auch nach der Novellierung noch nicht gleichheitskonform.

2. Sachgerechte Differenzierungen bei einkommensadäquater Versorgungsüberleitung

Beabsichtigt der Gesetzgeber, ausgerichtet am individuellen Arbeitsentgelt oder Arbeitseinkommen, erworbene Versorgungsrechte und Versorgungsanwartschaften in die gesetzliche Rentenversicherung zu überführen, dann begegnet es verfassungsrechtlichen Bedenken, wenn er Beschäftigte mit einem Arbeitsentgelt von mehr als 140 v.H. des Durchschnittsentgelts so behandelt, als wenn sie nur 140 v.H. des Durchschnittsentgelts erzielt hätten, oder sie sogar – falls das individuelle Arbeitsentgelt 160 v.H. des Durchschnittsentgelts übersteigt – noch schlechterstellt als diese Gruppe. Angesichts des gesetzgeberischen Regelungsziels einer einkommensadäquaten Versorgungsüberleitung muß grundsätzlich ein höheres individuelles Arbeitsentgelt auch zu einer höheren, darf aber keineswegs zu einer geringeren Versorgung führen, wie auch nach einem hergebrachten Grundsatz des Berufsbeamtentums eine Beförderung die Bezüge (und damit auch die Versorgung) nicht vermindern darf[570]. Der Gleichheitssatz gebietet auch die Achtung *vertikaler Gleichheit* im Verhältnis geringerer zu höheren Einkommen[571]. Deshalb darf der Gesetzgeber diesen vorgefundenen Sachverhalt bei einkommensorientierten Regelungen nicht ignorieren oder gar in sein Gegenteil verkehren.

a) Abbau überhöhter Leistungen

Ein zureichender Grund für die Gleichbehandlung ungleicher Sachverhalte und eine Diskriminierung der Höherverdienenden wäre angesichts der vom Einigungsvertrag vorgegebenen Sachgesetzlichkeit gegeben, wenn § 6 Abs. 2

---
[570] BVerfGE 18, 159 (170).
[571] Hierzu BVerfGE 87, 153 (170).

und 3 AAÜG dem Abbau „überhöhter Leistungen" diente[572]. Nun mögen Entgelte aus Gründen des Anreizes in bestimmten Bereichen, z. B. bei der Nationalen Volksarmee oder der Deutschen Volkspolizei (Anl. 2 Nr. 1 und 2 AAÜG), überhöht[573] und mag das Offizierskorps der Nationalen Volksarmee nach westdeutschen Maßstäben übersetzt gewesen sein, weshalb ehemalige NVA-Offiziere bei Übernahme durch die Bundeswehr um ein bis zwei Dienstgrade herabgestuft werden. In derartigen Fällen wäre eine Versorgungsreduzierung sachgerecht, wobei der Gleichheitssatz jedoch grundsätzlich eine prozentuale Absenkung erheischte und Kappungsgrenzen entgegenstünde.

Abweichungen hätte der Gesetzgeber jedoch im einzelnen dartun müssen. Zwar trifft ihn keine verfassungsrechtliche Pflicht zu optimaler Gesetzgebungsmethodik[574]. Er trägt dann aber die Last einer Verfassungswidrigkeit, wenn sich die Grundrechtskonformität von Eingriffen nicht feststellen läßt.

Daß jedes Arbeitsentgelt von mehr als 140 v. H. des Durchschnittsverdienstes in einer „staatsnahen" Funktion im Vergleich mit westdeutschen Verhältnissen überhöht gewesen sein soll, läßt sich angesichts der Fülle der in § 6 Abs. 2 Satz 1 AAÜG aufgezählten Versorgungssysteme[575] und der Vielzahl der Betroffenen nicht schlüssig behaupten. Übertrüge man die Kappungsgrenze auf die Beamtenbesoldung, so wäre der weitaus größte Teil des höheren Dienstes bis hinunter zum Regierungsrat davon betroffen[576].

Auch bei einem Vergleich des Arbeitsentgelts innerhalb der ehemaligen DDR fehlt es an Anhaltspunkten dafür, daß beispielsweise Angehörige der „technischen Intelligenz" in der Funktion eines Hauptreferenten oder Sektorenleiters im Ministerium für Bauwesen höhere Einkünfte erzielten als Personen mit vergleichbarer Tätigkeit und Vorbildung in volkseigenen Betrieben. Dieser Nachweis wäre jedoch Voraussetzung für eine gleichheitskonforme Schlechter-

---

[572] Vgl. Anl. II Kap. VIII Sachgeb. H Abschn. III Nr. 9 lit. b Nr. 1 EV.

[573] Vgl. in diesem Zusammenhang auch Anl. II Kap. XIX Sachgeb. B Abschn. III Nr. 2 lit. a EV, wonach die Bundesregierung unbeschadet der Weitergeltung der Besoldungsordnung für die Angehörigen der Nationalen Volksarmee ermächtigt wird, „die Leistungen auf die Angemessenheit im Verhältnis zu den Regelungen in anderen Bereichen des öffentlichen Dienstes zu überprüfen und neu festzusetzen".

[574] Vgl. BVerfGE 64, 33 (40); Merten, Optimale Methodik der Gesetzgebung, in: Hermann Hill (Hg.), Zustand und Perspektiven der Gesetzgebung, 1989, S. 92 in und zu FN 52 m. w. N.

[575] Es handelt sich im einzelnen um die in Anl. 1 Nr. 2, 3 sowie 19 bis 27 und Anl. 2 Nr. 1 bis 3 AAÜG aufgeführten Versorgungssysteme.

[576] Das (vorläufige) Durchschnittsentgelt in der Rentenversicherung beträgt für das Jahr 1992 monatlich DM 3824,08 (vgl. Sozialversicherungs-Rechengrößenverordnung 1992 vom 18. 12. 1991 [BGBl. I S. 2331]). 140 v. H. davon machen DM 5353,71 aus. Ein Regierungsrat (A 13) in der 10. Dienstaltersstufe erhielt 1992 monatlich DM 5365,85 (Grundgehalt in Höhe von DM 4380,86 zuzüglich des Ortszuschlages I b Stufe 2 in Höhe von DM 984,99).

stellung der Angehörigen „staatsnaher" Versorgungssysteme. Denn diese werden bei Einkünften oberhalb der Beitragsbemessungsgrenze im Ergebnis wie ein Durchschnittsverdiener behandelt, während Einkünfte in derselben Höhe bis zur Beitragsbemessungsgrenze berücksichtigt werden, wenn die Beschäftigten nicht der Altersversorgung für hauptamtliche Mitarbeiter des Staatsapparates (Anl. 1 Nr. 19 AAÜG), sondern der Altersversorgung der technischen Intelligenz (Anl. 1 Nr. 1 AAÜG) angehörten. Im ersteren Fall lautet die Versorgungsgleichung 181 = 100, im zweiten Fall 181 = 180.

Die Ungleichbehandlung im Verhältnis von 100:180, die fast zu einer Halbierung des anrechenbaren Arbeitseinkommens im ersteren Fall führt, ist so beträchtlich, daß sie selbst bei einer maßvollen Besserstellung der Mitarbeiter des Staatsapparates nach Art einer Ministerialzulage in der Beamtenbesoldung nicht gerechtfertigt wäre. Selbst wenn man derartige Zuschläge nicht als Funktionszulage, sondern als Systemprämie wertete, würde dies nur eine entsprechende Reduktion, nicht aber die drastische Absenkung auf das Durchschnittsentgelt rechtfertigen, wodurch bei einer Übertragung auf die Beamtenbesoldung Höherverdienende auf die Bezüge eines Inspektors verwiesen werden[577].

Nach allem läßt sich die Gleichbehandlung erheblich divergierender Sachverhalte in der von § 6 Abs. 2 und 3 AAÜG gewählten Form nicht pauschal als Abbau „überhöhter" Leistungen legitimieren.

b) Berücksichtigung von Verstößen gegen
die Grundsätze der Menschlichkeit oder Rechtsstaatlichkeit?

Die Regelungen des § 6 Abs. 2 und 3 AAÜG lassen sich auch nicht mit der im Einigungsvertrag vorgesehenen Kürzung oder Aberkennung von Versorgungsansprüchen und -anwartschaften bei Verstößen gegen die Grundsätze der Menschlichkeit oder Rechtsstaatlichkeit rechtfertigen[578]. Dabei kann dahinstehen, ob Rentenkürzungen als quasi-pönale Sanktionen insbesondere wegen des Grundsatzes der Wertneutralität im Sozialversicherungssystem verfassungsrechtlich überhaupt zulässig sind[579].

Auch wenn man die DDR pauschal als Unrechtssystem qualifiziert, kann nicht generell unterstellt werden, daß alle Versorgungsberechtigten, die einem der in Anl. 1 Nr. 2, 3 oder 19 bis 27 oder Anl. 2 Nr. 1 bis 3 AAÜG aufgeführten Versorgungssysteme angehörten, damit eo ipso Grundsätze der Menschlichkeit

---

[577] Ein Inspektor (Besoldungsgruppe A 9) in der letzten Dienstaltersstufe erhielt 1992 Bezüge in Höhe von DM 3864,45 (Grundgehalt in Höhe von DM 2971,64 zuzüglich des Ortszuschlags Ic Stufe 2 in Höhe von DM 892,81) und übertraf damit noch das Durchschnittsentgelt in Höhe von DM 3824,08.
[578] Vgl. Anl. II Kap. VIII Sachgeb. H Abschn. III Nr. 9 lit. b Nr. 2 EV.
[579] Hierzu oben S. 41 ff., 49 ff.

oder Rechtsstaatlichkeit verletzten. Davon geht auch der Einigungsvertrag nicht aus, der gemäß seinen Art. 18 und 19 Gerichtsentscheidungen und Verwaltungsakte der DDR aus der Zeit vor dem Beitritt grundsätzlich für weiter wirksam erklärt und nur ausnahmsweise deren Aufhebung u.a. wegen Rechtsstaatswidrigkeit vorsieht. Demzufolge hat auch der Gesetzgeber eine strafrechtliche Rehabilitierung von Opfern nicht schlechthin, sondern nur unter bestimmten Voraussetzungen vorgesehen[580], wobei er in ebenso subtiler wie fragwürdiger Differenzierung den Begriff des Staatsunrechts vermeidet und nur von „SED-Unrecht" spricht[581].

aa) Zur Breite der Funktionen in „staatsnahen" Versorgungssystemen

Aus der bloßen Zugehörigkeit zu bestimmten Versorgungssystemen ohne weiteres auf Unrechtshandlungen zu schließen, ist um so weniger angängig, als in der jeweiligen zusätzlichen Altersversorgung Beschäftigte mit ganz unterschiedlichen Funktionen zusammengefaßt waren. So umschloß die Freiwillige Zusätzliche Altersversorgung für Mitarbeiter des Staatsapparates (Anl. 1 Nr. 19 AAÜG) auch die hauptamtlichen Mitarbeiter des Leitungsbereiches der Akademie der Wissenschaften, der Versorgungseinrichtungen des Ministerrates und des Regierungskrankenhauses[582]. In der Freiwilligen Zusätzlichen Altersversorgung für hauptamtliche Mitarbeiter gesellschaftlicher Organisationen (Anl. 1 Nr. 21 AAÜG) waren auch die hauptamtlichen Mitarbeiter der Liga der Vereinten Nationen, der Gesellschaft zur Förderung des olympischen Gedankens, des Pen-Zentrums, der Urania, des Nationalen Olympischen Komitees, des Verbandes der Kleingärtner, Siedler und Kleintierzüchter, des Verbandes der Theaterschaffenden, des Verbandes der Komponisten und Musikwissenschaftler versichert[583]. Der Freiwilligen Zusätzlichen Altersversorgung für hauptamtliche Mitarbeiter der SED/PDS gehörten neben hauptamtlichen Mitarbeitern im Parteiapparat auch die Mitarbeiter der Verlage „Für die Frau", „Sportverlag" und „Deutscher Bauernverlag" an[584].

---

[580] Vgl. Art. 1 (Strafrechtliches Rehabilitierungsgesetz) des Ersten Gesetzes zur Bereinigung von SED-Unrecht vom 29.10.1992 (BGBl. I S. 1814); hierzu auch Hannes Kaschkat/Harry Schlip, Zum Entwurf des 1. SED-Unrechtsbereinigungsgesetzes, DA 1992, S. 123 ff.

[581] Vgl. in diesem Zusammenhang auch den Entwurf eines Zweiten Gesetzes zur Bereinigung von SED-Unrecht, BT-Drucks. 12/4994.

[582] Siehe Henner Wolter, Zusatzversorgungssysteme der Intelligenz, 1992, S. 208.

[583] Vgl. Wolter, aaO, S. 210.

[584] Siehe Wolter, aaO, S. 213; Art. 3 Nr. 13 lit. c) Rü-ErgG hat daher die Anl. 7 AAÜG ergänzt, wodurch die hauptamtlichen Mitarbeiter in Druckerein und Verlagen mit Ausnahme der Leiter und Redakteure von den Kürzungen nach § 6 Abs. 2 AAÜG ausgenommen werden.

B. §§ 6, 7 AAÜG auf dem Prüfstand des Gleichheitssatzes

Zwar ist nicht auszuschließen, daß Versorgungsberechtigte auch in rechtsstaatlich weniger sensiblen Funktionen gegen die Grundsätze der Rechtsstaatlichkeit oder Menschlichkeit verstoßen haben. Die Wahrscheinlichkeit hierfür ist jedoch nicht größer als bei Versorgungsberechtigten, die anderen, in Art. 6 Abs. 2 und 3 AAÜG nicht aufgeführten Versorgungssystemen, z. B. der Zusätzlichen Altersversorgung der technischen Intelligenz, angehörten. Bei gleicher Unrechtswahrscheinlichkeit darf der Gesetzgeber aber die Gruppen der Versorgungsberechtigten nicht ohne einleuchtenden Grund ungleich behandeln.

Nicht einmal der Dienst in der Nationalen Volksarmee, die „die sozialistischen Errungenschaften des Volkes gegen alle Angriffe von außen" zu schützen hatte[585], war schlechthin rechtsstaatswidrig. So differenziert das *OLG Naumburg*[586] zwischen den Aufgaben der Grenztruppen[587], die es als wesentlichen Grundsätzen einer freiheitlichen rechtsstaatlichen Ordnung widersprechend erklärt[588], während der Dienst in anderen Einheiten nach Auffassung des Gerichts „in der Regel nicht unvereinbar mit einer rechtsstaatlichen Ordnung" war. Ähnliches gilt für den Strafvollzug. Trotz allgemeiner Recht- und Wehrlosigkeit der Gefangenen in den Vollzugsanstalten der DDR wird angesichts der Zahl registrierter Mißhandlungen nicht der Schluß gezogen, daß Tätlichkeiten gegen Gefangene in der DDR alltäglich waren[589].

Selbst der unter rechtsstaatlichen Gesichtspunkten problematische Internationale Militärgerichtshof in Nürnberg[590] hat zwar die SS sowie die Gestapo und den SD hinsichtlich bestimmter Gruppen, nicht aber die SA oder gar die Reichsregierung, den Generalstab und das Oberkommando der Wehrmacht für ver-

---

[585] Art. 7 Abs. 2 der Verfassung der DDR vom 9. 4. 1968 i. d. F. vom 7. 10. 1974.
[586] Beschl. vom 2. 3. 1993, JZ 1993, S. 582 f. = MDR 1993, S. 681 f. = JR 1993, S. 302 f.
[587] Siehe in diesem Zusammenhang auch Werner Filmer/Heribert Schwan, Opfer des Todes, 1991; Heiner Sauer/Hans-Otto Plumeyer, Der Salzgitter Report, 1991, S. 255 ff.
[588] Zur Strafbarkeit von „Mauerschützen" BGH, Urt. vom 3. 11. 1992, NJW 1993, S. 141 ff.; Urt. vom 25. 3. 1993, NJW 1993, S. 1932 ff.; Urt. vom 8. 6. 1993, DtZ 1993, S. 255 f.; BVerfG (3. Kammer des Zweiten Senats), Beschl. vom 21. 2. 1992, DtZ 1992, S. 216 sub 2; vgl. ferner Knut Amelung, JuS 1993, S. 637 ff.; Jörg Arnold/Martin Kühl, JuS 1992, S. 991 ff.; Steffen Heitmann, NJW 1992, S. 2177 ff. (2180 ff.); Felix Herzog, NJ 1993, S. 1 ff.; Joachim Hruschka, JZ 1992, S. 665 ff.; Günther Jakobs, in: Josef Isensee (Hg.), Vergangenheitsbewältigung durch Recht, 1992, S. 37 ff.; Georg Küpper, JuS 1992, S. 723 ff.; dens./Heiner Wilms, ZRP 1992, S. 91 ff.; Klaus Lüderssen, Der Staat geht unter – das Unrecht bleibt?, 1992; Walter Odersky, Die Rolle des Strafrechts bei der Bewältigung politischen Unrechts, 1992; Jörg Polakiewicz, EuGRZ 1992, S. 177 ff.; Friedrich-Christian Schroeder, JZ 1992, S. 990 ff.; dens., JR 1993, S. 45 ff.; Rudolf Wassermann, NJW 1993, S. 895 ff.; für Herwig Roggemann (DtZ 1993, S. 10 ff.) sind die Mauerschützen-Verfahren „politische Prozesse".
[589] So Heiner Sauer/Hans-Otto Plumeyer, Der Salzgitter Report, 1991, S. 196.
[590] Vgl. hierzu Eckart Klein, Die Bedeutung der Nürnberger Prozesse für die Bewältigung des SED-Unrechts, ZRP 1992, S. 208 ff.; jüngst Susanne Jung, Die Rechtsprobleme der Nürnberger Prozesse, 1992. Das Gericht war im übrigen reines Siegertribunal.

brecherische Organisationen erklärt[591]. Der Alliierte Kontrollrat hat bei der Bestrafung von „Kriegsverbrechern, Nationalsozialisten und Militaristen" zwischen Hauptschuldigen, Belasteten (Aktivisten, Militaristen und Nutznießern), Minderbelasteten (Bewährungsgruppe), Mitläufern und Entlasteten unterschieden[592] und die Überprüfung bestimmter Personengruppen im Hinblick auf ihre Funktionen angeordnet, wovon in der Gruppe der Juristen nicht die Richter schlechthin, sondern im wesentlichen die Präsidenten und Vizepräsidenten der Reichsgerichte einschließlich des Vorsitzenden des Sondersenats beim Reichsgericht sowie die Oberlandesgerichtspräsidenten betroffen waren[593].

Ist nach allem Differenzierung geboten, so handelt der Gesetzgeber willkürlich, wenn er als Reaktion auf unbestreitbare Verstöße gegen die Grundsätze der Rechtsstaatlichkeit oder Menschlichkeit eine versorgungsrechtliche Kollektivschuld des „Staatsapparates" statuiert und die gebotene Unterscheidung zwischen Organwaltern mit rechtsstaatswidrigen Exzessen und anderen außer acht läßt sowie zudem nicht berücksichtigt, daß derartige Übergriffe nicht an eine „Staatsnähe" geknüpft waren, sondern sich auch in anderen Bereichen, z.B. in volkseigenen Betrieben, ereignen konnten.

bb) Die Problematik einer Unrechtsbegehungsgrenze

Insbesondere fehlt es an jedem sachlich einleuchtenden Grund für die vom Gesetzgeber gezogene und an eine bestimmte Höhe des Arbeitsentgelts geknüpfte *Unrechtsbegehungsgrenze*. Wollte man § 6 Abs. 2 und 3 AAÜG als Sanktion für rechtsstaats- oder menschenrechtswidriges Handeln rechtfertigen, so liefe dieser Versuch letztlich auf die These hinaus, daß bei Einkünften bis zu 140 v.H. des Durchschnittsentgelts Rechtsstaatlichkeit und Menschenrechte beachtet wurden, so daß sich eine Kürzung erübrigt, bei Einkünften zwischen 140 und 160 v.H. gegen diese Grundsätze in mäßiger Weise verstoßen wurde, so daß eine Kappung auf 140 v.H. des Durchschnittsentgelts angemessen ist, und erst bei Einkünften über 160 v.H. des Durchschnittsentgelts Rechtsstaatlichkeit und Menschenrechte übermäßig verletzt wurden, so daß eine degressive Absenkung des anrechenbaren Einkommens bis zum Durchschnittsverdienst erforderlich ist.

Die Höhe des Arbeitsentgelts ist ebensowenig Anzeichen für begangenes Unrecht wie die Höhe des Vermögens Indiz für dessen rechtswidrigen Erwerb.

---

[591] Urt. vom 1.10.1946.

[592] Vgl. Abschn. II Kap. I der Direktive Nr. 38 (ABl. des Kontrollrats in Deutschland 1945, Nr. 1); siehe auch Art. 4 des Gesetzes (der amerikanischen Militärregierung) „zur Befreiung von Nationalsozialismus und Militarismus" vom 5.3.1946 (BayGVBl. S. 145).

[593] Vgl. Anl. A Abschn. I lit. N zur Direktive Nr. 38; siehe auch die Anlage zum „Gesetz zur Befreiung von Nationalsozialismus und Militarismus" Teil A lit. N Klasse I.

B. §§ 6, 7 AAÜG auf dem Prüfstand des Gleichheitssatzes

Einer derartigen Theorie *einkommensabhängiger Inhumanität* mangelt nicht nur jeglicher Anhaltspunkt, sondern widerstreitet auch die Erfahrung, daß es neben einer Genialität des Bösen auch eine Banalität des Bösen[594] gibt und in jedem Unrechtssystem nicht nur Schreibtischtäter, sondern auch Peiniger vor Ort gedeihen, der nationalsozialistische Blockwart ebenso wie der realsozialistische Parteisekretär. Mit Unrechtsahndung läßt sich jedenfalls die Privilegierung der unteren und mittleren Führungsebene der ehemaligen DDR[595] und die Diskriminierung der höheren Führungsebene nicht rechtfertigen.

cc) Zur Widerspruchsfreiheit einer Rechtsordnung

Eine generelle Versorgungskürzung als Ahndung für vermutetes oder unterstelltes Unrecht stößt schließlich unter dem Gesichtspunkt der Widerspruchsfreiheit einer Rechtsordnung auf Bedenken. Denn Widerspruchslosigkeit ist der Geltungsgrund einer Rechtsordnung, und „das Postulat der Gleichheit vor dem Recht fordert, einmal getroffene Wertungen beizubehalten"[596].

Dabei ist der Gesetzgeber freilich nicht gehindert, differierende Sachverhalte entsprechend ihrer Unterschiedlichkeit ungleich zu behandeln und für besondere Gegebenheiten gesteigerte Anforderungen zu stellen. Deshalb darf er vom Staatsdiener intensivere Verfassungstreue verlangen als vom Staatsbürger, darf disziplinarrechtlich im Besonderen Gewaltverhältnis ein Verhalten als rechtswidrig bezeichnen, das er im allgemeinen Gewaltverhältnis strafrechtlich nicht mit diesem Verdikt belegt.

Um der „Einheit der Rechtsordnung"[597] willen muß sich der Gesetzgeber jedoch um einheitliche Wertungen bemühen und Wertungswidersprüche vermeiden. Der Gleichheitssatz gebietet, Unterschiede entsprechend ihrer Verschiedenartigkeit proportional und nicht disproportional zu behandeln. So ist die Legislative nicht gehindert, dem Einkommensteuerpflichtigen eine größere Summe steuerfrei zu belassen, als sie das Sozialhilferecht als Existenzminimum vorsieht. Dagegen kommt es zu einem Wertungswiderspruch, wenn das Steuerrecht einem Steuerpflichtigen von seinem selbst erworbenen Einkommen eine geringere Summe steuerlich verschont, als sie der Sozialhilfeempfänger ohne eigene Einkünfte als Staatsleistung zum Lebensunterhalt erhält[598].

---

[594] Vgl. in diesem Zusammenhang Hannah Arendt, Eichmann in Jerusalem. Ein Bericht von der Banalität des Bösen, 1964, Neuausgabe 1986.
[595] Siehe hierzu auch die Begründung des Entwurfs eines Gesetzes zur Ergänzung der Rentenüberleitung (BT-Drucks. 12/4810 vom 27. 4. 1993) sub B III, Spiegelstrich 3, S. 2.
[596] So Paul Kirchhof, Unterschiedliche Rechtswidrigkeiten in einer einheitlichen Rechtsordnung, 1978, S. 8f.; vgl. dens., Die Vereinheitlichung der Rechtsordnung durch den Gleichheitssatz, in: Reinhard Mußgnug (Hg.), Rechtsentwicklung unter dem Bonner Grundgesetz, 1990, S. 49.
[597] Hierzu Karl Engisch, Die Einheit der Rechtsordnung, 1935.

Sieht der Gesetzgeber das Unrechtssystem der ehemaligen DDR nicht als Hindernis dafür an, Beschäftigungsverhältnisse auch in „staatsnahen" Funktionen bestehen und auf die Bundesrepublik übergehen zu lassen, wie der Einigungsvertrag zu erkennen gibt[599], und ist auch an eine Übernahme in das Beamtenverhältnis wenn auch auf Grund von Einzelfallprüfungen[600] gedacht, dann kann dieselbe Tätigkeit nicht gleichzeitig pauschal als rechtsstaats- oder menschenrechtswidrig mit der Folge gewertet werden, daß das während dieser Zeit erzielte Einkommen abweichend von der Regel gegebenenfalls nur bis zur Höhe des Durchschnittsverdienstes in die Versorgung eingeht. Stehen nach Presseberichten[601] für die rd. 5400 übernahmewilligen Offiziere der ehemaligen Nationalen Volksarmee rd. 3100 Stellen zur Verfügung, so daß nach Überprüfung fast 60 v. H. der Bewerber in die Bundeswehr eingegliedert werden können, so kann der Gesetzgeber nicht gleichzeitig den Dienst in der Nationalen Volksarmee bei der Versorgungsüberführung diskriminieren, ohne daß den Betroffenen eine Nachprüfung ihres früheren Verhaltens ermöglicht wird. Selbst das „Gesetz zur Befreiung von Nationalsozialismus und Militarismus" der amerikanischen Militärregierung stufte Personengruppen nur mit widerlegbarer Vermutung als Hauptschuldige oder Belastete ein und ließ einen Gegenbeweis im Spruchkammerverfahren[602] zu[603].

Nach allem können „Staatsnähe" und Amtsfunktion für sich alleine keine – noch dazu unwiderlegbare – Vermutung für Verstöße gegen die Grundsätze der Menschlichkeit oder Rechtsstaatlichkeit begründen. Dafür spricht auch der Wortlaut des Einigungsvertrages, der bei der Versorgungsüberführung *generell* ungerechtfertigte Leistungen abschaffen, überhöhte Leistungen abbauen und Besserstellungen vermeiden will, während er eine darüber hinausgehende Kürzung oder Aberkennung der Versorgung an die *individuelle* Voraussetzung knüpft, daß „der Berechtigte oder die Person, von der sich die Berechtigung ableitet, gegen

---

[598] So Paul Kirchhof, Unterschiedliche Rechtswidrigkeiten in einer einheitlichen Rechtsordnung, 1978, S. 31; ihm folgend BVerfGE 87, 153 (170f.).

[599] Vgl. die Amtliche Begründung zu Art. 20 EV sub A, 3. Abs. (abgedr. in Stern/Schmidt-Bleibtreu, Einigungsvertrag, S. 144) sowie Anl. I Kap. XIX Sachgeb. A Abschn. III Nr. 1 Abs. 2 EV; hierzu auch BVerfGE 84, 133 (147).

[600] Vgl. die Amtliche Begründung zu Art. 20 EV sub A, 3. Abs.

[601] FAZ vom 21. 7. 1993.

[602] Vgl. zum Entnazifizierungsverfahren Rudolf Morsey, Die Bundesrepublik Deutschland, 2. Aufl., 1990, S. 5f.; ferner die abgewogene Darstellung in: Im Namen des Deutschen Volkes, Justiz und Nationalsozialismus, hg. vom Bundesministerium der Justiz, 1989, S. 314ff., insbes. S. 320; allzu oberflächlich dagegen Rainer Schröder, Rechtsgeschichte der Nachkriegszeit, JuS 1993, S. 617ff., der den Spruchkammern die „Gewährung eines rechtsstaatlichen Verfahrens" attestiert (S. 618 r. Sp.). Diese Qualifizierung ist schon wegen der fehlenden Unschuldsvermutung als Ausprägung des Rechtsstaatsprinzips bedenklich; dazu BVerfGE 74, 358 (370).

[603] Vgl. Art. 6 und 10 des Gesetzes vom 5.3.1946 (BayGVBl. S. 145) sowie die Gesetzesanlage Teil A.

die Grundsätze der Menschlichkeit oder Rechtsstaatlichkeit verstoßen oder in schwerwiegendem Maße seine Stellung mißbraucht hat"[604]. Da Tatbestand und Rechtsfolge konditional verknüpft sind, wie die Konjunktion „wenn" ausweist, ist ein Fehlverhalten des Berechtigten Voraussetzung oder Bedingung für eine sozialversicherungsrechtliche Sanktion.

Im Rechtsstaat, dem jede Form von „Kollektivschuld" zutiefst wesensfremd ist, muß Fehlverhalten im Einzelfalle vorwerfbar und nachweisbar sein, weshalb Versorgungskürzungen wegen Verstößen gegen die Rechtsstaatlichkeit oder Menschlichkeit nur individuell, nicht aber generell verhängt werden dürfen. Der Rechtsstaat würde sich ad absurdum führen, wenn er unter Preisgabe seiner eigenen Prinzipien auf vermutete oder unterstellte Verstöße gegen die Rechtsstaatlichkeit reagierte. Die Maxime: „Keine Rechtsstaatlichkeit für die Feinde des Rechtsstaats" findet im Grundgesetz keine Stütze.

III. Unvereinbarkeit des § 7 i. V. m. Anl. 6 AAÜG mit Art. 3 Abs. 1 GG

Die generelle und unterschiedslose Absenkung des individuellen Arbeitsentgelts oder Arbeitseinkommens während der Zugehörigkeit zu dem Versorgungssystem des ehemaligen Ministeriums für Staatssicherheit/Amtes für Nationale Sicherheit gemäß § 7 AAÜG auf die Höchstbeträge der Anl. 6 AAÜG, d. h. auf maximal 70 v. H. des in Anl. 5 AAÜG ausgewiesenen Durchschnittsentgelts hat vor dem Gleichheitssatz von vornherein einen schweren Stand.

Angesichts des Gesetzesziels einer einkommensadäquaten Versorgungsüberführung muß die rigorose Gleichbehandlung erheblich unterschiedlicher Sachverhalte willkürlich erscheinen. Bewirkt § 7 AAÜG doch im Ergebnis, daß trotz unterschiedlichen Arbeitsentgelts infolge unterschiedlicher Funktion und/oder Ausbildung[605] die Versorgung aller Beschäftigten ceteris paribus gleich hoch ausfällt, solange sie mindestens 70 v. H. des Durchschnittsentgelts verdienten. Die drastische Kappung führt dazu, daß einem Beschäftigten mit einem Arbeitsentgelt in Höhe von 180 v. H. des Durchschnittsverdienstes hiervon für die Versorgung nur rd. 39 v. H. gutgeschrieben werden, während einem Beschäftigten mit einem Entgelt in Höhe von 75 v. H. des Durchschnittsverdienstes rd. 93 v. H. für die Versorgung angerechnet werden. Daraus leitet sich die frappierende Versorgungsgleichung ab: Abteilungsleiter im Ministerium für Staatssicherheit = Pförtner im Ministerium für Staatssicherheit.

Daß diese Versorgungsnivellierung nicht mit dem Abbau überhöhter Leistungen oder der Vermeidung einer Besserstellung gegenüber vergleichbaren Lei-

---

[604] Vgl. Anl. II Kap. VIII Sachgeb. H Abschn. III Nr. 9 lit. b Nr. 1 und 2.
[605] Von den Beschäftigten waren 12 300 Hochschulabsolventen, 30 000 Fachschulabsolventen und 42 700 Meister bzw. Facharbeiter. Angaben nach David Gill/Ulrich Schröter, Das Ministerium für Staatssicherheit, 1991, S. 35.

stungen aus anderen öffentlichen Versorgungssystemen gerechtfertigt werden kann, liegt auf der Hand[606]. Zwar mögen die Mitarbeiter des Ministeriums für Staatssicherheit in sachlich unvertretbarer Weise begünstigt worden sein. Verdiente eine Küchenhilfe im Range eines Oberfeldwebels monatlich 1400 M[607] und damit rund 135% des Durchschnittsentgelts, so hätte sie im Interesse einer Versorgungsgerechtigkeit bei der Versorgungsüberführung auf die Bezüge einer ihr vergleichbaren Arbeiterin herabgestuft werden können. Derartige Versorgungskorrekturen hätten jedoch grundsätzlich eine prozentuale Kürzung nahegelegt, rechtfertigen aber keinesfalls die Beseitigung jeglichen Spannungsabstandes zwischen den Gehaltsgruppen bei der Versorgung und die völlige Vernachlässigung des Gebots vertikaler Gleichheit im Verhältnis geringerer zu höheren Einkommen[608]. Daß selbst für höher qualifizierte Tätigkeiten im Ministerium für Staatssicherheit (z.B. im Medizinischen Dienst) nur 70% des Durchschnittsentgelts eine angemessene Vergütung darstellen sollen, entbehrt jeder Schlüssigkeit.

Gerade bei der Sonderversorgung der Angehörigen des ehemaligen Ministeriums für Staatssicherheit/Amtes für Nationale Sicherheit liegt es nahe, als sachlichen Grund für die spezifische Verdienstberücksichtigungsgrenze nach Anl. 6 AAÜG Verstöße gegen die Grundsätze der Menschlichkeit oder Rechtsstaatlichkeit anzusehen, wie sie nach dem Einigungsvertrag zur Kürzung oder Aberkennung von Versorgungsansprüchen und -anwartschaften führen sollen[609]. Werden doch im Rahmen der „Regierungskriminalität" insbesondere dem Ministerium für Staatssicherheit Verschleppungen, Entführungen und Freiheitsberaubungen, Tötungen mißliebiger Bürger, Eingriffe in das Fernsprech- und Postgeheimnis sowie Eindringen in fremde Wohnungen zum Vorwurf gemacht[610]. Zu der Hinterlassenschaft des Ministeriums gehören rund 200 km Akten und Unterlagen, die etwa 6 Mill. Personendossiers umfassen[611]. „Elektronische und menschliche Wanzen, Wichtigtuer, Denunzianten, Opportunisten und Überzeugungstäter" haben nach Burkhard *Hirsch*[612] „mit spießbürgerlicher Emsigkeit ihre Mitarbeiter, ihre Vorgesetzten und Untergebenen, ihre Freunde und

---

[606] Vgl. hierzu auch oben S. 114ff.

[607] Vgl. LAG Berlin, NJ 1992, S. 226f. (227). Nach dem – soweit ersichtlich – unveröffentlichten Urteil des LAG Berlin (9 Sa 102/92) vom 11.1.1993 verdiente eine Krankenschwester beim MfS, die für die ambulante Betreuung der Mitarbeiter zuständig war, im Range eines Oberleutnants monatlich 1500 M.

[608] Hierzu BVerfGE 87, 153 (170).

[609] Anl. II Kap. VIII Sachgeb. H Abschn. III Nr. 9 lit. b Nr. 2 EV.

[610] Hierzu Jutta Limbach, Vergangenheitsbewältigung durch die Justiz, DtZ 1993, S. 66ff. (67 sub II).

[611] Vgl. Wolfgang Schäuble, Der Einigungsvertrag in seiner praktischen Bewährung, DA 1992, S. 233ff. (240).

[612] Das Stasi-Gesetz – ein Beitrag zur Bewältigung der Vergangenheit?, in: Festschrift für Jürgen Baumann zum 70. Geburtstag, 1992, S. 517ff. (520).

B. §§ 6, 7 AAÜG auf dem Prüfstand des Gleichheitssatzes 137

Bekannten, ihre Verwandten und Lebenspartner beschnüffelt, angezeigt und betrogen".

Im Hinblick auf Art. 3 Abs. 1 GG und das Postulat der Gruppengerechtigkeit stellt sich jedoch die Frage, ob der Gesetzgeber pauschal alle Versorgungsberechtigten aus dem Versorgungssystem der Anl. 2 Nr. 4 AAÜG gleichbehandeln darf oder ob nicht zwischen einzelnen Gruppen nach Art und Gewicht solche tatsächlichen Unterschiede bestehen, die das Gesetz nicht sachwidrig außer acht lassen darf. Richten sich auch Empörung und Verbitterung gegen das Ministerium für Staatssicherheit/Amt für Nationale Sicherheit schlechthin, so sind doch nicht alle Abteilungen, und insbesondere nicht alle hauptamtlichen Mitarbeiter, in gleicher Weise davon betroffen.

Während die Hauptabteilung XX eine Schlüsselstellung bei der Bespitzelung der DDR-Bevölkerung einnahm, war der Abteilung XI der Chiffrierdienst und der Abteilung XII die Aktenverwaltung des Ministeriums anvertraut. Die Abteilung XIII beherbergte das Rechenzentrum des Ministeriums, und der Arbeitsgruppe XVII oblagen die inhaltlichen, personellen und material-technischen Aufgaben der Besucherbüros in West-Berlin. Die Hauptabteilung III war auf die Funkaufklärung vor allem gegenüber den Nato-Staaten spezialisiert. Außerdem verfügte das Ministerium auch über einen Zentralen Medizinischen Dienst (ZMD), dem die medizinische Versorgung der Mitarbeiter anvertraut war. Bis 1974 bestand eine eigene Abteilung XVI (Kfz-Dienst)[613].

Will man nicht den Vorwurf einer Systemunterstützung ins Uferlose weiten und ein ganzes „Volk am Pranger"[614] sehen, so darf man Handlungen nicht inkriminieren, die wie z. B. Archiv-, Chiffrier- oder Medizinischer Dienst nicht Grundsätze der Rechtsstaatlichkeit oder der Menschlichkeit verletzten, sondern nur dem „Unrechtssystem" dienten. Wer für das Ministerium für Staatssicherheit geheimdienstliche Agententätigkeit ausübte, war nicht einmal nach westdeutschem Strafrecht strafbar, solange sich die Aktivität speziell oder ausschließlich gegen ausländische oder individuelle Belange richtete und die Interessen der Bundesrepublik Deutschland nicht berührt waren[615].

§ 7 AAÜG behandelt aber nicht nur unterschiedliche Funktionen auf horizontaler Ebene gleich, sondern differenziert vor allem nicht in vertikaler Richtung zwischen den großen und den kleinen Handlangern des Unrechts. So gab es auch im Ministerium für Staatssicherheit/Amt für Nationale Sicherheit Beschäftigte

---

[613] Alle Angaben nach David Gill/Ulrich Schröter, Das Ministerium für Staatssicherheit, 1991, S. 40 ff.
[614] Vgl. Albrecht Schönherr (Hg.), Ein Volk am Pranger?, 1992.
[615] Vgl. § 99 StGB; hierzu Stree, in: Schönke/Schröder, Strafgesetzbuch, 24. Aufl., 1991, RN 19 ff.; BVerfGE 57, 250 (267 f.); BGHSt. 38, 75; zur Strafbarkeit von MfS-Offizieren auch OLG Stuttgart NJW 1993, S. 1406 f.; zum Vergleich der Auslandsaufklärung der ehemaligen DDR mit den Aufklärungsdiensten westlicher Staaten KG, Vorlagebeschluß vom 22.7.1991, NJW 1991, S. 2501 ff.

mit mehr (Chefsekretärin) oder weniger qualifizierten Hilfsfunktionen (Verkäuferin[616] oder Küchenhilfe), deren Tätigkeit als solche im allgemeinen weder rechtsstaatswidrig war noch Grundsätze der Menschlichkeit verletzen konnte. Aus diesem Grunde hatte auch der Internationale Militärgerichtshof in Nürnberg bei der Feststellung des verbrecherischen Charakters der Gestapo das „für reine Büroarbeiten, Pförtner-, Boten- und andere nichtamtliche Aufgaben beschäftigte Personal" ausgenommen und bei der Einbeziehung des Reichssicherheitshauptamts nur die Ämter III, VI und VII berücksichtigt[617].

Zwar mag eine „Stasi"-Mitarbeiterin, die im Range eines Oberfeldwebels Küchendienste (Kartoffelschälen) verrichtet hatte, mangels geeigneter Ausbildung als Sachbearbeiterin in der Finanzverwaltung untragbar sein[618]. Dennoch ist ihre Systemstützung in Form der Systemspeisung noch kein sachgerechtes Argument für eine Versorgungsreduzierung, sofern und soweit ihr Individualentgelt nicht allein wegen der Zugehörigkeit zum Ministerium für Staatssicherheit im Verhältnis zu vergleichbaren Tätigkeiten überhöht war.

Bei einem Außenvergleich fällt auf, daß selbst bei gerichtlicher Verurteilung wegen schwerster Straftaten die Sozialversicherungsrente des Verurteilten mangels eines Eingriffstatbestandes im Strafrecht oder im Sozialversicherungsrecht unangetastet bleibt, während bei der Versorgungsüberführung für hauptamtliche Mitarbeiter des Ministeriums für Staatssicherheit die Ansprüche und Anwartschaften der Betroffenen drastisch reduziert werden, ohne daß den Betroffenen individuelle Schuld nachgewiesen oder ihnen Gelegenheit gegeben wird, die pauschale Belastungsvermutung im Einzelfall zu widerlegen. Hält der Gesetzgeber am Prinzip der „Wertneutralität" und der moralischen Indifferenz des Sozialversicherungsrechts fest[619], dann handelt er nicht nur systemwidrig, sondern auch willkürlich, wenn er dem verurteilten Massenmörder eine beitrags- und damit lohnadäquate Rente zahlt, diesen Grundsatz aber bei den Versorgungsberechtigten nach Anl. 2 Nr. 4 AAÜG aus Gründen bloßer politischer Verstrickung und einer „Regierungskriminalität" durchbricht, für die den Betroffenen keine individuelle Schuld nachgewiesen, sondern eine Mitverantwortung pauschal unterstellt wird.

Hinzu kommt, daß bis kurz vor der Wiedervereinigung auf Grund des Fremdrentengesetzes[619a] in der damaligen DDR zurückgelegte Zeiten sozialversicherungspflichtiger Beschäftigung ohne Rücksicht auf „Systemnähe" oder Systemferne, auf Nützlichkeit oder Schädlichkeit für die „Gesellschaft" vom Sozialver-

---

[616] Vgl. Sozialgericht Berlin, Urt. vom 1.7.1992, SGb. 1993, S. 194.
[617] Urteil vom 1.10.1946.
[618] So das LAG Berlin, NJ 1992, S. 226f.
[619] Hierzu oben S. 49ff.
[619a] Geändert mit Wirkung zum 30.6.1990 durch Art. 23 des Ratifizierungsgesetzes zum Staatsvertrag (FN 8).

sicherungsrecht der Bundesrepublik ohne Kürzung wie reguläre Beitragszeiten bewertet wurden.

C. § 10 AAÜG auf dem Prüfstand des Gleichheitssatzes

I. Unvereinbarkeit des § 10 Abs. 1 AAÜG mit Art. 3 Abs. 1 GG

1. § 10 Abs. 1 Satz 2 AAÜG

§ 10 Abs. 1 Satz 2 AAÜG[620] begrenzt die Summe der Zahlbeträge aus gleichartigen Renten der Rentenversicherung und Leistungen der Zusatzversorgungssysteme nach Anl. 1 Nr. 1 oder 4 bis 18 auf bestimmte Höchstbeträge, die für Versichertenrenten DM 2700,- betragen. Diese Kappungsregelung hat zur Folge, daß die durch den Einigungsvertrag garantierten individuellen Zahlbeträge für Juli 1990 nur noch bis zu den eingeführten Höchstgrenzen gezahlt werden dürfen. Mit der Novellierung wurde der früher für alle Versorgungsberechtigten (mit Ausnahme der Fälle des § 10 Abs. 2 AAÜG) eingeführte unterschiedslose Höchstbetrag von DM 2010,- aufgegeben. Das Gesetz differenziert nunmehr je nach der Zugehörigkeit zu einzelnen Versorgungssystemen zwischen den Höchstbeträgen des § 10 Abs. 1 Satz 1 und denen des § 10 Abs. 1 Satz 2 AAÜG.

Während die Gruppe der Versorgungsberechtigten, deren Zahlbeträge bis zu DM 2700,- betragen, von der Regelung nicht betroffen werden, führt sie für die Gruppe von Versorgungsberechtigten, deren Zahlbeträge die Höchstgrenze übersteigen, zu teilweise empfindlichen Einbußen, die zu einer Reduzierung von mehr als 50 v. H. führen können[621]. Unbeschadet des Verstoßes gegen Art. 14 Abs. 1 GG müssen sich wegen Art. 3 Abs. 1 GG einleuchtende Gründe für die Gleichbehandlung ungleicher Sachverhalte und Gruppen finden lassen.

Das Unterscheidungskriterium der Staatsnähe oder Systemstützung muß von vornherein ausscheiden, da die Leistungen aus staatsnahen Zusatz- und Sonderversorgungssystemen von § 10 Abs. 2 AAÜG oder von § 10 Abs. 1 Satz 1 AAÜG erfaßt werden. Für die Systemneutralität spricht auch § 10 Abs. 1 Satz 3 AAÜG n. F., wonach die Höchstbetragsbegrenzung auch vorzunehmen ist, wenn bei der Rentenberechnung das erzielte Arbeitsentgelt oder Arbeitseinkommen nach § 6 Abs. 1 AAÜG zugrundezulegen ist. Aus diesem Grunde ist die Amtliche Begründung[622], „Leistungen bis zum Mehrfachen der Höchstrente aus der Rentenversicherung" könnten „vor allem" Personen zugute kommen, „die unter den poli-

---

[620] I.d.F. des Art. 3 Nr. 6 lit. a) bb) Rü-ErgG.
[621] Nach Angaben von Ruland (DRV 1991, S. 530) werden aus Versorgungssystemen im Bereich der wissenschaftlichen und künstlerischen Intelligenz in 15 Fällen mehr als DM 5000,- monatlich gezahlt.
[622] BR-Drucks. 197/91 vom 11.4.1991, S. 113.

tischen Rahmenbedingungen der ehemaligen DDR in hohe und höchste Funktionen aufsteigen konnten", für § 10 Abs. 1 Satz 2 AAÜG grundsätzlich nicht einschlägig. Daß Versorgungszahlungen von mehr als DM 2700,- monatlich unter den Verhältnissen der ehemaligen DDR eo ipso ungerechtfertigt waren und nur als Folge politischer Hörigkeit oder sachwidrigen Nepotismus' erklärlich sind, ist weder ausdrücklich vorgetragen worden noch plausibel.

Zu hohen Versorgungszusagen ist es teilweise als Ausgleich für ein niedrigeres Arbeitsentgelt gekommen. In anderen Fällen waren sie „Bleibeprämien"[623], um Berufungen von Wissenschaftlern und Künstlern abzuwenden. Wenn auch die Versorgungssituation in der ehemaligen DDR nicht ohne weiteres mit westdeutschen Versorgungsverhältnissen verglichen werden kann, erscheint doch aufschlußreich, daß das Ruhegehalt eines Obersekretärs in der Endstufe der Besoldungsgruppe A 7 den Betrag von DM 2700,- übersteigt.

Die Finanznot der öffentlichen Haushalte muß als Rechtfertigungsmerkmal ebenfalls ausscheiden. Wenn nach einer jüngeren Statistik nur in 8000 Fällen der Zahlbetrag von Renten mit Zusatzversorgung DM 1600,- überstieg[624] und nur in 15 Fällen mehr als DM 5000,- im Monat gezahlt wurden[625], so fallen die Einsparungen im Verhältnis zu den Gesamtaufwendungen für Sozialversicherungsrenten nicht ins Gewicht. Kürzungen aus finanziellen Gründen müßten zudem alle Gruppen proportional gleich treffen und dürften nicht gleichheitswidrig allein einer Gruppe auferlegt werden.

Andererseits rechtfertigt die relativ kleine Zahl der von § 10 Abs. 1 Satz 2 AAÜG Betroffenen nicht die Zufügung von Härten und Ungerechtigkeiten im Rahmen einer für die Sozialversicherungsverwaltung als Massenverwaltung grundsätzlich unentbehrlichen Typisierung und Pauschalierung. Denn das *Bundesverfassungsgericht* duldet derartige Zuwiderhandlungen gegen Art. 3 Abs. 1 GG nur unter den Voraussetzungen, daß der Verstoß gegen den Gleichheitssatz zum einen nicht sehr intensiv ist und zum anderen „nur unter Schwierigkeiten vermeidbar wäre"[626]. Mißt man § 10 Abs. 1 Satz 2 AAÜG an diesen Maßstäben, so zeigt sich, daß er beträchtliche Verstöße gegen den Gleichheitssatz bewirkt, wenn eine Gruppe von Versorgungsberechtigten ihren Zahlbetrag in voller Höhe weiter erhält, während er für andere teilweise um mehr als die Hälfte reduziert wird. Die Vermeidbarkeit der Gleichheitsverletzung ist evident.

Da einleuchtende Gründe für die Gleichbehandlung unterschiedlicher Sachverhalte nicht ersichtlich sind und die Regelung des § 10 Abs. 1 Satz 2 AAÜG willkürlich erscheint, ist er wegen Verstoßes gegen Art. 3 Abs. 1 GG verfassungs-

---

[623] Ruland, aaO.
[624] Angaben nach Ohsmann/Stolz, Zusatzversorgungssysteme, DAngVers. 1993, S. 166 Tabelle 2.
[625] Angaben nach Ruland, DRV 1991, S. 530.
[626] BVerfGE 63, 119 (128); 45, 376 (390).

widrig. Ähnlicher Auffassung ist auch das *Bundessozialgericht*[627], weshalb es § 10 Abs. 1 AAÜG a. F. einschränkend auf die Fälle des § 6 Abs. 2 und 3 AAÜG ausgelegt hat. Von dieser Interpretation ist der Sozialgesetzgeber mit § 10 Abs. 1 Satz 2 AAÜG bewußt abgewichen.

2. § 10 Abs. 1 Satz 1 AAÜG

Die Überlegungen, die den Verstoß des § 10 Abs. 1 Satz 2 AAÜG gegen Art. 3 Abs. 1 GG begründen, führen auch zur Verfassungswidrigkeit von § 10 Abs. 1 Satz 1 AAÜG. Ähnlich wie Satz 2 behandelt auch Satz 1 durch die Einführung von Höchstbeträgen, die für Versichertenrenten DM 2010,- betragen, alle Versorgungsberechtigten bestimmter Versorgungssysteme gleich, obwohl diese sich dadurch unterscheiden, daß die eine Gruppe Zahlbeträge bis zur Höchstgrenze ungekürzt erhält und demzufolge von der Regelung nicht betroffen wird, während die andere mit grenzüberschreitenden Zahlbeträgen Kürzungen hinnehmen muß.

Das von der Bestimmung ersichtlich verfolgte Regelungsziel, die Versorgungsberechtigten in staatsnahen und systemstützenden Versorgungssystemen zu treffen, kann die Gleichbehandlung unterschiedlicher Sachverhalte und Gruppen nicht rechtfertigen. Angesichts der breiten Skala der in § 10 Abs. 1 Satz 1 AAÜG aufgeführten Versorgungssysteme werden unterschiedslos Angehörige der Grenztruppen der Nationalen Volksarmee (Anl. 2 Nr. 1 AAÜG) wie Techniker oder Mathematiker in Ministerien (Anl. 1 Nr. 19 AAÜG) erfaßt. Selbst bei einem Verzicht auf Prüfungen im Einzelfall ist die Breite der „staatsnahen" Tätigkeiten so groß und sind die Funktionen so unterschiedlich, daß unter dem Gesichtspunkt einer „Systemsühne" nicht alle Beschäftigten gleichbehandelt werden dürfen, zumal auch außerhalb des Staatsapparates Verstöße gegen die Grundsätze der Menschlichkeit und Rechtsstaatlichkeit begangen worden sind, die ohne sozialversicherungsrechtliche Sanktionen bleiben.

Angesichts unterschiedlicher Ausbildung, Funktion und Höhe des Arbeitsentgeltes der unterschiedlichen Versorgungsberechtigten ist es keine sachgerechte Erwägung, die nach diesen Merkmalen differierenden Sachverhalte und Gruppen unterschiedslos mit der Folge gleichzubehandeln, daß Berechtigte mit einem Zahlbetrag von DM 2010,- ebenso gestellt werden wie Versorgungsberechtigte mit höheren Beträgen. Auf diese Weise kann der Soldat der Grenztruppen der Nationalen Volksarmee seinen vollen Zahlbetrag erhalten, während ein Abteilungsleiter für Hoch- oder Tiefbau in einem Ministerium eine Kürzung hinnehmen muß. Daß sich aus der Höhe des Arbeitsentgelts keine Unrechtsbegehungs- oder Systemunterstützungsgrenze ableiten läßt, wurde bereits dargelegt.

---

[627] Urt. vom 27. 1. 1993 (4 Ra 40/92), SGb. 1993, S. 435 ff. (444 r. Sp. f.).

Nach allem fehlt auch im Falle des § 10 Abs. 1 Satz 1 AAÜG ein vernünftiger Grund für die unterschiedslose Gleichbehandlung erheblich differierender Sachverhalte und Gruppen, so daß die Bestimmung gegen Art. 3 Abs. 1 GG verstößt.

II. Unvereinbarkeit des § 10 Abs. 2 AAÜG mit Art. 3 Abs. 1 GG

Unbeschadet eines Verstoßes gegen Art. 14 Abs. 1 GG lassen sich für die rigorose Gleichbehandlung unterschiedlicher Lebenssachverhalte in § 10 Abs. 2 AAÜG keine sachgerechten Gründe ermitteln.

Die niedrigen Höchstbeträge der Regelung, die Versichertenrenten auf DM 802,– begrenzt, muß im Ergebnis dazu führen, daß nahezu alle Berechtigten aus dem Versorgungssystem nach Anl. 2 Nr. 4 AAÜG denselben Zahlbetrag erhalten, sofern es sich nicht wegen der Dauer der Zugehörigkeit oder der Höhe des Entgelts um atypische Fälle handelt. Führt schon die Jahreshöchstverdienstgrenze nach § 7 i. V. m. Anl. 6 AAÜG zu einer drastischen Nivellierung, so wird dieser Effekt durch § 10 Abs. 2 AAÜG noch verstärkt. Da sich die zahlreichen hauptamtlichen Mitarbeiter im Ministerium für Staatssicherheit/Amt für nationale Sicherheit nach Ausbildung, Funktion und Höhe des Arbeitsentgelts teilweise beträchtlich voneinander unterschieden, fehlt es an jedem einleuchtenden Grund dafür, die verschiedenen Gruppen nicht ihrer jeweiligen Eigenart entsprechend unterschiedlich, sondern unterschiedslos gleichzubehandeln, so daß für die Küchenhilfe derselbe Höchstbetrag gilt wie für den Abteilungsleiter.

Will man unter Hintanstellung rechtsstaatlicher Bedenken ohne Schuldfeststellung der institutionellen Nähe der Behörde zum Unrechtssystem Rechnung tragen, so leuchtet es ebenfalls nicht ein, jegliche Differenzierung zu unterlassen. Angesichts der unterschiedlichen Funktionen der einzelnen Abteilungen oder des bloß technisch-organisatorischen Charakters mancher Hilfstätigkeit wäre zumindest eine grobe Unterscheidung zwischen Hauptbelasteten und Minderbelasteten möglich gewesen. Auch unter dem Gesichtspunkt der Systemstützung ist daher die unterschiedslose Gleichbehandlung unterscheidbarer Gruppen sachwidrig.

Vergleicht man zusätzlich die Angehörigen der einzelnen Versorgungssysteme, so ist wiederum nicht ersichtlich, weshalb ein Mediziner im Ministerium für Staatssicherheit gemäß § 10 Abs. 2 AAÜG einen Zahlbetrag von höchstens DM 802,– erhält, während ein für die Kommandierung von Todesschüssen an der Mauer zuständiger Offizier der Nationalen Volksarmee gemäß § 10 Abs. 1 AAÜG DM 2010,– und damit etwa das Zweieinhalbfache erhalten kann.

Da sich nach allem vernünftige Gründe für die schematische Gleichbehandlung in § 10 Abs. 2 AAÜG nicht finden lassen, ist die Bestimmung wegen ihrer Willkürlichkeit mit Art. 3 Abs. 1 GG unvereinbar.

Zusammenfassung

1. In der ehemaligen DDR bestanden neben der (allgemeinen) Sozialpflichtversicherung einschließlich einer Freiwilligen Zusatzrentenversicherung (FZR) besondere Versorgungssysteme für bestimmte Gruppen (S. 12 - 13).

Die *Zusatzversorgung* sollte den Berechtigten einen prozentualen Teil des zuletzt erzielten Nettoentgelts (in der Regel 90 v.H.) unter Anrechnung der Altersrente sichern. Eine Beitragspflicht wurde erst 1971, jedoch nicht für alle Gruppen, eingeführt. Angehörige einer Fülle einzelner Zusatzversorgungssysteme waren nicht nur Mitglieder des Staatsapparates sowie gesellschaftlicher Organisationen, sondern auch die sog. wissenschaftliche und technische Intelligenz, Künstler und Ballettmitglieder (S. 13 - 14).

Die *Sonderversorgung* stellte eine eigenständige Altersversorgung für Armeeangehörige, Polizisten, Feuerwehrleute, Strafvollzugsbedienstete, Zöllner und Beschäftigte des Ministeriums für Staatssicherheit dar. Die Rentenhöhe betrug grundsätzlich 90 v.H. der letzten Nettobesoldung. Dafür hatten die Berechtigten 10 v.H. ihrer vollen Bezüge als Beitrag zu entrichten (S. 14 - 15).

2. Mangels Kompatibilität hatte sich die ehemalige DDR schon im Staatsvertrag zur Rechtsangleichung verpflichtet. Die im Einigungsvertrag vorgesehene Überleitung des Rentenversicherungsrechts wurde durch das Renten-Überleitungsgesetz (RÜG) von 1991 bewirkt (S. 11 - 12).

Art. 3 RÜG enthält das Anspruchs- und Anwartschaftsüberführungsgesetz (AAÜG), das Ansprüche und Anwartschaften aus den Versorgungssystemen in die Rentenversicherung überführt (S. 15).

3. Schon der Staatsvertrag hatte vorgesehen, bestehende Zusatz- und Sonderversorgungssysteme zu schließen, erworbene Ansprüche und Anwartschaften in die Rentenversicherung zu überführen und „Leistungen aufgrund von Sonderregelungen" mit dem Ziel zu überprüfen, „ungerechtfertigte Leistungen abzuschaffen und überhöhte Leistungen abzubauen". Nach dem Einigungsvertrag sollen auch Besserstellungen gegenüber anderen öffentlichen Versorgungssystemen vermieden werden. Ferner wurde eine *Zahlbetragsgarantie* aufgenommen, die allerdings Rentenkürzungen und -aberkennungen nicht ausschloß, falls der Berechtigte gegen die Grundsätze der Menschlichkeit oder Rechtsstaatlichkeit verstoßen oder seine Stellung in schwerwiegendem Maße mißbraucht hatte (S. 16).

4. Nach der Überprüfung bemißt sich die Rente aus den Versorgungssystemen grundsätzlich nach der Dauer der Erwerbstätigkeit und dem erzielten Arbeitsentgelt. Dieses wird allerdings nur bis zur Höhe der in den alten Bundesländern geltenden Beitragsbemessungsgrenze berücksichtigt (§ 6 Abs. 1 Satz 1 AAÜG), so daß für Berechtigte mit höherem Einkommen teilweise drastische Einbußen entstehen (S. 16 - 17).

5. Darüber hinaus werden bereichs- und/oder funktionsspezifische Ausnahmen gemacht. Bei bestimmten Zusatz- und allen Sonderversorgungen wird nicht das volle Einkommen (bis zur Beitragsbemessungsgrenze), sondern ein verringertes Entgelt zugrunde gelegt. Übertraf in „staatsnahen" Versorgungssystemen das individuelle Einkommen das Durchschnittsentgelt um mehr als das 1,4fache, aber nicht mehr als das 1,6fache, so werden nur 140 v.H. des Durchschnittsentgelts gutgeschrieben. Höhere Einkommen werden degressiv gemindert, so daß ein Individualentgelt von 180 v.H. auf 100 v.H. des Durchschnittsentgelts gesenkt wird. Dieselbe Begrenzung gilt für bestimmte „staatsnahe" Tätigkeiten z.B. als Betriebsdirektor, Richter oder Staatsanwalt.

Bei Zugehörigkeit zum Versorgungssystem des ehemaligen Ministeriums für Staatssicherheit werden höchstens bis zu 70 v.H. des Durchschnittsentgelts anerkannt, wobei sogar eine Rente nach Mindesteinkommen ausgeschlossen wird (S. 17 - 22).

6. Unabhängig von den Rentenkürzungen werden zusätzlich die Rentenzahlbeträge begrenzt. Bei bestimmten Zusatzversorgungssystemen darf der Zahlbetrag einschließlich der Sozialversicherungsrente DM 2700,– nicht übersteigen. Für andere Versorgungssysteme gilt ein Höchstbetrag von DM 2010,–, für das Sonderversorgungssystem des ehemaligen Ministeriums für Staatssicherheit ein solcher von nur DM 802,– (S. 22 - 23).

7. Der Wunsch nach Vergangenheitsbewältigung vermag den Zugriff auf die Renten nicht zu legitimieren. Jede Strafe (im weiteren Sinne) setzt von Verfassungs wegen individuelle Schuld voraus. Dieses Postulat „nulla poena sine culpa" folgt sowohl aus dem Verfassungsprinzip (formeller) Rechtsstaatlichkeit als auch aus dem Menschenwürde-Satz des Art. 1 Abs. 1 GG. Es gilt auch für strafähnliche Sanktionen, die ein „sozialethisches Unwerturteil" ausdrücken.

Dabei verbietet der Rechtsstaat jede Form der Kollektiv- oder Gruppenschuld. Schuld bedingt individuelle Verantwortung für rechtswidriges Verhalten und individuelle Vorwerfbarkeit. Die Versorgungsüberführung darf daher nicht auf Grund bloßer „Staats- oder Systemnähe", die teilweise mit der Höhe des Einkommens begründet wird, ganzen Gruppen von Versorgungsberechtigten ein Täter-Mal aufdrücken. Die bei den Gesetzesberatungen angeführte These, man könne den „Opfern" nicht zumuten, daß die

„Täter" eine höhere Rente als sie erhielten, setzt zunächst die Feststellung individueller Täterschaft in einem rechtsstaatlichen Verfahren voraus (S. 25 - 39).

8. Mangels unredlichen Verhaltens in einem sozialrechtlichen Verfahren rechtfertigen sich die Rentenkürzungen nicht unter dem Gesichtspunkt einer Renten„verwirkung". Eine Renten„konfiskation" verstieße gegen die grundgesetzliche Eigentumsgarantie, die lediglich die herkömmlichen Strafen des Verfalls und der Einziehung akzeptiert. Selbst die nicht unproblematische Vermögensstrafe (§ 43a StGB) kann nur nach Feststellung individueller Schuld in einem strafgerichtlichen Verfahren verhängt werden (S. 39 - 48).

9. Aufgabe des Sozialversicherungsrechts ist es, Versicherte vor elementaren Lebensrisiken zu sichern, nicht aber, Unrecht zu sühnen oder Lebensführungsschuld zu sanktionieren. Die sittliche Qualität versicherungspflichtiger Tätigkeit und deren gesellschaftliche Qualifizierung ist grundsätzlich irrelevant. In dieser Hinsicht ist das Sozialversicherungsrecht „wertneutral" und moralisch indifferent. Von diesen Prinzipien hatten sich nur Nationalsozialismus und Besatzungsrecht entfernt. Jedoch wurden Angehörige der Gestapo, die von Ansprüchen auf Grund des Ausführungsgesetzes zu Art. 131 GG ausgeschlossen waren, in der gesetzlichen Rentenversicherung nachversichert, so daß sie eine Rente unter Berücksichtigung ihrer Bezüge bis zur Beitragsbemessungsgrenze erhielten. Versuche anläßlich des Falles *Tiedge,* bei schweren Straftaten gegen die Bundesrepublik als Ersatz für strafrechtliche Sanktionen auf die Rente zuzugreifen, wurden aufgegeben. Dem Sozialversicherungsrecht sind die Kategorien „Täter" und „Opfer" unbekannt, weil es nur zwischen „Versicherten" und „Nichtversicherten" differenziert. Kann schon das Strafrecht nicht verhindern, daß Täter nach ihrer Verurteilung bessergestellt sind als ihre Opfer, so ist erst recht dem Sozialversicherungsrecht eine derartige Wiedergutmachungsfunktion fremd. Rentenleistungen bemessen sich nicht nach Gesetzestreue oder Gesetzesfeindschaft des Versicherten. Nimmt es die Rechtsordnung hin, daß ein verurteilter Täter eine höhere Rente als sein Opfer bezieht, so kann sie nicht Rentenkürzungen bei bloß vermuteter Täterschaft verhängen (S. 48 - 67).

10. Versorgungsansprüche und -anwartschaften gegen die ehemalige DDR können zunächst nicht den grundgesetzlichen Schutz der Beamtenversorgung oder der Eigentumsgarantie reklamieren. Art. 14 GG mangelt jedenfalls hinsichtlich öffentlich-rechtlicher Rechtspositionen ein vorstaatlicher Charakter. Allerdings entfalten die Grundrechte insbesondere bei Verträgen, die dem Beitritt anderer Teile Deutschlands dienen, eine Vorwirkung. Art. 20 Abs. 2 Satz 3 des Staatsvertrags enthält danach eine *Bestandsgarantie* für die Versorgung, die vom Einigungsvertrag bekräftigt wird. Diese

vom Gesetzgeber neu begründeten Ansprüche gegen die Bundesrepublik Deutschland sind nach der Rechtsprechung des Bundesverfassungsgerichts „Gegenstand der Eigentumsgarantie". Im einzelnen bewirken Staatsvertrag und Einigungsvertrag einen „Ergebnisschutz", so daß erworbene Versorgungsansprüche und -anwartschaften wie ein „Sozialversicherungssaldo" in die Rentenversicherung zu überführen sind. Zusätzlich enthält der Einigungsvertrag eine *Zahlbetragsgarantie* zur Sicherung des sozialen Besitzstandes. Da diese als Realwertgarantie zu qualifizieren ist, ergibt sich die Pflicht zur Anpassung bei steigenden Lebenshaltungskosten (S. 68 - 88).

11. Die Begrenzung der Zahlbeträge gemäß § 10 Abs. 1 AAÜG ist nicht schon aus formellen Gründen verfassungswidrig, weil die Überführung nicht durch eine im Einigungsvertrag vorgesehene Rechtsverordnung, sondern durch Gesetz erfolgte. Da der Einigungsvertrag mit Ausnahme seines Art. 4 nicht in Verfassungsrang, sondern nur im Gesetzesrang steht, ist er formal nicht gegen spätere Gesetzesänderungen gefeit.

Inhaltlich verstößt die Regelung jedoch gegen die im Einigungsvertrag normierte und durch Art. 14 Abs. 1 GG gesicherte Zahlbetragsgarantie. Sie ist nicht durch den Kürzungsvorbehalt im Falle eines Verstoßes gegen die Grundsätze der Menschlichkeit oder der Rechtsstaatlichkeit bzw. des Funktionsmißbrauchs gerechtfertigt, weil die Begrenzung generell erfolgt, ohne daß im Einzelfall eine individuelle Schuld in einem Verfahren mit rechtsstaatlichen Kautelen festgestellt wird. Der Schrankenvorbehalt der Eigentumsgarantie würde allenfalls einen erforderlichen, proportionalen und zumutbaren Eingriff unter Würdigung des personalen Bezugs bei der betroffenen Rechtsposition gestatten, woran es bei § 10 Abs. 1 AAÜG fehlt (S. 88 - 102).

12. Aus denselben Gründen ist § 10 Abs. 2 AAÜG mit Art. 14 GG unvereinbar. Die Vorschrift limitiert den Höchstbetrag für Versichertenrenten aus dem Versorgungssystem des ehemaligen Ministeriums für Staatssicherheit auf DM 802,-. Angesichts der Zahl von rd. 100 000 hauptamtlichen Mitarbeitern und der Funktionsbreite der einzelnen Abteilungen kann nicht ohne Nachprüfung davon ausgegangen werden, daß jeder Versorgungsberechtigte, auch wenn er mit medizinischen, technisch-organisatorischen oder bloßen Hilfsaufgaben (z.B. als Küchenhilfe oder Kraftfahrer) beauftragt war, gegen die Grundsätze der Menschlichkeit oder Rechtsstaatlichkeit verstoßen oder Amtsmißbräuche begangen hat (S. 102 - 105).

13. Soweit § 6 Abs. 1 AAÜG das individuelle Arbeitsentgelt der Versorgungsberechtigten nur bis zur (westdeutschen) Beitragsbemessungsgrenze berücksichtigt, verstößt er gegen Art. 14 GG. Da Staatsvertrag und Einigungsvertrag wörtlich fast gleichlautend vorsehen, daß „bisher erworbene Ansprüche und Anwartschaften ... in die Rentenversicherung überführt"

werden, gestatten sie keine Eingriffe in das „Erworbene". Die „Überführung" in ein anderes System berechtigt nur zur Änderung von Modalitäten, muß jedoch das vorgegebene Gefüge mit vorgezeichneten Abständen und Werten unangetastet lassen.

Die Beitragsbemessungsgrenze, die im westdeutschen Rentenversicherungssystem eine übermäßige und damit verfassungswidrige Zwangssicherung ausschließt und Eigenverantwortung respektiert, kann nicht nachträglich einem fremden System übergestülpt werden, weil für die Vergangenheit private Vorsorge nicht mehr getroffen werden kann. Der Gesetzgeber hätte bei der Rentenüberleitung von der Beitragsbemessungsgrenze um so leichter abgehen können, als sie nicht die „Bundeslade der Sozialversicherung" darstellt und auch schon früher für zurückliegende Zeiten Ausnahmen gemacht wurden.

Der durch § 6 Abs. 1 AAÜG bewirkte Kappungs-Effekt dient weder der Abschaffung „ungerechtfertigter" noch dem Abbau „überhöhter" Leistungen. Übertrüge man ihn auf die (westdeutsche) Beamtenversorgung, so würden etwa vom Regierungsdirektor (A 15) an aufwärts alle Beamten die gleichen Versorgungsbezüge wie dieser erhalten (S. 105 - 114).

14. Art. 14 GG wird auch durch die §§ 6 Abs. 2 und 7 AAÜG verletzt. Durch die Berücksichtigung des individuellen Arbeitsentgelts lediglich bis zu bestimmten Jahreshöchstverdienstgrenzen wird in die auf Eigenleistungen der Versorgungsberechtigten (Beiträge bzw. Arbeitsleistung) beruhenden Ansprüche und Anwartschaften in disproportionaler Weise eingegriffen. Offensichtlich werden nicht „überhöhte Leistungen" abgebaut, wenn alle Mitarbeiter des ehemaligen Ministeriums für Staatssicherheit ohne Rücksicht auf ihre individuelle Funktion oder ihr effektiv erzieltes Entgelt gleichmäßig maximal mit einem Verdienst berücksichtigt werden, der noch 5 v. H. unter dem sog. Mindesteinkommen liegt. Auch für Richter oder Staatsanwälte sind Versorgungsleistungen auf Grund eines 140 v. H. des Durchschnittsentgelts übersteigenden Einkommens keinesfalls „überhöht" oder „ungerechtfertigt" (S. 114 - 117).

15. Außer an der Eigentumsgarantie hat sich die Rentenüberleitung am Gleichheitssatz zu orientieren. Art. 3 Abs. 1 GG enthält als Kehrseite des Willkürverbots das Gebot der Sachgerechtigkeit, zu dem sich Systemgerechtigkeit und Gruppengerechtigkeit gesellen. Personen oder Gruppen dürfen durch das Gesetz ohne rechtlich zureichenden Grund nicht schlechter gestellt werden als andere, die man ihnen als vergleichbar gegenüberstellt. Insbesondere darf eine Gruppe von Normadressaten im Vergleich zu einer anderen dann nicht anders behandelt werden, wenn zwischen beiden Gruppen keine die differenzierende Behandlung rechtfertigenden Unterschiede bestehen (S. 118 - 120).

16. Wenn § 6 Abs. 1 AAÜG das anrechenbare individuelle Arbeitsentgelt nur bis zur Beitragsbemessungsgrenze berücksichtigt, so verletzt er Art. 3 Abs. 1 GG, was sowohl ein Außen- als auch ein Binnenvergleich zeigt. Bei einem vom Einigungsvertrag vorgegebenen Vergleich mit dem Versorgungssystem der alten Bundesländer wird deutlich, daß die Versorgungsberechtigten im Beitrittsgebiet schlechtergestellt werden als vergleichbare Beamte oder Angestellte in Westdeutschland. Der Binnenvergleich veranschaulicht, daß Versorgungsberechtigte mit Einkünften bis zur Beitragsbemessungsgrenze letztlich wie vergleichbare westdeutsche Versicherte behandelt werden, während die Versorgung von Personen mit grenzüberschreitenden Einkünften fallbeilartig gekappt wird, so daß sie rigoros denjenigen Versorgungsberechtigten gleichgestellt werden, die Einkünfte in Höhe der Beitragsbemessungsgrenze bezogen (S. 121 - 125).

17. Gegen Art. 3 Abs. 1 GG verstoßen auch § 6 Abs. 2 und 3 AAÜG. Sie behandeln Personen in erheblicher Weise unterschiedlich, je nach dem, ob deren Arbeitsentgelt bis zu 140 v.H., zwischen 140 und 160 v.H. oder über 160 v.H. des Durchschnittsentgelts betrug. Angesichts des gesetzgeberischen Regelungsziels einer einkommensadäquaten Versorgungsüberleitung muß grundsätzlich ein höheres Arbeitsentgelt auch zu einer höheren, darf aber keinesfalls zu einer geringeren Versorgung führen, weil Art. 3 Abs. 1 GG auch die Achtung vertikaler Gleichheit im Verhältnis geringerer zu höheren Einkommen gebietet. Unter dem Gesichtspunkt einer Ahndung von Verstößen gegen Grundsätze der Menschlichkeit oder Rechtsstaatlichkeit zieht die Regelung eine willkürliche Unrechtsbegehungsgrenze. Sie läuft auf die These hinaus, daß bei Einkünften bis zu 140 v.H. des Durchschnittsentgelts unrechtes Tun ausgeschlossen ist, so daß sich Kürzungen erübrigen, während bei Einkünften über 160 v.H. des Durchschnittsentgelts Rechtsstaatlichkeit und Menschenrechte übermäßig verletzt wurden, so daß eine Degression geboten ist (S. 126 - 135).

18. Die generelle und unterschiedslose Absenkung des individuellen Arbeitsentgelts während der Zugehörigkeit zu dem Versorgungssystem des ehemaligen Ministeriums für Staatssicherheit ist mit dem Gleichheitssatz unvereinbar. § 7 AAÜG führt zu dem frappierenden Ergebnis, daß ein Abteilungsleiter im Ministerium für Staatssicherheit ceteris paribus dieselbe Versorgung erhält wie der Pförtner. Hält der Gesetzgeber am Prinzip der „Wertneutralität" des Sozialversicherungsrechts fest, dann handelt er nicht nur systemwidrig, sondern auch willkürlich, wenn er dem verurteilten Massenmörder eine beitrags- und lohnadäquate Rente zahlt, diesen Grundsatz aber bei Versorgungsberechtigten der ehemaligen DDR durchbricht, indem er „Regierungskriminalität" unterstellt, ohne daß individuelle Schuld nachgewiesen ist (S. 135 - 138).

19. Schließlich ist die Begrenzung der Zahlbeträge gemäß § 10 AAÜG mit dem Gleichheitssatz unvereinbar. § 10 Abs. 1 Satz 2 AAÜG hat zur Folge, daß eine Gruppe von Versorgungsberechtigten ihren Zahlbetrag in voller Höhe weiterhin erhält, während er für andere teilweise um mehr als die Hälfte reduziert wird.

§ 10 Abs. 1 Satz 1 AAÜG behandelt alle Beschäftigten in „staatsnahen" Versorgungssystemen gleich und erfaßt damit unterschiedslos Angehörige der Grenztruppen der Nationalen Volksarmee ebenso wie Techniker oder Mathematiker in Ministerien. Selbst wenn § 10 Abs. 2 AAÜG ohne individuelle Schuldfeststellung der institutionellen Nähe des Ministeriums für Staatssicherheit zum Unrechtssystem Rechnung tragen will, fehlt es an jedem einleuchtenden Grund dafür, alle Beschäftigten unterschiedslos gleichzubehandeln, so daß für die Küchenhilfe derselbe Höchstbetrag gilt wie für den Abteilungsleiter (S. 139 - 142).

Sachverzeichnis

Abstammung 43
Administrativkonfiskation 44
Agrarwissenschaftliche Gesellschaft 21
Akademie der Wissenschaften 130
Altersversorgung, betriebliche 14, 82
Alimentation, beamtenrechtliche 82
Alliierter Kontrollrat 132
Anpassung 86, 88
Anpassungsgesetzgeber 93
Arbeit, nichtselbständige 50
Arbeitseinkommen, Arbeitsentgelt 16, 17, 19, 113, 114, 121
Arbeitsplatz, freie Wahl des –es 66
Arbeitsverhältnis 50
Architekten 37
Ausführungsgesetz, –geber 93
Auslandswirkung der Grundrechte 75

Banken 21
„Barabbas"-Syndrom 28
Beamte 69
Beamtendisziplinarrecht 33
Beamtenrecht 31, 51
Beamtenversorgung, –sgesetz 106, 122, 123
Begrenzung des Zahlbetrages, s. Zahlbetragsbegrenzung 34, 38
Beitrag 14
Beitragsbemessungsgrenze 12, 16, 17, 51, 65, 105, 106, 110, 113, 114, 121, 122, 124, 125, 129
Beitragsleistung 70
Beitragspflicht 13, 14, 16
Beitragssatz 16
Beitritt 76
Beitragsgebiet 11, 15, 16
Belastete 132, 134
Berechenbarkeit des Gesetzes 26, 93
Berufsbeamtentum 51, 69
Berufsfeuerwehr 21
Berufsfreiheit 79
Besatzungsmächte 42

Besatzungsrecht 56
Besatzungszone, sowjetische 71
Besitzschutz 98
Besitzstand, sozialer 83, 84
Besoldungsanpassung 93
Bespitzelung 137
Bestandsgarantie 80, 81, 86, 113
Besucherbüros 137
Betriebsdirektor 20, 126
Blinden- und Sehschwachenverband 21
Bodenreform 43
Bund der Architekten 21
Bundesdisziplinarordnung 30
Bundesversorgungsgesetz 123
Bundeszentralregister 29

cessante ratione legis 91
Chiffrierdienst 137
clausula rebus 94

Degression 19, 20, 126, 132
Denkschrift 93
Derogation 91 ff.
Deutsche Volkspartei 15
Deutsche Volkspolizei 18, 117, 128
Deutscher 73
Deutsches Reich 63
Deutsches Rotes Kreuz 21
Dienstvergehen 30
Diplom-Jurist 116
Disziplinarmaßnahmen 30
Disziplinarverfahren 30, 51
Drittes Reich 42, 54, 69
Durchschnittsentgelt 18, 19, 20, 115, 116, 126

Eigenleistung 70, 81, 113
Eigentum 42, 44, 71
– sbeeinträchtigung 86
– sentziehung 43, 44
– serlangung 43
– sgarantie 42, 45, 47, 70, 101, 113

Sachverzeichnis

- sgefährdung 99
- sobjekt 42
Eigenverantwortung 106
Eingriff 46
Eingriffsskala 100
Einheit der Rechtsordnung 133
Einigungsvertrag 12, 16, 17, 66, 69, 78, 80, 90, 117
Einreisefreiheit 73, 74
Einsehbarkeit 26
Einziehung 44
Elementarunrecht 118
Enteignung 42, 47
Entgeltpunkte 110
Entnazifizierung 56, 63, 132, 134
Entstehungsgeschichte 38
Erbrecht 46
Erdrosselungssteuer 47
Erforderlichkeitsprinzip 100
Ergebnisschutz 82, 83
Erwerbsschutz 81, 82

Fachdirektor eines Kombinats 20, 126
Fallbeil-Effekt 37, 127
Feuerwehr 15
Flaggenhoheit 72
Formenstrenge 63, 69
Freiheitsstrafe 45
Freizügigkeit 73, 74, 79
Fürsorge 114
Funkaufklärung 137
Funktion, leitende, staatsnahe 58, 128, 134
Funktionsmißbrauch 115

Gebietshoheit 72
Geeignetheit des Eingriffs 105
Geheimdienst 54
Geheime Staatspolizei 61
Gehörlosen- und Schwerhörigenverband 21
Geldbußen 29
Geldentwertung 87, 101
Geldleistungspflicht 45, 46, 47
Geldstrafe 45, 47, 57
Geltungsbereich des Grundgesetzes 70, 72, 73
Gemeinwohl 98

Gerechtigkeit, materielle 27
Gerechtigkeitsgefühl 35
Gesamtbetragskürzung 85
Gesamtversorgung 113
Gesellschaft für Sport und Technik 18
Gesetz und Recht 92
Gesetzesfeindschaft 57
Gesetzessprache 107
Gesetzestreue 57
Gesetzeswahrheit 93
Gesetzgebungskompetenzen 88
Gesinnungsstrafrecht 33
Gestapo 55, 61, 64, 66, 131, 138
Gewaltverhältnis, allgemeines 68
Gewaltverhältnis, Besonderes 68, 133
Gewerbefreiheit 79
Gleichbehandlung, -sgebot 118, 119
Gleichheit, vertikale 127, 136
Gleichheitssatz 77, 118
Grenztruppen 131, 141
Großgrundbesitz 43
Grundlagenvertrag 72
Grundordnung, freiheitliche demokratische 51
Grundrechtsbehinderung 46, 47
Grundrechtsberechtigung 71
Grundrechtsbindung 77
Grundrechtsschranke 46
Grundrechtstatbestand 73
Grundrechtsträgerschaft 72, 73
Grundrechtsverletzung 75
Grundrechtsverpflichtung 71
Grundsatz der Menschlichkeit oder Rechtsstaatlichkeit 48, 55, 62, 81, 85, 95, 98, 102, 103, 104, 115, 116, 129, 136, 141
Gruppengerechtigkeit 119, 126, 137

Handlungswille 31
Hauptschuldige 132, 134, 142
Herrschaftsvertrag 71
Hingabepflicht 60, 68
Hoch- oder Landesverrat 41
Höchstbeitrag 110
Höchstbetrag 103, 139, 141
Höchstbetragsbegrenzung 100
Höchstbetragsregelung 95, 97
Höherverdienende 122
Honecker 24

in dubio pro reo 48
instrumenta sceleris 47
Intelligenz, künstlerische, technische, wissenschaftliche 81, 99, 128, 139
Intelligenzrente 37
Internationaler Militärgerichtshof 131
Interventionsminimum 99

Jagdgesetz 96
Jahreshöchstverdienst, -grenze 17, 39, 105, 111, 115, 142
Juden 54
Jugendrichter 29
Jugendstrafrecht 30
Junker 43

Kaderarbeit 20
Kammer der Technik 21
Kappung des Zahlbetrags 37, 125
Kappungsgrenze 128
Kappungsregelung 139
Kaufkraftminderung 86
Klassenkampf 43
Kollektivbestrafung 96
Kollektivdisziplinierung 96
Kollektiv-, Gruppen- und Sippenschuld 34, 96, 132, 135
Kombinat 18
Konfiskation 42, 43, 44, 47, 71
Kontokorrentsaldo 83
Konzentrationslager 54
Krupp 42
Künstler 140
Kürzungsvorbehalt 95, 102

Lebensführungsschuld 41
Lebenshaltungskosten 87
Lebensrisiko 50
Lehrer 122
Leistungen, überhöhte 116, 129
Leistungsbeschränkungen 52
lex Honecker 24
lex posterior-Regel 91, 92, 93
lex Tiedge 54
Lohnerhöhungen 101
Lohnersatzfunktion 122

Massenverfahren 120, 140
Mediziner 37
Medizinischer Dienst 137

Menschenrecht, vorstaatliches 71
Menschenrechtserklärung, französische 71
Menschenwürde-Satz 25
Mindesteinkommen, Rente nach – 115
Mindestentgeltpunkte 22, 115
Mindestjahresarbeitsentgelt 115
Mindestsicherung 105, 106, 122, 124
Ministerium für Staatssicherheit / Amt für nationale Sicherheit 14, 17, 21, 22, 34, 58, 65, 103, 115, 116, 135, 136, 137, 142
Mitarbeiter, hauptamtlicher 116, 117, 129
–, inoffizieller 116
Mitläufer 62, 132

Nachversicherung 51, 55
Nationale Front 18
Nationale Volksarmee 14, 18, 112, 117, 128, 131, 134, 141
Nationalsozialismus 55, 62, 132
Nivellierung 112, 135
Nominalwert, -garantie 86, 87
Normprogramm 49
Notare 95
Novation 83
nulla poena sine culpa 25, 26, 29, 33, 42
nulla poena sine lege 33

Offizierskorps 128
Ordnungsgeld 30, 33
Ordnungshaft 30
Ordnungsrecht, technisches 33
Ordnungswidrigkeitengesetz 45

Partei des demokratischen Sozialismus (PDS) 16
Parteisekretär 20, 133
Parteiverbot 41
Pauschalierung 48, 140
Personalhoheit 72
Pflichtbeitragszeit 18
Privatversicherungsrecht 52
producta sceleris 47, 57
Produktionsgenossenschaft 18
Professor 38
Proportionalität 100, 104

Sachverzeichnis

Rangqualität 89
Rasenmähermethode 101
Realwertgarantie 86
Rechenzentrum 137
Recht, römisches 42
Rechtsanwälte 96
Rechtsmißbrauch 52, 53, 58
Rechtssetzungsgleichheit 118
Rechtssicherheit 25, 92
Rechtsstaatlichkeit 25, 27, 35, 96, 115, 130, 135
Rechtsverordnung 89
Rechtswahrung 39
Regierungskriminalität 136
Regimenähe 96
Rehabilitierung 130
Rente nach Mindesteinkommen 22, 39, 58
Rentenangleichungsgesetz 98, 102, 112
Rentenanpassung 86, 93, 95, 101
Rentenanspruch 48
Rentenanwartschaft 48
Rentenkonfiskation 41, 48
Rentenkürzung 41
Renten-Überleitungsgesetz 11, 13, 22, 35
Rentenüberleitungs-Änderungsgesetz 11
Rentenüberleitungs-Ergänzungsgesetz 11, 37
Rentenwert, aktueller 124
Rentenzahlbetrag 22, 84
Richter 19, 20, 65, 95, 116, 126
Ruhegeld, betriebliches 81
Ruhestandsbeamter 68

Saarland 110
Sacheigentum 71
Sachgerechtigkeit 119
Sachgesetzlichkeit 49
Sachlichkeitsgebot 118, 119
Sanktion, strafähnliche 25, 28, 33, 129
Schreibtischtäter 133
Schuld, individuelle 33, 34, 95, 116
Schuldfeststellung 25, 33, 96
Schuldirektor 127
Schuldvermutungen 28
Schuldversprechen, abstraktes 85, 99
SD 131
Selbsteintritt 89
Selbstherrlichkeit des Gesetzgebers 118

Selbstverantwortung 106
self-executing 79
Sicherheitsbeauftragter 20
Siegermächte 56
Sippenhaft 27
Sitten, gute 50
Solidargemeinschaft 55
Sonderversorgung 15
Sonderversorgungssystem 15, 22
Sozialhilfe 34, 39, 103, 104, 105
Sozialpflichtversicherung 12, 14, 83, 122
Sozialstaatsprinzip 77
Sozialversicherung, österreichische 53
Sozialversicherungsverhältnis 51
Spannungsabstand 136
Sparkassen 21
Sperrzeit 52
Spitzenfunktionäre 38
Spruchkammerverfahren 134
SS 131
Staats- oder Systemnähe 34, 39, 41, 48, 65, 132, 134, 139, 141
Staatsangehörigkeit 73, 74
Staatsanwalt 19, 20, 65, 116
Staatsapparat 18, 129, 130, 132
Staatsfundamentalnorm 25
Staatsgebiet 73
Staatshaushalt 100
Staatsvertrag 12, 16, 24, 78, 79, 80
Staatszweck 71
Strafarrest 29
Strafaussetzung zur Bewährung 57
Strafbemessung 33, 56
Strafe ohne Schuld, s. auch nulla poena 28
Strafen 28
Strafgesetzbuch 29
Strafmakel 29
Strafvollzug 15, 131
Systementscheidung 109
Systemdurchbrechung 49
Systemgerechtigkeit 118
Systemnähe 37, 58, 116, 119
Systemneutralität 139
Systemprämie 129
Systemstützung 116, 139
Systemwidrigkeit 49, 58

Tagessatzsystem 57
Tätigkeit, „staatsnahe" 20
Tauschwertgarantie 102
Tauschwertminderung 86
Techniker 37
Territorialhoheit 72
tertium comparationis 119
Tiedge 54, 58
Tierärzte 37
Titelklarheit 93
Treu und Glauben 39, 41, 52, 53, 60
Treuepflicht 41
Typisierung 48, 140

Überführung 80, 107, 108
Übermaßverbot 29
Überzahlung 38
Umlageverfahren 114
Ungleichbehandlung 119
Unrechtsbegehungsgrenze 132
Unrechtssystem 129, 134
Unrechtswahrscheinlichkeit 131
Unschuldsvermutung 33
Unterhaltspflicht 68
Unwerturteil 28, 29

Verfall 44
Verfassungserstreckung 76
Verfassungsrang 89, 90
Verfassungstextänderung 90, 93
Verfassungsschutz 31
Verfassungsstrukturprinzipien 93
Verfolgung 40
Vergangenheitsbewältigung 65
Vergangenheitslasten 77
Vergesellschaftung 47, 107
Vergleichsmaßstab 119
Verhältnismäßigkeitsgrundsatz 45, 57, 98, 99, 119
Vermögen 45, 47, 48
Vermögensabgabe 40
Vermögensstrafe 29, 45, 47, 48, 57
Vermutung, widerlegbare 134
Versicherungen 21
Versicherungsfall 53
Versicherungspflicht 50
Versorgung 68, 123
Versorgungsanstalt des Bundes und der Länder 14

Versorgungskürzungsgesetz 23
Versorgungsruhensgesetz 23
Versorgungsstaat 106
Versorgungssystem 15, 16, 17, 129
Versorgungsüberleitung 127, 135
Versorgungszusage 81
Verstümmelungsstrafen 29
Vertragsfreiheit 79
Vertragstreue 94
Vertreibung 40
Verwaltungsunrecht 33
Verwirkung 39, 40, 41, 50
Verwirkung von Grundrechten 31, 32, 33
Völkerrecht 78
Volkseigene Betriebe 132
Volksrichter 116
Volkssolidarität 21
Vorbehalt und Vorrang des Gesetzes 32
Vorhersehbarkeit 92
Vorsatz, natürlicher 31
Vorwirkung 76

Wehrkraftzersetzung 42
Weimarer Reichsverfassung 80
Werteinheiten 110
Wertfreiheit 36
Wertneutralität 55, 58, 138
Wertneutralität des Sozialversicherungsrechts 50, 129
Wertordnung 76
Wertsystem 76
Widerspruchsfreiheit 133
Wiedergutmachung 56, 57, 77
Wiedergutmachungsfunktion 56
Wiedervereinigung 70, 79, 80
Willensfreiheit 28
Willkürverbot 118, 119
Wissenschaftler 140
Wissenschaftliche Gesellschaft für Veterinärmedizin 21
Wohl der Allgemeinheit 42

Zahlbetrag 22, 97, 139
Zahlbetragsbegrenzung 34, 38, 94, 141
Zahlbetragsgarantie 84, 85, 86, 87, 94, 95, 97, 98, 99, 101, 102, 104
Zeitablauf 39
Zigeuner 54
Zitiergebot 93

Zollverwaltung 15
Zuchtmittel 29
Zumutbarkeit 100, 104
Zusatzrentenversicherung, freiwillige 13, 83

Zusatzversorgung 14, 68, 122
Zusatzversorgungssystem 13, 14, 15, 22
Zusatzversorgungssystem der Parteien 15
Zwangssicherung 106

Printed by Libri Plureos GmbH
in Hamburg, Germany